❧ ❧ ❧ l'esprit d'ouverture ❧ ❧ ❧

Collection dirigée par Fabrice Midal

John Lane, *Les Pouvoirs du silence. Retrouver la beauté, la créativité et l'harmonie*, 2008

Tal Ben-Shahar, *L'Apprentissage du bonheur. Principes, préceptes et rituels pour être heureux*, 2008

Norman Doidge, *Les Étonnants Pouvoirs de transformation du cerveau. Guérir grâce à la neuroplasticité*, 2008

Stefan Einhorn, *L'Art d'être bon. Oser la gentillesse*, 2008

Robert Emmons, *Merci ! Quand la gratitude change nos vies*, 2008

Christopher Hitchens, *dieu n'est pas Grand. Comment la religion empoisonne tout*, 2009

Bashô, Issa, Shiki, *L'Art du haïku. Pour une philosophie de l'instant*, 2009

Martha Lear, *Mais où sont passées mes lunettes ? Comment gérer au quotidien les petits troubles de la mémoire*, 2009

Gerd Gigerenzer, *Le Génie de l'intuition. Intelligence et pouvoirs de l'inconscient*, 2009

Yu Dan, *Le Bonheur selon Confucius. Petit manuel de sagesse universelle*, 2009

David Deida, *L'Urgence d'être. Zen et autres plaisirs inattendus*, 2009

Richard David Precht, *Qui suis-je et, si je suis, combien ? Voyage en philosophie*, 2010

Les Fehmi et Jim Robbins, *La Pleine Conscience. Guérir le corps et l'esprit par l'éveil de tous les sens*, 2010

Tal Ben-Shahar, *Apprendre à être heureux. Cahier d'exercices et de recettes*, 2010

Tal Ben-Shahar, *L'Apprentissage de l'imperfection*, 2010

Mark Rowlands, *Le Philosophe et le Loup. Liberté, fraternité. Leçons du monde sauvage*, 2010

BIEN ENSEMBLE

Comment résoudre les problèmes relationnels

Vous pouvez consulter le site de l'auteur à l'adresse suivante :
www.feelinggood.com

DAVID BURNS

BIEN ENSEMBLE

Comment résoudre
les problèmes relationnels

Préface d'Isabelle Filliozat

Traduit de l'américain
par Anne Confuron

belfond
12, avenue d'Italie
75013 Paris

Titre original :
FEELING GOOD TOGETHER
The Secret to Making Troubled Relationships Work
publié par Broadway Books, une marque de The
Doubleday Publishing Group, une division de
Random House, Inc., New York

Si vous souhaitez recevoir notre catalogue
et être tenu au courant de nos publications,
vous pouvez consulter notre site internet :
www.belfond.fr
ou envoyer vos nom et adresse,
en citant ce livre,
aux Éditions Belfond,
12, avenue d'Italie, 75013 Paris.
Et, pour le Canada,
à Interforum Canada Inc.,
1055, bd René-Lévesque-Est,
Bureau 1100,
Montréal, Québec, H2L 4S5.

ISBN : 978-2-7144-4545-2

AVERTISSEMENT

Les conseils et les techniques que vous allez trouver dans cet ouvrage ne prétendent pas se substituer à une consultation ou à un traitement que pourraient vous proposer un psychothérapeute ou un psychiatre. Les noms cités sont bien sûr fictifs, et toute ressemblance avec une personne, vivante ou morte, ne serait que pure coïncidence.

Préface

Nous ne pouvons être heureux les uns sans les autres. Quand nos relations aux autres sont nourrissantes, chaleureuses, aimantes, intimes, nous nageons en plein bonheur. Quand elles sont difficiles, froides, tendues, superficielles, nous souffrons. Nous savons pertinemment que la félicité est dans l'amour partagé. Comment se fait-il alors que nous ne consacrions pas toute notre énergie à résoudre nos conflits et à installer toujours davantage d'intimité dans nos relations ? C'est la question posée par ce livre.

Quand l'éditeur m'a fait la proposition d'en écrire la préface, j'ai tout d'abord hésité. J'écris peu de préfaces. Mais lorsque j'ai plongé mon nez dans ces pages, tous mes doutes se sont évanouis, tant ce que j'y ai trouvé faisait écho à mon travail, et tant il est urgentissime d'en entendre le message. Depuis la nuit des temps, les messies nous invitent à nous aimer les uns les autres, mais il suffit de jeter un œil à la planète pour constater que nous n'avons pas capté le message. Regardons la vérité bien en face, même les fidèles de ces messies, ceux-là mêmes qui, dans leurs prières quotidiennes, demandent le pardon et la fraternité, mais pas seulement eux, chacun d'entre nous

semble plus enclin à la guerre qu'à l'amitié, à l'hostilité qu'à la tendresse, à la belligérance qu'à l'écoute,
à l'affrontement qu'à la considération pour autrui.
Comme si la compétition primait sur le bien-être.
Comment se fait-il que, depuis des lustres, les êtres
humains semblent préférer se battre que s'aimer ?

Trouverions-nous un bénéfice à la souffrance, un
profit à la bataille ? Est-il vrai que, simplement,
nous ne savons pas nous y prendre parce que nous
n'avons pas appris ? David Burns répond OUI à la
première question, et NON à la seconde. Oui, nous
trouvons un bénéfice au statut de victime et jouter
nourrit notre amour-propre. Et non, il ne suffit pas
d'apprendre à communiquer pour résoudre ses
problèmes relationnels.

Voyons ce dernier point. Suffit-il d'apprendre à
communiquer ? C'est une hypothèse en vogue : nous
ne savons pas entrer en relation les uns avec les autres
parce que nous n'avons pas appris à communiquer.
Nous ne maîtrisons pas l'intelligence relationnelle
parce que cette dernière n'a pas été nourrie à l'école.
C'est vrai, certes, mais depuis trente ans que
fleurissent livres, conférences, émissions de radio et
de télévision, que se multiplient les stages jusque dans
les entreprises, assiste-t-on à une diminution des jeux
de pouvoir ? Trop peu.

Depuis Carl R. Rogers, nous connaissons les recettes
de la bonne communication : dépose des armes, pas
de jeu de pouvoir, empathie et expression authentique de soi. Ses élèves ont élaboré des techniques
concrètes de communication et mis à disposition du
grand public des outils relationnels performants.
L'*Écoute active* et les *Messages Je* de Thomas Gordon, l'*Alphabétisation émotionnelle* de Claude Stei-

ner, la *Communication non-violente* de Marshall Rosenberg, sont les plus connues de ces approches structurées par les élèves directs de Rogers. Mais même ces techniques si performantes sont inefficaces quand les gens ne veulent au fond pas vraiment rencontrer l'autre. Alors que je travaille à cette préface, je reçois une lettre d'une femme en maison de retraite. Elle m'écrit pour se plaindre, pour me dire combien les outils de communication que j'enseigne ou, précise-t-elle, la manière dont ses enfants les ont interprétés, ont altéré sa relation à ses enfants. Même le meilleur outil de construction peut se révéler une arme destructrice. Certains s'en servent pour habiller leur agressivité en message de communication efficace, pour contraindre l'autre à entendre, pour décharger leur ressentiment, pour montrer qu'ils ont raison et que l'autre a eu tort. Le but n'est ni la résolution de la situation, ni la réconciliation. De même, dans un couple, il arrive que nous soyons tentés d'utiliser les messages d'expression authentique des sentiments et des besoins (messages Je) pour faire pression sur l'autre, montrer à l'autre qu'il se trompe, qu'il doit se centrer sur nos besoins et non dans un désir authentique d'améliorer la relation. Il suffit d'un détail pour que l'expression d'un sentiment devienne en réalité une prise de pouvoir. Il suffit d'un mot pour que l'expression d'un besoin se révèle une exigence. Il ne nous manque pas que le mode d'emploi ! Nous fait défaut l'authentique désir de rapprochement. Ce n'est pas que nous ne *savons* pas aimer les autres. J'enseigne depuis un peu plus de trente ans « comment être plus heureux les uns avec les autres ». Comme Burns, je le constate, tant dans mes stages que dans le quotidien, rien n'est plus difficile que d'abandonner l'idée d'avoir raison. Burns ose ici écrire franchement ce que j'ai souvent pensé sans oser le dire : nous n'avons pas toujours envie de résoudre nos problèmes avec les autres.

Pourquoi est-ce si compliqué de vivre ensemble ? Peut-être parce que nous sommes très habitués à cette idée. Combien de fois ai-je entendu : « Vivre à deux, c'est dur. » « C'est ça le mariage... » Et puis, il y a toutes ces autres petites phrases qui nous tiennent éloignés les uns des autres : « On ne peut pas être ami avec tout le monde, ce serait trop facile. » « Elle ne changera jamais. » « Je ne vais pas plier, je ne vais pas lui faire ce plaisir. » « Il va voir qui aura le dernier mot. » Au sein du couple, de la famille, de la sphère amicale, le rapport de pouvoir semble dominer sur l'affectivité. Même avec nos parents, ces personnes qui devraient nous être le plus proches, nous ne sommes guère intimes, avec toujours cette litanie exprimant l'inanité de quelque désir d'évolution que ce soit : « Ça ne sert à rien, ils sont comme ça, ils ne changeront jamais. » Ils... Car oui, la faute est toujours chez l'autre. « L'enfer, c'est les autres », disait Jean-Paul Sartre. Les autres ne font jamais ce que l'on attend d'eux. Ils nous prennent de l'énergie, du temps, de l'attention, ne pensent pas comme nous, nous frustrent, nous blessent, nous manipulent, nous trahissent, ou sont susceptibles de le faire. Conflits de territoire, de besoins, suspicions, malentendus... tout rapport à autrui paraît marqué par la compétition et son corollaire, la peur. Il reste peu de temps ou d'espace pour l'intimité. Entre parents et enfants, c'est une lutte quotidienne pour gagner un peu d'ordre et de discipline. Dans le couple, critiques, accusations, rancœurs et culpabilité sont le lot quotidien des gens mariés ou qui vivent en concubinage, au point que la scène de ménage semble être un incontournable et que nombre de gens arguënt même de la nécessité des disputes. Un conflit se lève ? Chacun défend sa version, sa vision, cherche à prouver combien il a raison. Quand les gens viennent en thérapie ou en stage, ils déposent leur plainte : « Mon mari se mure dans le silence, ma fille ne m'écoute pas, mon fils ne veut plus me voir et refuse de me permettre de connaître mes petits-enfants, mon patron est autoritaire... » L'autre pose problème. Les parents demandent : « Comment faire pour que mon fils m'obéisse, pour qu'elle arrête de faire des colères, pour qu'il dorme ? » Ils aimeraient que l'on corrige le comportement du bébé. Dans le couple, la question est rarement : « Comment devenir un mari aimant ? Comment mieux aimer mon conjoint ? Qu'est-ce que je peux modifier dans mon attitude, mon comportement, mes pensées, mon langage, pour faire évoluer notre relation ? » Nous nous disputons autour du rangement des chaussettes ou de la moutarde comme si notre vie en dépendait. Ce n'est que *de guerre lasse* que nous acceptons parfois de lâcher un peu sur nos exigences et allons vers le compromis, avec ce petit air de soumission qui ne gage rien de bon pour le futur. Nous aimerions que le monde se conforme à nos désirs. Bien sûr, dit comme cela, nous nous insurgeons. Non, non, nous ne sommes pas exigeants à ce point... Mais si nous sommes honnêtes avec nous-mêmes, dans la réalité, force est de constater que nous nous drapons facilement dans notre bonne conscience et notre bon droit, et nous nous posons volontiers en victimes. C'est l'autre qui exagère, qui dépasse les bornes. Il faut dire que la souffrance infligée par l'autre est gratifiante, puisque c'est l'autre qui a tort, nous n'y sommes pour rien. Notre honneur est intact. Et notre estime de nous protégée. Ce sont les autres qui sont pénibles, qui réagissent mal, ne nous comprennent pas. Nous acceptons parfois du bout du cœur d'assumer 50 % de la responsabilité. Mais Burns nous montre que c'est encore une manipulation pour continuer de penser que l'autre est porteur d'une part de responsabilité. Car s'il est « vrai » que la responsabilité est forcément partagée, concevoir ainsi les choses n'est pas opérationnel car le risque est fort de chercher à identifier les 50 % de l'autre, et donc d'argumenter sur les torts de l'autre. Burns se situe dans le droit fil de la non-violence, seule la prise de responsabilité unilatérale permet de sortir de la violence, tant cette dernière est mimétique et auto-renforçante. La violence commence toujours par la projection de la faute sur l'autre. De plus, dans nombre de circonstances, nous sommes nous-mêmes responsables de ce que nous détestons chez l'autre. David Burns nous confronte aussi à ce que nous n'aimons pas voir : notre part de responsabilité dans le fait que « les autres ne changent pas ». Il le fait avec tendresse et brio, sans aucune complaisance et avec beaucoup de respect. Difficile à concevoir et pourtant tellement évident, ces comportements qui nous dérangent chez les autres sont souvent des réponses à nos attitudes. En prendre la responsabilité est la seule voie vers l'amélioration de la situation. Mais pour assumer cette responsabilité de nos comportements, pour oser l'intimité, une bonne dose de confiance en soi est nécessaire ! Dans cet ouvrage, David Burns nous ouvre une voie vers l'harmonie relationnelle : le respect de l'autre enraciné dans l'estime de soi. Il ne s'agit pas de plier devant autrui, mais de sortir radicalement des jeux de pouvoir.

Je le martèle moi-même dans chacun de mes stages : qu'est-ce qui est plus important, gagner la bataille ou réussir la relation avec l'autre ? Si je suis si attentive à cette dimension, c'est qu'être parfaite, savoir mieux que les autres, était une tendance lourde chez moi. C'était il y a une vingtaine d'années. Ma sœur vivait à Florence depuis quelques mois. Je lui rendis visite. Elle m'avait indiqué un chemin pour aller du centre-ville à son appartement. Il fallait environ vingt-cinq minutes. Dès le lendemain, je découvris un autre trajet, bien plus rapide. En dix minutes, j'étais rendue chez elle. J'avais du mal à me faire à l'idée que, depuis plus de six mois que ma sœur vivait là, elle « perdait » quinze minutes de son précieux temps à chaque trajet vers le centre-ville. Comme je m'étonnais, elle me répondit : « Oui, c'est peut-être plus long... mais c'est plus joli. Moi, ce que j'aime, c'est parcourir le chemin. Toi, tu regardes ce qui va le plus vite, mais tu ne regardes pas autour de toi. Et pendant les dix minutes de trajet, tu ne vis pas, donc tu as le sentiment de perdre ton temps. Moi, je ne perds jamais mon temps. Je voyage. J'aime sentir, regarder par la fenêtre, rêver, le but n'est pas dans l'objectif, il est dans le parcours. » J'ai compris qu'elle avait une vision du monde radicalement différente de la mienne, et que si ni l'une ni l'autre n'avait « raison », chacune avait ses raisons de se comporter comme elle le faisait. Depuis, je regarde par la fenêtre. À chaque fois que nous pensons avoir raison et jugeons l'autre plutôt que de l'écouter, nous nous privons d'une vision du monde plus large.

Si nous nous accrochons ainsi à *notre* vérité, c'est qu'elle nous donne le sentiment d'exister ! Nous protégeons nos croyances, nos certitudes parce qu'elles nous confèrent une illusion de sécurité. Faute de sécurité intérieure, nous sommes donc en permanence en tension, en quête de confirmation de notre façon de voir le monde et de protection de cette construction que nous prenons pour notre identité. J'aime cette phrase si juste de Burns : « Quand vous cherchez à vous défendre contre une critique qui semble irrationnelle ou injuste, vous prouvez immédiatement qu'elle est fondée. » Mais sortir des réactions défensives est tout un chemin !

La grande originalité de cet ouvrage est dans la confrontation. Car nous sommes rapides à nous justifier et à jurer être prêts à écouter l'autre. Seulement voilà. Burns nous propose sa méthode de vérification. Et vous aurez beau dire et vous raconter que vous avez bien communiqué, et que là, dans cet exemple précis, c'est bien la faute de l'autre... vous ne pourrez vous illusionner davantage si vous vous saisissez de papier et crayon et passez votre réplique au filtre proposé par Burns.

David Burns est un thérapeute cognitiviste. Pour la psychologie cognitive, nos sentiments résultent de nos pensées, attitudes ou connaissances. Et pister et rectifier les erreurs de la pensée permet de guérir la plupart des troubles. J'avoue que, me situant dans le courant humaniste et émotionnel, le courant de la psychologie cognitive m'était étranger. J'ai été fort surprise de trouver quasi à l'identique les tableaux que j'utilise couramment dans mes stages pour la compréhension des schémas répétitifs et auto-renforçants dans lesquels nous nous enfermons. Il semble qu'à l'instar de M. Jourdain, je faisais de la thérapie cognitive sans le savoir ! Il est vrai que David Burns précise que la psychologie cognitive évolue et qu'il intègre désormais davantage l'émotion dans son travail. De leur côté, les thérapeutes émotionnels font davantage cas de la cognition. J'ai plaisir à voir les courants se rejoindre. Foin des querelles de chapelle, nous allons vers des thérapies intégratives.

Thérapeute cognitiviste, David Burns reste dans le présent et n'évoque pas la cause de ce non-désir d'intimité. Il évoque une face noire de l'humain. Pour ma part, je crois que nous ne recherchons pas, voire que nous fuyons l'intimité, tout simplement parce que nous ne l'avons pas connue ou parce que nous avons été blessé enfant dans la toute première relation intime de notre existence. Si la lutte pour le pouvoir est si ancrée en nous, c'est qu'elle y a été inscrite par nos parents. La violence éducative est hélas la norme dans le monde, et depuis longtemps. Les rares sociétés au sein desquelles l'écoute et la coopération priment sur la violence sont celles qui éduquent sans frapper ni punir. Il est stupéfiant que l'on puisse encore en France, en 2010, gifler un enfant et trouver cela normal. Il n'est plus normal de gifler un Noir ou une femme, mais un enfant, oui. Dans des conflits qui opposent parents et enfants, l'immense majorité des Français est encore dans la question « Qui est le chef ici ? » plutôt que dans l'écoute des sentiments et besoins de chacun. J'espère que ce livre ouvrira de nouvelles perspectives à de nombreux lecteurs et qu'au vu des bénéfices de la non-violence dans le couple et dans toutes nos relations, ce respect s'étendra aux enfants, pour voir un jour un monde différent.

Surtout n'oubliez pas papier et crayon pour pouvoir faire les exercices. Oui, des exercices. Parce que rester dans sa tête est souvent une façon de ne pas changer. Parce que mettre par écrit nos échanges permet de les analyser avec davantage de finesse et de surprendre cette évidence à laquelle nous préférerions rester aveugles. Les nombreux exemples qui parsèment le livre montrent combien la vie est plus agréable quand on s'entend bien avec autrui. Et surtout que, être bien ensemble, ce n'est pas un horizon si éloigné que nous aimons le croire.

Isabelle Filliozat est psychologue clinicienne, psychothérapeute et écrivain. Elle est l'auteure de plusieurs ouvrages, parmi lesquels le best-seller L'Intelligence du cœur *(Lattès, 2001).*

Introduction

Les relations difficiles avec les autres font mal. Pour la plupart d'entre nous, la confiance que nous avons en nous-mêmes est construite, au moins en partie, sur les relations que nous entretenons avec autrui. Se quereller avec quelqu'un que l'on aime ou auquel on tient n'a rien de drôle. Et même une dispute avec une personne qui ne nous est rien est susceptible de nous miner et de nous ôter énergie et joie de vivre.

Si vous avez des relations problématiques avec quelqu'un, j'ai une bonne nouvelle pour vous : je peux vous indiquer comment établir un rapport beaucoup plus enrichissant avec cette personne. Peu importe qu'il s'agisse de votre conjoint, d'un frère ou d'une sœur, de votre père ou de votre mère, d'un voisin ou d'un ami, ou encore d'un parfait étranger. Je suis en mesure de vous expliquer comment transformer un sentiment de frustration et de ressentiment en cordialité et en confiance, et beaucoup plus vite que vous l'imaginez. Il suffit parfois de quelques minutes.

Soyez toutefois conscient que cela demandera un gros travail sur vous-même, et que vous devrez peut-être regarder des choses en vous que vous ne voudriez pas voir. Le chemin vers l'intimité est presque toujours douloureux. Mais si vous arrivez à rassembler un peu de courage et d'humilité, si vous êtes prêt à vous retrousser les manches pour vous mettre au travail, je vous montrerai quelque chose de réellement étonnant qui changera complètement votre vie.

David D. BURNS, MD

Professeur émérite adjoint, département de psychiatrie et des sciences comportementales de l'école de médecine de l'université de Stanford.

PREMIÈRE PARTIE

Pourquoi ne pouvons-nous pas tout simplement nous entendre les uns avec les autres ?

1

Ce que disent les experts

Nous avons tous envie de relations amicales, chaleureuses avec les autres, mais c'est souvent plutôt l'inverse qui se produit : hostilité, amertume et méfiance sont notre lot quotidien. Pourquoi ? Pourquoi n'arrivons-nous pas à bien nous entendre ?

Il y a deux théories. Pour la plupart des spécialistes, nous ne nous entendons pas avec les autres parce que nous ne savons pas comment faire autrement. C'est la théorie du déficit. En d'autres termes, nous nous disputons parce que nous ignorons comment résoudre les problèmes relationnels. Enfants, nous avons appris à lire, à écrire, à compter, mais jamais à communiquer ni à résoudre ce type de problèmes.

D'autres experts estiment que nous n'avons en réalité pas envie d'avoir de bonnes relations avec les autres. C'est ce que l'on appelle la théorie de la motivation. Cela revient à dire que nous nous battons parce que nous n'avons pas envie de nous sentir proches de gens que nous n'aimons pas. Et nous finissons par baigner dans un climat d'hostilité et de conflit parce que nous tirons bénéfice de cette bataille.

La théorie du déficit

La plupart des professionnels – psychothérapeutes, cliniciens et chercheurs – s'appuient sur la première théorie. Ils sont convaincus que nous faisons la guerre pour la seule raison que nous ne savons pas aimer. Nous désirons profondément avoir des relations aimantes et satisfaisantes avec les autres, mais sans avoir les compétences pour les développer.

Ces compétences qu'il est nécessaire de posséder ne sont évidemment pas les mêmes selon les spécialistes. Par exemple, les comportementalistes pensent que nos difficultés relationnelles viennent d'un manque de communication et de techniques de résolution des problèmes. Lorsque quelqu'un émet une critique à notre encontre, nous nous mettons sur la défensive au lieu d'écouter ce qu'il nous dit. Nous réagissons en faisant la moue et en le dénigrant, au lieu d'exprimer nos sentiments ; ou encore nous recourons au harcèlement et à la coercition pour mieux nous en sortir. Comme nous n'utilisons pas la négociation systématique et ne savons pas comment résoudre les problèmes qui se posent, la tension ne fait que s'amplifier.

Une théorie attribue les conflits relationnels aux différences inhérentes entre les hommes et les femmes. Elle a été vulgarisée par Deborah Tannen dans son best-seller *You Just Don't Understand: Women and Men in Conversation*, ainsi que par John Gray dans son livre *Les hommes viennent de Mars, les femmes de Vénus*. Ces deux auteurs avancent l'idée que les hommes et les femmes ne peuvent pas s'entendre parce qu'ils utilisent le langage de façons totalement diverses. Les femmes recourraient à lui pour exprimer leurs sentiments tandis que les hommes s'en serviraient pour résoudre les problèmes. Si nous suivons cette idée, lorsqu'une femme dit à son mari qu'elle est contrariée, il peut très bien, spontanément, essayer de l'aider à résoudre le problème qui la gêne parce que c'est la façon dont son cerveau fonctionne. Mais si son épouse a simplement besoin qu'il l'écoute, sa tentative de lui venir en aide la contrariera encore plus, et tous deux se sentiront pour finir frustrés et incompris. Vous avez peut-être déjà connu cette situation, avec votre conjoint par exemple.

Les thérapeutes cognitivistes ont une idée tout à fait différente au sujet des manques qui conduisent aux problèmes relationnels. Ils mettent l'accent sur le fait que nos sentiments résultent de nos pensées et de nos attitudes, ou *connaissances*.

En d'autres termes, ce que font les autres – que ce soit se montrer critiques à notre égard ou nous faire une queue de poisson sur la route – ne nous contrarie pas plus que ça. C'est plutôt la manière dont nous appréhendons ces événements qui nous trouble.

Cette théorie peut entrer en résonance avec votre expérience personnelle. Lorsque vous êtes fâché contre quelqu'un, vous avez peut-être remarqué que des pensées négatives envahissent votre esprit. Vous pensez : « Quel idiot ce type ! Il ne pense qu'à lui ! Il n'a pas le droit d'agir ainsi ! Quel nul ! » Lorsque vous vous sentez agacé, ces pensées négatives vous semblent aller de soi alors qu'en fait elles vous induisent en erreur (*voir ci-dessous le tableau sur les altérations cognitives*).

25

LES DIX PENSÉES DYSFONCTIONNELLES QUI GÉNÈRENT LES CONFLITS

Altération	Description	Exemple
1. Le tout ou rien	Vous considérez le conflit, ou la personne concernée, de façon catégorique et définitive. Tout est blanc ou noir. Pas de nuances de gris.	Vous vous dites que la personne avec laquelle vous êtes en conflit est complètement nulle sans possibilité d'amélioration ; ou, si vous mettez fin à votre relation avec elle, vous pensez que c'est un véritable échec.
2. La surgénéralisation	Vous voyez le conflit en question comme une source sans fin de frustrations et d'échecs.	Vous pensez : « Il n'y a rien que je puisse faire, il (ou elle) ne changera jamais. »
3. L'abstraction sélective	Vous répertoriez les erreurs de l'autre, vous ressassez tous ses côtés négatifs en ignorant complètement ses côtés positifs.	Vous dites à votre conjoint : « Cela fait au moins dix fois que je te demande de sortir la poubelle. » Ou : « Combien de fois dois-je te dire de ne pas laisser traîner tes chaussettes sales par terre ? »
4. La disqualification du positif	Vous êtes convaincu que les qualités de l'autre ou encore ses actions constructives ne comptent absolument pas.	Si une personne avec qui vous êtes en conflit fait quelque chose de positif à votre égard, vous pensez qu'elle essaie de vous manipuler.
5. Les conclusions hâtives	Vous sautez à des conclusions qui peuvent ne pas être corroborées par les faits. Voici trois cas de figure très courants :	
	La lecture de pensée d'autrui : Vous présumez que vous savez très bien comment l'autre raisonne et ce qu'il ressent à votre égard.	Vous êtes convaincu que votre ami est complètement autocentré et ne cherche qu'à vous utiliser.
	La lecture de pensée inversée : Vous vous dites que l'autre devrait savoir ce que vous désirez et ce que vous éprouvez sans que vous ayez à l'exprimer par des mots.	Vous lancez à votre conjoint : « Tu aurais dû savoir ce que je ressentais ! »
	La voyance : Vous estimez que la situation est sans espoir et que l'autre continuera à vous traiter comme un moins que rien, quelles que soient les circonstances.	Vous pensez que la personne avec laquelle vous ne vous entendez pas ne changera jamais.

Altération	Description	Exemple
6. L'exagération et la minimalisation	Vous accordez une importance disproportionnée aux défauts de l'autre et minimisez ses qualités.	Pendant une dispute, vous pouvez lui lancer : « Je n'arrive pas à croire que tu puisses être aussi bête ! »
7. Le raisonnement émotionnel	Vous raisonnez à partir de vos sentiments, ou vous estimez que ceux-ci reflètent la véritable nature des faits.	Vous sentez que l'autre est un véritable loser et vous en concluez qu'il l'est réellement.
8. Les fausses obligations	Vous vous critiquez ou vous critiquez les autres à grand renfort de : je devrais ; il aurait bien dû ; ils n'auraient pas dû ; il aurait mieux valu que, etc.	
	Premier cas de figure : vous pensez que les autres ne devraient pas raisonner ou se comporter comme ils le font, mais de la façon dont vous attendez qu'ils le fassent.	« Tu n'as pas le droit de ressentir cela ! » Ou encore : « Tu ne devrais pas dire cela ! C'est vraiment injuste ! »
	Second cas de figure : vous pensez que vous n'auriez pas dû faire telle erreur ou éprouver tel ou tel sentiment.	
9. L'étiquetage	Vous décrétez que l'autre est un imbécile ou pire encore. Vous le considérez comme quelqu'un de négatif, sans qu'il puisse se racheter.	« C'est réellement une garce ! » ou encore : « Quel crétin ! »
10. La condamnation	Au lieu de vous efforcer de déceler la raison d'un problème, vous en condamnez le responsable.	
	Premier cas de figure : Vous rejetez toute la responsabilité du conflit sur l'autre en niant votre propre rôle.	Vous dites à votre conjoint : « C'est entièrement ta faute ! » et cela vous rend furieux, frustré et vous remplit de ressentiment.
	Second cas de figure : Vous vous sentez coupable et bon à rien parce que vous vous rendez responsable du problème même si les torts sont partagés.	Vous pensez : « Tout est ma faute. » Vous dépensez alors votre énergie à vous faire des reproches au lieu de chercher à savoir ce qu'éprouve l'autre et d'essayer de sortir de la crise.

L'un des points les plus intéressants de la théorie cognitive, c'est que la colère et le conflit entre les personnes résultent en fait d'une escroquerie mentale. En d'autres termes, lorsque vous êtes en conflit avec quelqu'un, ce que vous vous dites ne correspond pas tout à fait à la réalité. Cependant, vous ne vous rendez pas compte que vous vous trompez vous-même parce que ces pensées déformées sont des prédictions autoréalisantes. Elles paraissent vraies à 100 %. Si vous estimez par exemple que la personne avec laquelle vous êtes en conflit est un idiot, vous allez le traiter comme tel. De ce fait, il va se fâcher et se comporter en parfait idiot. Vous vous direz alors que vous aviez vu parfaitement juste !

La thérapie cognitive repose sur l'idée que si vous changez votre façon de penser, vous parviendrez à modifier votre manière de sentir et d'agir. En d'autres termes, si nous réussissons à penser aux autres de façon plus positive et réaliste, cela nous permettra de résoudre les conflits beaucoup plus facilement et de développer des relations plus gratifiantes sur un plan aussi bien personnel que professionnel.

Sur le papier, ce raisonnement semble parfait. Mais il n'est pas tellement facile de changer sa manière de penser : mépriser quelqu'un avec qui on est en conflit peut donner un sentiment de bien-être, de supériorité morale. Aussi ne voulons-nous tout simplement pas voir que nous déformons notre perception de cette personne.

Certains spécialistes affirment que c'est le fait d'avoir une mauvaise opinion de soi qui génère les problèmes relationnels. Autrement dit, si vous ne vous aimez pas, si vous n'avez aucun respect pour vous-même, vous aurez beaucoup de mal à aimer quelqu'un d'autre parce que vous essaierez sans cesse d'obtenir de lui quelque chose que vous seul pouvez vous procurer. Cette théorie a eu un large succès dans l'enseignement aux États-Unis. Si nous aidons les enfants à avoir une meilleure estime d'eux au fur et à mesure qu'ils grandissent, ils sauront comment développer des relations solides et chaleureuses avec les autres, et seront ainsi moins attirés par la violence, le crime et les bandes organisées quand ils seront plus grands.

D'autres spécialistes expliquent que les problèmes relationnels résultent d'un *burn-out*, un épuisement de la relation. Vous avez sans doute remarqué que lorsque vous ne vous entendez pas avec quelqu'un, le négatif va en progressant. Dans votre couple, vous vous critiquez mutuellement de plus en plus, et vous cessez d'avoir ensemble des moments de détente comme c'était le cas au début de votre relation. Très vite, votre couple devient une source de stress constant, de frustration et de solitude, et tout le bonheur que vous ressentiez au départ disparaît. C'est à ce stade que vous envisagez la séparation et le divorce comme des alternatives largement préférables.

Les thérapeutes qui adhèrent à cette théorie vont vous encourager à accentuer l'aspect positif de votre relation et à décider de manière volontaire de partager des moments plus agréables, de vous amuser afin de recommencer à vous apprécier l'un l'autre. Ou bien de porter plus d'attention à votre conjoint au quotidien : l'appeler de votre bureau simplement pour lui dire bonjour, lui apporter une tasse de café le matin en vous levant pour lui témoigner votre amour…

De nombreux thérapeutes affirment enfin que les problèmes de relations résultent d'un manque de confiance et de la peur de se montrer vulnérable. Imaginons que vous soyez contrarié par ce qu'un collègue ou un membre de votre famille vous a dit.

29

En apparence, vous êtes fâché mais, au-delà de cette colère, vous vous sentez blessé et dénigré. Vous hésitez à partager ce sentiment parce que vous craignez d'exposer votre faiblesse ou de sembler ridicule. Vous allez donc attaquer l'autre, vous mettre sur la défensive et tenter de le critiquer. Bien que la tension augmente, votre colère vous protège parce que vous n'avez pas besoin de dévoiler votre vulnérabilité ou de courir le risque d'être rejeté. En résumé, l'élément fondamental dans les problèmes relationnels repose sur le manque de confiance : nous nous battons parce que nous avons peur de la relation affective. Les thérapeutes qui soutiennent cette théorie vous encouragent à accepter et à partager les sentiments de souffrance et de tendresse que dissimulent la colère, l'hostilité et la tension.

Les psychanalystes et les spécialistes de la psychodynamique pensent que tous ces problèmes liés au relationnel découlent d'expériences douloureuses et de blessures liées à notre enfance. Si vous avez grandi par exemple au sein d'une famille à problèmes, vous pouvez inconsciemment recréer les mêmes schémas douloureux dans votre vie adulte. Si votre père ne cessait de vous critiquer et de vous dénigrer, vous avez pu avoir le sentiment de n'être jamais à la hauteur pour gagner son amour. Dans votre vie d'adulte, vous serez peut-être attirée par des hommes qui se montrent critiques vis-à-vis de vous parce que vous croyez que votre rôle dans une relation d'amour est d'être rabaissée par quelqu'un de plus fort que vous. Vous ne cesserez alors d'essayer d'obtenir l'amour que vous n'avez jamais reçu de votre père.

Lorsque j'ai commencé à soigner des personnes qui souffraient de problèmes relationnels, je croyais à toutes ces théories. Je me suis donc tout naturellement efforcé d'aider mes patients à corriger les déficits dont ils souffraient dans leurs relations avec les autres. J'apprenais aux couples en difficulté comment mieux communiquer, comment résoudre leurs problèmes de façon plus systématique et comment mieux aimer l'autre. Je leur apprenais aussi à développer leur estime de soi, et à modifier leurs façons de penser et d'agir qui ne faisaient qu'alimenter le sentiment de colère. Il nous arrivait d'analyser le passé pour tenter de trouver la raison de leur comportement.

J'ai été surpris de découvrir qu'aucune de ces techniques ne donnait vraiment de bons résultats. Certaines personnes qui apprenaient à écouter, à mieux partager leurs sentiments et à traiter les autres avec plus de considération connaissaient, bien sûr, une amélioration immédiate et significative dans leurs relations. Mais elles restaient peu nombreuses. La plupart des patients ne paraissaient pas réellement disposés à utiliser une de ces techniques. En fait, ils n'étaient pas prêts à développer des relations plus amicales et constructives avec les gens qu'ils n'aimaient pas. Ils affirmaient haut et fort le contraire, mais au fond d'eux-mêmes ils pensaient : « Je veux vous faire admettre que mon mari (ou ma femme) est nul(le). »

Les expériences que j'avais avec des personnes souffrant de dépression ou de crises d'angoisse étaient très différentes, même si elles aussi étaient tourmentées par des pensées négatives : « Je ne vaux rien. Je suis un nul. Qu'est-ce qui ne va pas chez moi ? Je n'y arriverai jamais ! » Lorsque je leur expliquais comment remettre en cause leurs jugements, leurs sentiments de dépression et d'anxiété disparaissaient et elles en étaient enchantées. Mais lorsque j'aidais des gens qui étaient en colère et qui avaient du mal à s'entendre avec leurs semblables, c'était une autre affaire. Ils ne semblaient pas vouloir changer leur façon de penser, de communiquer ou de traiter l'autre. On aurait dit qu'ils préféraient l'enfoncer. Cela a été pour moi un véritable choc et je me suis senti déconcerté. J'ai réfléchi à ces théories axées sur les « déficits » et ma compréhension des causes à l'origine des conflits a pris tout à coup une direction inattendue.

Pourquoi devrais-je changer quoi que ce soit ?

Voici un exemple typique qui a contribué à modifier ma conception des choses. Mickey était un homme d'affaires de San Francisco âgé de quarante-cinq ans. Il m'avait été envoyé par un collègue pour des problèmes de dépression. Il avait été soigné avec de nombreux antidépresseurs, tous aussi connus les uns que les autres, mais rien ne l'avait soulagé. J'ai arrêté son traitement, car à l'évidence il ne fonctionnait pas, et j'ai choisi à la place d'utiliser les techniques de la thérapie cognitive. En quelques semaines, sa dépression a disparu. J'ai pensé que c'était la fin de sa thérapie parce qu'il avait l'air libéré de ses symptômes. À ma grande surprise, cependant, Mickey m'a demandé s'il pouvait continuer à me consulter pour « s'améliorer ». Je lui ai répondu que j'en serais ravi, mais que j'avais besoin de savoir dans quel domaine il désirait de l'aide.

Mickey m'a expliqué que son couple ne lui donnait pas satisfaction et il a exhibé une longue liste de griefs à l'encontre de sa femme, Margie. Il m'a affirmé qu'il avait perdu tout respect pour elle parce que :

- Intellectuellement, elle n'était pas à son niveau et n'avait jamais rien d'intéressant à dire.
- Elle ne lisait rien de stimulant, perdant au contraire son temps à feuilleter des magazines de mode et des journaux à scandale.
- Elle n'était ni tendre ni affectueuse et n'avait jamais envie de faire l'amour.
- Elle ne semblait pas réaliser tout le mal qu'il se donnait pour assurer un bon niveau de vie à leur famille.
- Elle ne cessait de le harceler et de le critiquer.
- Elle ne paraissait jamais heureuse de le voir lorsqu'il revenait du bureau.
- Elle lui préparait rarement ses plats favoris pour le dîner.
- Lorsqu'elle était contrariée, elle le lui faisait payer en achetant des bijoux et des vêtements hors de prix derrière son dos. Il se retrouvait ensuite avec une grosse facture à régler à la fin du mois.
- Ils se disputaient constamment au sujet de leurs filles jumelles qui étaient en 6e.

Mickey était tellement exaspéré qu'il notait depuis quinze ans tous les défauts de Margie dans un cahier. Chaque jour, il inscrivait ce qu'elle disait ou faisait de déplaisant à ses yeux. Il s'est mis à apporter ce cahier pendant nos séances de thérapie pour m'en lire de longs extraits à voix haute. Par exemple, onze ans plus tôt, alors qu'ils étaient tous deux en route pour Big Sur, ils s'étaient disputés pour savoir s'il valait mieux laisser les fenêtres de la voiture ouvertes ou mettre la climatisation. Tandis qu'il lisait le compte rendu de l'incident, Mickey relevait la tête de temps en temps et marmonnait : « Est-ce que ça n'est pas dramatique ? » ou bien : « Je mérite mieux, tout de même ? » ou encore : « Vous constatez à quel point ce qu'elle a dit était ridicule ? »

Mickey semblait tout à fait satisfait de lire simplement son cahier et de me commenter les défauts de sa femme, mais au bout de plusieurs semaines j'ai commencé à me demander où nous allions. Qu'étions-nous en train de faire ? Selon moi, Mickey avait trois possibilités :

- S'il n'était pas heureux dans son mariage et était convaincu qu'il n'y avait pas d'espoir possible, il pouvait envisager une séparation et même le divorce.
- S'il aimait toujours sa femme et voulait améliorer leur relation, nous pouvions envisager une thérapie de couple.
- Il pouvait enfin maintenir le *statu quo* et s'assurer que rien n'allait changer entre eux.

À l'évidence, Mickey ne voulait pas de la première option. Il était hors de question pour lui de se séparer de sa femme. Il m'expliqua qu'il se sentait obligé de rester jusqu'à ce que leurs deux filles quittent le lycée. Il n'avait pas confiance dans les compétences maternelles de Margie et avait le sentiment que ses filles avaient besoin de lui à la maison jusqu'à leur entrée à l'université.

Mickey rejeta également la deuxième solution. Il dit qu'une thérapie de couple était hors de question parce qu'il était convaincu que Margie ne changerait jamais. Sans compter qu'il ne voyait pas pour quelle raison lui-même devrait modifier son comportement, étant donné le peu de considération que sa femme avait eu à son égard pendant toutes ces années.

Il semblait donc pencher pour la troisième solution : le maintien du *statu quo*. Cela m'a semblé franchement étonnant que quelqu'un qui se plaignait aussi amèrement de son couple choisisse de n'y rien changer. En fait, cela n'a rien d'inhabituel : sur les trois options que je viens d'énumérer, la troisième est de loin la plus appréciée.

J'ai alors suggéré à Mickey que nous nous livrions à une petite expérience mentale. Je lui ai demandé d'imaginer qu'il disposait d'une baguette magique susceptible de faire disparaître tous ses problèmes en un clin d'œil. Margie est soudain devenue la femme de ses rêves. Elle se montre tendre, attentionnée, sexy et admirative. Chaque soir, lorsque son mari rentre du bureau, elle l'accueille avec un sourire et un baiser, lui demande comment s'est passée sa journée, et elle a préparé pour lui un merveilleux repas. Elle est également une mère accomplie, et vante ses qualités de bon père et de bon mari devant tous leurs amis.

Mais un jour un membre de la mafia locale contacte Mickey et lui propose une affaire pour le moins inhabituelle : il doit transformer son adorable femme en une garce finie dans un délai d'un mois. Si Mickey y parvient, il gagnera 50 000 dollars. S'il échoue, la mafia mettra un contrat sur sa tête et paiera les 50 000 dollars à un tueur chargé de l'assassiner.

J'ai suggéré à Mickey de dresser avant notre prochaine séance la liste d'au moins cinq choses qu'il pourrait réaliser dans ce laps de temps pour détruire son mariage et sauver sa vie. Mickey a paru tout excité par la tâche à accomplir et a promis d'apporter cette liste à notre entretien suivant.

Au jour dit, Mickey a lu avec enthousiasme ce qu'il avait préparé :

> Pour commencer, je m'arrêterais tous les soirs
> dans un bar en rentrant du bureau pour boire

plusieurs verres. Si je rentrais à la maison ivre et puant l'alcool, Margie serait vraiment furieuse. Elle *déteste* l'alcool parce que son père, un alcoolique, devenait violent lorsqu'il avait bu. Si Margie me reprochait de sentir l'alcool, il me suffirait de me verser un autre verre devant elle et de lui dire qu'elle est vraiment coincée.

J'aurais des aventures lors de mes voyages d'affaires. Je pourrais avoir une maîtresse à Denver, une autre à Cleveland ou encore à Nashville. Ensuite, je rentrerais à la maison avec du rouge à lèvres sur le col de ma chemise, ou bien je laisserais en évidence de vieux reçus de motel ou de bar pour que Margie les découvre et devine que je la trompe. Elle serait complètement bouleversée.

Margie souffre d'un complexe d'infériorité parce qu'elle n'a pas fini ses études. Lorsque nous sortons avec des amis, elle commente toujours les derniers événements politiques ou économiques, et essaie de se montrer intelligente. Lorsqu'elle tente de faire la conversation, je pourrais lancer des commentaires sarcastiques et lui dire qu'elle a trouvé ses informations dans une pochette-surprise. Elle se sentirait terriblement humiliée devant nos amis.

Quand Margie tente de corriger nos filles, je pourrais la ridiculiser en déclarant : « N'écoutez donc pas votre mère, vous avez le droit de faire tout ce que vous voulez ! »

Je pourrais enfin rentrer tard à la maison sans l'avoir prévenue auparavant. Elle se sentirait rejetée et serait absolument furieuse.

J'ai demandé à Mickey si cela suffirait pour détruire son couple et sauver sa peau. Il m'a répondu : « Oh, oui, j'en suis sûr ! »

36

Puis j'ai voulu savoir ce qu'il avait déjà fait, dans sa liste. Il a répondu fièrement : « Mais tout, docteur ! »

Nous étions donc devant un homme qui était convaincu d'être victime d'un mariage raté. Il s'apitoyait sur lui-même et pensait qu'il vivait avec une femme distante, qui ne l'aimait pas. Il avait listé pendant quinze ans tout ce qui ne lui plaisait pas chez elle, tel un avocat préparant un procès. Il lui en voulait pour leurs problèmes et rejetait sur elle son propre mal-être, alors qu'il avait intentionnellement traité sa femme de façon très désagréable, et s'était employé à la démoraliser et à détruire leur couple.

Que faut-il penser d'un homme tel que lui ? Ce serait facile de le dénigrer en proclamant qu'il est un cas unique de stupidité ou d'ignorance. Mais, loin d'être ce cas unique, Mickey était l'exemple type des patients que je recevais tous les jours dans mon cabinet. Si nombre de personnes et de couples venaient me voir pour se plaindre de frustrations dans leurs relations, très peu d'entre eux semblaient disposés à être désireux ou capables de faire quelque chose pour qu'il en aille autrement. Hommes ou femmes, tous étaient prêts à protester et à déclarer : « Pourquoi devrais-je changer ? C'est sa faute à lui (à elle) ! »

La thérapie de couple peut-elle aider ?

Diverses études ont alors commencé à confirmer ce que je constatais en tant que thérapeute. Le Dr Don Baucom, de l'université de Caroline du Nord, est l'un des plus éminents spécialistes de la thérapie de couple aux États-Unis. C'est même lui qui a dirigé le plus d'études de thérapies de couple. Il supervise également les résultats de toutes ces études publiées dans des revues scientifiques du monde entier. Enfin, il est l'auteur d'articles qui paraissent régulièrement dans les publications spécialisées. Or il parvient tous les ans à la même surprenante conclusion : il n'existe pas de thérapie de couple réellement efficace aujourd'hui.

Cette constatation ne se limite pas à un type de thérapie spécifique : que votre thérapeute mette l'accent sur les exercices de communication, la thérapie cognitive, l'entraînement à la résolution de problèmes, la libre expression de vos sentiments, l'exploration des origines de vos problèmes liés à votre enfance, la stimulation de votre estime de vous-même ou encore sur le développement d'activités plus favorables à votre vie de couple n'y change rien. Aucune de ces approches, utilisée seule ou en conjonction avec d'autres, ne paraît réellement efficace. Autrement dit, corriger les prétendus manques à l'origine de vos problèmes relationnels ne conduira pas de façon fiable à des relations affectives satisfaisantes.

Attention, cela ne signifie pas pour autant que ces méthodes soient inutiles. Dans la plupart des études, environ la moitié des couples connaissent une amélioration à court terme. Cependant, ce n'est pas un taux de réussite impressionnant : un bon nombre d'entre eux auraient obtenu ce mieux-être sans traitement, soit parce qu'ils auraient eux-mêmes accompli les efforts nécessaires, soit simplement parce que les choses s'arrangent avec le temps. Et les résultats à long terme sont encore moins encourageants : beaucoup des couples qui ont noté une certaine amélioration au départ ont fini par se séparer ou divorcer.

Il y a donc véritablement quelque chose qui cloche. Nous ne cherchons pas simplement à marquer des points lorsqu'il s'agit de traiter des personnes qui ont des relations difficiles. La plupart des thérapeutes de couples reconnaissent en privé que ce que je dis sonne juste. Ils sont bien conscients que nombre de couples en crise et d'individus qui ne s'entendent pas avec les autres sont malheureusement très résistants au changement et presque impossibles à soigner.

Les études aux résultats négatifs peuvent se révéler perturbantes parce qu'elles indiquent que nos méthodes de traitement ne sont pas aussi efficaces que nous le souhaiterions et que nos théories sont susceptibles de manquer de pertinence. Dans le même temps, elles peuvent aussi être passionnantes, parce qu'elles signifient que nous avons sans doute cherché des solutions dans la mauvaise direction et négligé quelque chose d'éminemment important. Examiner ce que nos recherches et nos expériences cliniques nous démontrent peut déboucher sur de nouvelles découvertes et sur le développement de méthodes de traitement beaucoup plus efficaces.

Lorsque nous luttons contre l'autre, il ne fait aucun doute que nous pensons à lui de manière négative. Nous sommes sur la défensive, nous nous sentons frustrés et nous poussons cet autre dans ses derniers retranchements. Mais si ces schémas de pensée déformés et ces comportements dysfonctionnels n'étaient en réalité que les symptômes, et non les véritables causes du conflit ? Après tout, les personnes qui souffrent de pneumonie toussent horriblement, et pourtant la toux n'est pas synonyme de pneumonie. Vous ne pouvez tout simplement pas guérir cette maladie en demandant au malade de cesser de tousser, vous devez d'abord éradiquer la bactérie qui a envahi ses poumons.

2

La face sombre de la nature humaine

Bien que les experts énoncent des théories différentes quant aux origines des problèmes relationnels, ils semblent s'entendre sur un point : les êtres
humains sont bons par nature. Nous avons tous profondément besoin d'avoir avec les autres des relations intimes, profondes et enrichissantes. Alors,
pourquoi nous disputons-nous ? Est-ce parce que
nous n'avons pas les capacités nécessaires pour
développer des relations d'amitié profonde ? C'est
ce que pratiquement tous ces experts s'accordent à
dire : nous voulons réellement établir des relations
solides avec les autres, seulement nous ignorons
comment nous y prendre.

Cette idée est extrêmement attirante parce qu'elle
nous autorise à penser que nos envies d'agression et
de destruction sont en fait des désirs d'amour contrariés. Nous sommes bien évidemment tous conscients
de la violence et de l'hostilité qui règnent dans le
monde aujourd'hui, comme nous savons qu'elles
imprègnent l'histoire de l'humanité au fil des siècles.
Aussi est-il réconfortant de penser que les êtres humains
sont bons par nature. Que, en réalité, nous ne voulons

pas nous battre contre l'autre, mais sommes incapables d'agir autrement.

Si cette théorie était exacte, la solution aux problèmes relationnels serait très simple. Si nous développions des attitudes plus performantes et mettions en place un savoir-faire plus efficace, nous cesserions de nous battre et pourrions profiter de relations plus amicales et affectueuses. Mais que se passe-t-il si les spécialistes se trompent ? Qu'en est-il si nous ne sommes pas bons par nature, si nous avons aussi des intentions négatives et destructrices ? Et si ces intentions inhérentes à notre nature sont aussi puissantes que nos sentiments positifs ?

Si tout cela était vrai, nos problèmes relationnels résulteraient non tant de ce que nous ignorons comment aimer les autres que de ce que nous ne le voulons pas. Peut-être choisissons-nous parfois délibérément le conflit et l'hostilité parce que cela nous paraît beaucoup plus attirant que de devenir proches de quelqu'un que nous détestons. Est-il donc possible que nous soyons secrètement attirés par le conflit et l'hostilité ?

Examinons le côté sombre de la nature humaine à travers le cas de Harry et Brenda, qui connaissent une relation de couple difficile. Si nous parvenons à déterminer ce qui ne va pas, peut-être réussirons-nous à comprendre pourquoi les relations avec les autres sont parfois difficiles.

Au départ, Brenda est venue me consulter parce qu'elle souffrait d'un sentiment chronique de dépression et se sentait aussi très dévalorisée. C'est une jeune femme intelligente qui a poursuivi des études supérieures pendant deux ans à San Francisco. Elle a obtenu une très bonne moyenne et montre un grand intérêt pour la biologie. L'un de ses professeurs l'a encouragée à poursuivre ses études dans une école vétérinaire parce qu'elle adore les animaux. Brenda souffre toutefois d'un manque de confiance en elle, et elle ignorait si elle avait le niveau de l'école. De plus, elle n'a pas voulu demander à ses parents une aide financière. Elle a donc accepté un travail de réceptionniste chez un dentiste de Chicago et elle a mis fin à ses études.

C'est à cette époque que Brenda et Harry ont commencé à sortir ensemble. Harry travaillait comme charpentier depuis qu'il avait quitté le lycée, cinq ans plus tôt. C'est un garçon ambitieux et il a créé sa propre entreprise de construction. Le jour où il est devenu patron, il a demandé Brenda en mariage. Elle n'était pas très sûre de l'aimer, mais elle a pensé pouvoir y parvenir au fil du temps.

Peu après leur mariage, ils ont eu leur premier enfant, Jack. Puis Brenda a repris son travail, car ils avaient besoin de leurs deux salaires pour vivre. Deux ans plus tard, leur second fils est né : Zachary. Bien que Brenda et Harry n'aient pas entretenu une relation réellement excitante, les choses se sont plus ou moins bien passées pendant les cinq premières années de leur mariage. Mais il y a eu une détérioration. Lors d'une dispute au sujet de l'éducation de leurs enfants, Harry s'est mis à crier. Il a traité Brenda de « garce stupide » et il l'a menacée de lui régler son compte si elle ne se taisait pas. Brenda s'est sentie anéantie et humiliée.

La semaine suivante, le même scénario s'est reproduit. Ils ont commencé à se disputer, et Harry a insulté Brenda en lui ordonnant de la boucler. Six années plus tard, ce genre de scène est devenu presque hebdomadaire.

Brenda est déprimée, remplie de honte et profondément blessée. Elle envisage de quitter Harry, mais craint de ne pas être capable de s'en sortir toute seule. Elle se dit que si elle parvient à s'accrocher les choses finiront par aller mieux. Elle se fait aussi du souci pour ses fils qui ont maintenant onze et huit ans. Ils traînent avec une bande peu recommandable, travaillent mal à l'école et ont redoublé plusieurs classes. Lorsque Brenda leur demande de faire leurs devoirs ou de ranger leur chambre, ils font des commentaires insultants et refusent de lui obéir.

Harry et Brenda ne sont pas d'accord sur l'attitude à avoir vis-à-vis de leurs enfants. Harry dit à Brenda qu'ils ne la respectent pas parce qu'elle ne se sent pas assez sûre d'elle. Toutefois, lui-même ne l'aide jamais dans ses efforts pour discipliner leurs fils. Il se contente d'observer la scène et n'intervient pas lorsque les garçons insultent leur mère.

Qu'est-ce qui pousse Harry à réprimander Brenda ? Et pour quelle raison Brenda le supporte-t-elle ? Qu'est-ce qui provoque leurs disputes ?

J'ai trouvé quelques preuves permettant d'étayer les théories de manque dont j'ai parlé dans le premier chapitre. Harry et Brenda ne communiquent pas avec intelligence, et ne semblent pas savoir comment résoudre les problèmes qui les tourmentent. Ils ont tous deux grandi au sein de familles qui fonctionnaient mal et connaissent à leur tour une relation de couple difficile. Ils passent peu de bons moments ensemble et n'ont que très rarement des gestes d'amour l'un envers l'autre. Lorsque Brenda exprime un quelconque sentiment, Harry l'injurie ou lui dit qu'elle ne devrait pas parler de ce qu'elle éprouve. L'un et l'autre se sentent donc frustrés. Nous pourrions dès lors être tentés de conclure qu'il suffirait de leur apprendre à mieux communiquer, à programmer des activités communes, à résoudre leurs problèmes d'enfance pour qu'ils cessent de se quereller et commencent à s'aimer l'un l'autre.

Mais, avant de parvenir à cette conclusion, essayons de voir ce qui se passe réellement quand Harry et Brenda se disputent. Un exemple : la scène se déroule un samedi matin, Brenda prépare un gâteau pour l'anniversaire de Zachary. Harry arrive dans la cuisine et explique avec beaucoup d'enthousiasme que son meilleur copain, Bret, et sa femme viennent d'acheter une maison ancienne à l'est de la ville, de belle surface et sur un grand terrain, pour un très bon prix. Harry ajoute qu'ils devraient s'y rendre dans la journée parce qu'il y a d'autres habitations à vendre dans le même coin. Brenda et lui ont déjà parlé de quitter leur appartement pour acheter une maison, et il semble très excité.

Brenda, elle, est tout sauf enthousiaste. Elle interrompt Harry par une remarque : quiconque un peu au courant de la situation dans l'immobilier sait que dans cette partie de la ville la valeur des maisons s'effondre du fait des prostituées et des trafiquants de drogue qui y traînent. Acheter quelque chose là-bas revient purement et simplement à jeter son argent par la fenêtre, et il suffit d'avoir un peu de jugeote pour le savoir !

Harry s'énerve et insiste. Il suggère d'aller au moins voir Bret et sa femme pour s'en rendre compte. Bret lui a expliqué que la police a pris les dispositions nécessaires pour lutter contre la délinquance, et le quartier est beaucoup plus agréable que ce que peut imaginer Brenda. Bret a même affirmé qu'il avait le vent en poupe avec un potentiel intéressant.

Les hommes politiques promettent depuis des années d'assainir cette partie de la ville, rétorque Brenda, et chacun sait que ça ne se fera jamais. Harry proteste, mais Brenda lui coupe la parole toutes les fois qu'il essaie de parler.

Pourquoi Brenda agit-elle de la sorte ? Elle semble fatiguée, pleine de ressentiment et humiliée par la façon dont son mari la traite depuis des années. Physiquement, elle ne fait pas le poids face à Harry, mais elle est beaucoup plus brillante que lui. Elle se sert donc de ses idées comme d'une arme. C'est sa façon à elle de riposter. Elle n'a pas conscience qu'elle le critique et ne le provoque pas de façon intentionnelle.

Plus la discussion dure, plus Harry éprouve de la frustration. Les veines sur son cou se mettent à saillir et il éclate tout à coup. Il hurle à Brenda de la fermer. Ce qui met fin à la dispute. Ils ne communiquent pas pendant la semaine suivante ; puis le même genre de scène se reproduit.

Comment comprendre ce qui se passe entre Harry et Brenda ? On peut avancer que la façon mesquine dont Harry traite Brenda s'explique par le fait qu'il n'a pas satisfait ses besoins d'intimité. Il veut que Brenda l'écoute et l'admire, mais il n'a tout simplement pas les outils pour y parvenir. Son agressivité résulte donc peut-être de ses désirs d'amour et de respect inassouvis. Il rabaisse Brenda et la menace parce qu'il ne trouve pas d'autre façon de faire valoir son point de vue. Brenda se servant de son intelligence comme d'une arme, il réplique par des menaces et des obscénités. Alors, si derrière cette agressivité se cache l'envie de se sentir proches l'un de l'autre, les habituer à mieux communiquer et développer des attitudes plus positives, les encourager à prévoir davantage d'activités à deux, devrait entraîner la disparition de leur hostilité mutuelle, et les inciter à profiter ensemble de l'amour et du respect dont ils ont toujours eu envie.

Êtes-vous preneur d'une telle analyse ? C'est bien sûr une façon optimiste de réfléchir à une situation délicate. Mais étudions un autre scénario avant d'arrêter un avis. Un samedi soir, Harry a invité plusieurs de ses copains à jouer au poker et à boire de la bière. Brenda est reléguée au rôle de serveuse : elle leur apporte les biscuits apéritifs et l'alcool tandis qu'ils deviennent tous de plus en plus ivres. Elle ne reçoit pas le moindre merci de leur part, mais on lui demande toujours plus de bières. Harry est à l'évidence le meneur de la bande. Lorsque Brenda est à la cuisine, elle les entend se plaindre des femmes qui sont toutes des garces et se vanter de remettre leurs épouses à leur place de temps en temps, parfois en utilisant leurs poings. Ils rient et ont l'air de s'amuser comme des fous.

Alors, ne peut-on supposer que Harry aime en fait intimider sa femme ? Est-ce que les disputes ne l'excitent pas en lui donnant le sentiment d'être le plus fort ? Ses besoins de pouvoir et de contrôle sur l'autre ne sont-ils pas plus importants que son envie d'amour et de tendresse ?

Ces récompenses négatives sont peut-être plus attirantes pour Harry que de gagner un amour réciproque et le respect de sa femme. Il se peut que ses problèmes de couple lui procurent plus d'excitation et lui permettent de satisfaire son estime de soi. En fait, c'est nous qui avons qualifié sa relation avec Brenda de « problématique ».

Bien sûr, si vous interrogez Harry à ce sujet, il va nier avoir de telles motivations et affirmer n'éprouver aucun plaisir à humilier sa femme. Il insistera sur le fait que la victime, c'est lui et que leurs problèmes de couple viennent uniquement de Brenda. En ce qui le concerne, elle a exactement ce qu'elle mérite. Brenda le met hors de lui et il sort de ses gonds sans parvenir à se contrôler. Elle le provoque avec ses jérémiades et il se met à crier avant d'avoir compris ce qui arrive.

En fait, cela se passe exactement de la façon dont Harry en parle. Après avoir vu Brenda à plusieurs reprises, je lui ai demandé si elle pouvait envisager une thérapie de couple. Elle a répondu que cela serait fantastique, mais qu'elle doutait que Harry soit intéressé. Elle m'a demandé si je voulais bien l'appeler et l'inviter à se joindre à nous, parce qu'elle craignait sa réaction si c'était elle qui lui posait la question.

Sa crainte s'est révélée fondée. Harry m'a répondu que cette thérapie ne l'intéressait pas du tout et que son couple allait très bien. Il a ajouté qu'il ne croyait pas vraiment aux psys et à toutes ces balivernes sur la communication, mais il voyait bien que sa femme avait des problèmes et espérait que je pourrais l'aider. Il ne semblait absolument pas concerné par les hostilités qui minaient son couple et ne désirait pas développer une relation plus aimante avec sa femme. Le *statu quo* lui convenait parfaitement.

Peut-être pensez-vous que vous n'êtes pas du tout comme Harry. Vous le voyez sans doute comme un type grossier, un cas à part. C'est plutôt réconfortant de considérer les choses sous cet angle parce que, de cette façon, nous n'avons pas besoin de nous interroger sur nos propres sentiments négatifs. Mais si Harry et Brenda n'étaient pas si éloignés que ça de nous ? Et si nous avions tous en nous un peu de Harry et de Brenda ?

3

Pourquoi le fait de détester l'autre nous procure autant de plaisir

Livrons-nous à une petite expérience. Pensez à une personne que vous n'aimez pas ou avec laquelle vous ne vous entendez pas. Visualisez-la et essayez de vous souvenir de tout ce qui vous agace chez elle. S'est-elle montrée désagréable au moment où vous aviez besoin d'aide, ou critique, entêtée, ou encore égocentrique ? Peut-être a-t-elle parlé de vous dans votre dos ?

Vous avez en tête quelqu'un de ce genre ? Rien d'étonnant : nous en avons tous autour de nous. Maintenant, imaginez que vous ayez un bouton magique sur votre bureau. Si vous appuyez dessus, votre relation avec l'autre va devenir intime, merveilleuse et harmonieuse. Aucun effort n'est attendu de vous pour y parvenir. Il vous suffit de presser ce bouton, et la personne avec qui vous entretenez une relation difficile va soudain être votre amie le plus proche. Allez-vous faire un tel geste ?

Lorsque je me livre à cet exercice dans mes ateliers, c'est la question que je pose, et je demande que l'on me réponde en levant la main. Il y a beaucoup de toussotements et presque aucune main ne se lève.

La plupart d'entre nous réagissent ainsi. Parfois, on n'a tout simplement pas envie de se sentir plus proche d'une personne qu'on ne supporte pas. Moi non plus, je ne veux pas appuyer sur le bouton, concernant un collègue qui s'est servi de moi pendant des années et que je ne considère pas comme particulièrement digne de confiance. Avoir une relation amicale avec lui est bien la dernière chose que je souhaite. Ce dont j'ai vraiment envie, c'est qu'il admette combien il est égocentrique et malhonnête. Cela me gêne de l'avouer, mais c'est ce qui me ferait le plus plaisir.

Ce que je veux souligner ici est très simple : ce refus de devenir intimes avec des personnes que nous n'aimons pas existe et il y a pas mal de raisons à cela. Voyons-en quelques-unes.

Douze raisons qui font mauvais ménage avec l'amour

• *Le pouvoir et le contrôle.* Ce sont les deux éléments qui arrivent en tête de liste. Prenons l'exemple de Harry et Brenda. Harry semble plus intéressé par le pouvoir et le contrôle que par sa relation à l'autre. C'est beaucoup plus important à ses yeux que de se sentir proche de Brenda. L'amour ne figure pas dans ses priorités parce que l'agression et la domination lui paraissent bien plus gratifiantes. Harry retire de son mariage exactement ce qu'il en attend.

• *La vengeance.* Il est tout à fait naturel de vouloir rendre la pareille à quelqu'un qui vous a humilié, et ce besoin de vengeance peut détruire toute envie d'une relation chaleureuse et affectueuse avec la personne qui vous a blessé. L'envie de riposter peut être presque irrépressible, et nous ne pensons pas que notre désir de revanche soit négatif parce que nous sommes convaincus d'avoir le droit de nous retourner contre l'autre.

• **Le sentiment d'être dans son bon droit.** J'ai vu récemment à la télévision un reportage sur un fait divers tout à fait édifiant : un conducteur prénommé Neil n'a pas supporté qu'un autre véhicule le suive de près sur la voie rapide de l'autoroute. Au lieu de changer de voie pour permettre à l'autre conducteur de le doubler, il a fortement ralenti, déterminé à lui montrer qu'il avait tort de le suivre d'aussi près. Ce dernier s'est alors collé au pare-chocs arrière de Neil et s'est mis à klaxonner de façon répétée, tout en lui faisant, comme son passager, des gestes obscènes.

Pour Neil, pas question de se laisser insulter. Il s'est garé sur le bord de l'autoroute, espérant provoquer une confrontation. L'autre conducteur s'est effectivement rangé derrière lui. Neil a observé dans son rétroviseur les deux hommes au visage menaçant qui sortaient de leur véhicule en hurlant. Pas le genre facile à intimider, mais Neil n'a pas voulu capituler. Il est descendu de son véhicule, a ouvert le coffre et pris son arbalète. Il a souri, calmement visé et tiré. L'un des deux hommes est mort, l'aorte transpercée. L'autre, un jeune, a terminé ses jours paraplégique après que la seconde flèche de Neil a atteint sa moelle épinière.

Neil s'est enfui, mais il a fini par être arrêté et jugé pour homicide volontaire (avec préméditation). Lors d'une interview pour la télévision

51

réalisée depuis sa prison, il a fièrement déclaré qu'il n'éprouvait aucun remords et que ces deux hommes avaient eu ce qu'ils méritaient. Il se considérait comme un héros, un véritable croisé militant pour la justice. Et si c'était à refaire, il agirait exactement de la même manière.

• *Le narcissisme.* Certaines personnes sont incroyablement égocentriques et ne se préoccupent que de leurs seuls intérêts. Les narcissiques ont un ego très développé. Ils se sentent supérieurs aux autres et les voient comme des objets à manipuler pour concrétiser leurs propres ambitions. La moindre critique les rend furieux et ils sont, de loin, plus intéressés par leurs propres réalisations que par leur relation à autrui.

Bien évidemment, ce comportement n'est pas toujours négatif et un peu de narcissisme peut être salutaire. Mais il arrive que nous soyons si préoccupés par nous-mêmes et par nos objectifs que notre relation à l'autre en souffre. Le narcissisme va à l'encontre de notre envie de nous rapprocher des autres, et il gagne souvent la bataille !

• *L'estime de soi et la honte.* Les rapports humains requièrent de l'humilité et la volonté d'examiner nos propres points faibles dans notre relation avec les autres. Un processus douloureux, parfois, parce qu'un sentiment de honte apparaît, surtout lorsque nous tenons à la personne qui nous critique et que nous percevons ses critiques comme justes. Nous ne voulons pas l'entendre. Au lieu d'écouter et de reconnaître le bien-fondé de ses critiques, nous érigeons un mur entre elle et nous et nous nous mettons sur la défensive. Nous nous disons que l'autre ne sait pas de quoi il parle. Cette attitude va, bien sûr, fâcher notre interlocuteur, qui intensifiera alors ses attaques. Et ce qui aurait pu être une occasion en or d'aboutir à une véritable forme d'intimité devient une bataille d'ego qui n'en finit plus.

• *Le bouc émissaire.* Les familles, les groupes religieux et ethniques ainsi que les nations se laissent quelquefois séduire par l'idée du bouc émissaire. Étiqueter quelqu'un comme inférieur ou déficient peut se révéler profondément gratifiant. Cela donne le sentiment d'être parfait et offre une explication limpide à propos des maux qui nous frappent. Prenons le cas d'une famille qui connaît des difficultés et dans laquelle l'épouse ou un enfant peut être catalogué comme mouton noir. Rendre ce bouc émissaire responsable de tous les problèmes que rencontre la famille va permettre à ses autres membres de se sentir mieux et leur fournir une excuse facile par rapport à la tension et à la tristesse que chacun éprouve. Désigner un bouc émissaire, c'est un peu comme un ragot : nous ne voulons pas l'admettre, mais en fait nous adorons ça.

• *L'envie d'avoir toujours raison.* Dans mes ateliers, je répète souvent que la vérité est la cause de presque toutes les souffrances que connaît le monde aujourd'hui. Bien sûr, c'est une exagération, mais si vous réfléchissez aux problèmes relationnels, ou même aux conflits internationaux, vous verrez qu'une bataille au sujet de la vérité alimente presque toujours les hostilités. Lorsque nous sommes en mauvais termes avec quelqu'un, nous avons une irrépressible tendance à nous dire que nous avons raison et que l'autre a tort. Regardez n'importe quel couple en train de se disputer : tout ce qui est énoncé est une version de « C'est moi qui ai raison, c'est toi qui as tort et tu ferais mieux de le reconnaître ! » Les deux protagonistes ressentant et exprimant exactement la même chose, la dispute devient sans fin, chacun martelant sa vérité.

Souvenez-vous d'une dispute ou d'un désaccord dans lesquels vous étiez partie prenante. Demandez-vous rétrospectivement qui avait raison ou qui avait tort. Il y a de fortes probabilités pour que vous estimiez avoir été dans le vrai. Au bout du compte, notre vision de la vérité nous rend complètement partial. D'ailleurs en ce moment même vous êtes en train de penser : « Mais je sais que j'avais raison, docteur Burns ! » N'est-ce pas ?

Considérer la vérité comme une source majeure de souffrance et d'hostilité peut paraître étrange parce que nous la voyons d'habitude comme une notion positive et bonne. La Bible ne dit-elle pas : « La vérité fera de vous un homme libre » ? Mais, dans la plupart des cas, la vérité est simplement une arme que nous utilisons pour combattre l'autre.

• *Le rejet de la responsabilité.* Il va en général de pair avec l'envie d'avoir toujours raison. Il est très tentant de rejeter sur l'autre la responsabilité d'un conflit. Cet état d'esprit rend content de soi et donne le sentiment d'être moralement supérieur. Et puis, cela vous évite de réfléchir au rôle que vous jouez dans le conflit et de vous faire éprouver de la culpabilité.

Parfois, ce qui compte n'est pas tellement de savoir si la faute incombe à l'autre ou pas, mais plutôt le fait même que vous la rejetiez sur lui.

Dès que vous l'accuserez, il vous renverra la faute à la figure. C'est comme le jeu de la patate chaude : personne n'en veut. Blâmer l'autre est l'état d'esprit le plus toxique qui soit. Il combat farouchement notre désir d'amour ou d'amitié.

• *L'apitoiement sur soi-même.* Le rejet de la responsabilité engendre fréquemment l'apitoiement sur soi-même parce qu'on se perçoit comme une victime face à l'autre, qui est forcément le méchant. Tout est sa faute, donc on n'a pas besoin d'analyser son propre rôle dans l'affaire. On peut alors se glisser dans la peau du martyr, ou s'attribuer le rôle du héros, et se dire que la vie est injuste et qu'on a été désigné pour en subir les conséquences. Le sentiment d'être un martyr devant surmonter les obstacles les plus inimaginables provoque une forte émotion, sécrète une sorte d'adrénaline qui fait de l'apitoiement sur soi quelque chose de douloureux mais surtout de très addictif.

Lorsque j'ai obtenu un poste de chercheur attaché à l'université, je me suis senti snobé par un collègue plus expérimenté que j'avais espéré avoir pour mentor. Roger était un chercheur très talentueux et de renommée mondiale, et je voulais vraiment travailler avec lui. Malheureusement, Roger étant submergé par ses propres responsabilités, j'ai dû me débrouiller tout seul. Je me suis senti blessé et déçu.

Un jour, un collègue m'a appris qu'il allait y avoir une importante réunion dans la journée et m'a demandé si j'avais l'intention d'y assister. Je lui ai répondu que non puisque je n'avais pas été invité. J'ignorais pourquoi on ne m'y avait pas convié mais j'étais plein de ressentiment et j'ai commencé à m'apitoyer sur mon sort. Assis tout seul à mon bureau, j'ai allumé un cigare et broyé du noir.

Plus tard dans l'après-midi, Roger est entré dans mon bureau et j'ai tout de suite éprouvé une vague de contrariété. Il m'a annoncé d'un ton guilleret : « Nous avons une réunion dans quelques minutes, salle 701. Tu viens ? » Mais j'étais tellement furieux que j'ai répondu que j'avais du travail et que je n'avais pas le temps. Je n'étais pas prêt à abandonner mon rôle de victime si facilement, même si cela signifiait laisser passer l'occasion de faire ce que j'avais d'abord souhaité.

• *La colère et l'amertume.* Éprouver de la colère n'est pas toujours négatif. Cela peut même être salutaire, surtout si on dirige cette colère dans la bonne direction. Mais il arrive qu'elle devienne un ressentiment chronique et génère de l'hostilité. Lorsqu'on est furieux, la façon de voir la vie en souffre. Il est parfois extrêmement difficile de se débarrasser de sa colère parce qu'elle est liée à notre conception de la fierté, à notre identité et à nos valeurs personnelles.

La colère n'en a pas moins quelque chose d'exaltant, qui donne le sentiment d'être plus fort et bien vivant, et nous rend content de nous. Quoique les relations difficiles soient incroyablement épuisantes et démoralisantes, la colère peut aussi être stimulante en donnant un but et un sens aux choses. C'est pourquoi, de toutes les émotions négatives – y compris la dépression, le désespoir, l'anxiété, la panique, le sentiment de culpabilité et d'infériorité –, c'est de loin elle qui est le plus dure à dépasser.

• *La rivalité.* Lorsque vous êtes en désaccord avec quelqu'un, vous pensez que l'un de vous va sortir gagnant et l'autre perdant. Évidemment, vous ne voulez pas être celui qui perdra, vous allez donc utiliser votre énergie pour faire en sorte de gagner. Gagner est excitant. Toutefois, ce désir de gagner entretient la lutte, car l'autre est tout aussi déterminé à vous battre.

Un jour, une jeune femme dénommée Maureen m'a raconté combien elle était frustrée parce que son mari, Vic, ne faisait jamais ce qu'elle lui demandait. Lorsqu'elle lui rappelait avec insistance les tâches qu'il avait « oubliées » de réaliser, il lui disait de cesser de le harceler et de vouloir tout régenter. Alors elle répliquait que ce n'était absolument pas son intention : elle voulait juste qu'il respecte ses engagements. Ce démenti avait bien sûr pour seul résultat de convaincre son mari que ses critiques étaient fondées, et la bataille continuait de plus belle.

J'ai demandé à Maureen si, selon elle, il pouvait y avoir une once de vérité dans les propos de Vic, et s'il ne serait pas utile de l'admettre afin d'éviter ces disputes continuelles pour savoir qui avait raison. Maureen m'a répondu qu'elle préférerait mourir plutôt que de laisser à Vic le plaisir de penser qu'il avait gagné.

• *L'objectif caché.* Vous pouvez aussi préférer maintenir l'autre à distance parce que vous avez un objectif caché. Quelque chose qui vous semble plus important que l'amour ou l'intimité, mais que vous gardez pour vous. Si votre mariage est un échec, cela peut justifier à vos yeux les aventures extraconjugales. Nous en avons vu un cas dans le premier chapitre. Une amélioration dans la relation de couple de Mickey l'inciterait probablement à abandonner les aventures qu'il a lors de ses voyages d'affaires.

Nick, un autre homme d'affaires, m'a avoué un jour que son mariage le désespérait. Même s'il était très dévoué à sa femme, Marianne, ils ne passaient presque jamais de temps ensemble. Chaque fois qu'il lui proposait de faire quelque chose avec lui, Marianne avait mieux à faire.

La semaine précédente, le comptable de Nick lui avait révélé que Marianne dépensait d'importantes sommes d'argent en achats par correspondance et sur eBay. Apparemment, elle se livrait à un shopping compulsif et leur maison était remplie de babioles. Elle avait également fait l'acquisition de plus de soixante paires de chaussures de grandes marques. J'ai dit à Nick qu'une thérapie de couple pourrait les aider, aussi a-t-il demandé à Marianne de venir à la séance suivante.

Marianne a reconnu qu'ils avaient besoin de passer plus de temps ensemble. Mais elle a affirmé qu'il n'y avait pas de problème particulier dans leur couple, et expliqué qu'elle avait simplement été plus impliquée que jamais dans ses propres activités – cours de tennis et tâches diverses au country club. En guise d'exercice, je leur ai suggéré de prévoir un moment pour faire ensemble quelque chose qui leur plaise, une randonnée à pied ou une sortie au cinéma, par exemple. Marianne a estimé que c'était tout à fait sensé, mais lorsqu'ils sont revenus au bout d'une semaine elle s'est excusée en disant qu'elle avait « oublié » de faire cet exercice. Nous avons tenté un nouvel essai la semaine d'après, avec un résultat identique. Marianne a alors déclaré qu'un événement imprévu l'avait contrainte à annuler ses projets avec Nick. Nous avons reporté l'exercice à plusieurs reprises, mais chaque semaine Marianne a présenté une nouvelle excuse.

J'ai demandé au couple l'autorisation d'enregistrer l'une de nos séances pour pouvoir la montrer à mes confrères lors de notre réunion hebdomadaire de travail. J'espérais que ceux-ci m'aideraient à sortir de l'impasse dans laquelle se trouvait la thérapie. Une fois l'enregistrement visionné, mes confrères ont confirmé mon appréciation des raisons qui avaient fait échouer la thérapie. Marianne ne semblait pas aimer réellement Nick mais ne voulait pas l'admettre. Elle avait l'air parfaitement heureuse de sa vie de couple tant qu'elle avait accès au compte en banque de son mari et se voyait dispensée de passer du temps avec lui. Si du point de vue de Nick leur manque d'intimité était un problème bien réel, pour Marianne tout se passait exactement comme elle le souhaitait.

Donc si nous nous battons parce que c'est pour nous une source de valorisation, la résolution de tout conflit repose en premier lieu sur une prise de décision personnelle, et la première étape implique de répondre à la question suivante : qu'est-ce que je désire le plus, gagner la bataille ou réussir ma relation avec l'autre ?

4

Trois idées qui peuvent changer votre vie

J'ai eu un jour l'occasion de soigner une femme de cinquante-deux ans qui était venue me voir pour un problème de dépression. Allison avait suivi un traitement pendant des années mais sans succès. Lors de notre premier rendez-vous, elle m'avait affirmé qu'elle se sentait déjà un peu mieux, car elle avait lu un article dans un magazine féminin qui traitait de la solitude dans le mariage. L'article expliquait qu'hommes et femmes ont du mal à communiquer entre eux parce qu'ils sont différents par nature. Lorsque les garçons grandissent, ils jouent avec des camions, apprennent à régler les problèmes et à réaliser leurs objectifs, tandis que les filles jouent à la poupée et apprennent à parler de leurs sentiments, ce qui leur permet de développer des liens affectifs entre elles. Allison m'a avoué qu'elle était soulagée de découvrir que des millions de femmes aux États-Unis se sentaient aussi seules et frustrées qu'elle parce que leurs conjoints n'entendaient rien aux sentiments ni aux affaires privées.

Elle a ajouté que son mari, Burt, correspondait exactement à ce profil. Étant comptable, il connaissait parfaitement les chiffres, mais ignorait absolument tout des émotions. Elle a ajouté que c'était un être froid qui ne pouvait pas, ou ne voulait pas, exprimer ses sentiments. Durant plus de trente ans, elle avait tenté de l'aider pour qu'il parle davantage mais en vain. Elle réalisait enfin aujourd'hui pourquoi elle avait été si déprimée et si seule pendant tout ce temps. Tout était la faute de Burt.

J'ai suggéré que, puisque Burt avait des problèmes pour exprimer ce qu'il ressentait, une thérapie de couple pourrait leur apprendre à partager leurs sentiments de façon plus naturelle et à développer une relation plus affectueuse et amoureuse. Allison a semblé décontenancée. Elle m'a répondu que ce serait une perte de temps ; elle avait déjà tout essayé et rien ne marchait. Elle a affirmé que Burt était un cas désespéré qui ne pourrait jamais apprendre à exprimer ses sentiments.

J'ai demandé à Allison si elle ne voulait pas tenter l'expérience, juste une fois, en dépit de ses doutes. Je lui ai précisé que même si son mari et elle décidaient de ne pas poursuivre la thérapie de couple, j'aurais ainsi au moins eu une chance de voir à quelles difficultés elle était confrontée. Allison a accepté, à contrecœur, et est venue au rendez-vous suivant en compagnie de Burt. J'étais curieux de voir de quel genre d'homme il s'agissait et j'ai été complètement surpris de constater qu'il ne correspondait pas du tout à l'image que je me faisais du comptable strict et maniaque. Il paraissait au contraire ouvert et amical.

Il m'a dit qu'il savait que lui et sa femme avaient des problèmes depuis longtemps, et a montré un certain enthousiasme à l'idée de participer à la thérapie.

J'ai expliqué à Allison et à son mari qu'une bonne communication requiert trois éléments essentiels : on doit d'abord être capable d'exprimer ses sentiments de façon naturelle et directe ; ensuite, pouvoir écouter son conjoint sans être sur la défensive ; enfin, respecter son partenaire même si on est en colère ou frustré. Cela ne signifie pas qu'il faille cacher ou nier ses sentiments de colère, mais simplement les partager en respectant l'autre, sans l'humilier ou l'insulter.

Mal communiquer avec les autres relève tout simplement de la situation inverse. Au lieu de vous ouvrir à celui ou ceux qui sont en face de vous, vous dissimulez vos sentiments ou vous les exprimez de façon agressive. Vous n'écoutez pas l'autre, vous vous arc-boutez sur votre bon droit tout en étant intimement persuadé que c'est lui qui a tort. Vous ne faites preuve ni d'empathie ni de respect, vous partez en guerre et vous cherchez à le dénigrer. Allison et Burt ont été tout à fait d'accord avec mes propos.

Quand nous avons commencé notre travail ensemble, Allison s'est lancée dans un discours en laissant libre cours à sa colère : elle a parlé de sa frustration due au fait que Burt ne parlait jamais de ses sentiments. Peu importait les efforts qu'elle accomplissait : il ne se confiait pas du tout. Elle a ajouté qu'elle s'était sentie seule et misérable pendant des années parce qu'il était aussi froid qu'un glaçon. Elle avait fini par perdre tout espoir en lui. À ses yeux, il était une sorte d'infirme irrécupérable, et c'était sa faute si elle était tombée dans son état dépressif et si leur mariage était raté.

Burt a écouté attentivement Allison. Lorsqu'elle s'est tue, je lui ai demandé de restituer ce qu'elle avait dit avec deux objectifs en tête : résumer les idées de sa femme aussi exactement que possible ; puis expliquer à celle-ci ce qu'elle pouvait ressentir d'après ce qu'elle avait dit. Burt s'est tourné vers Allison pour déclarer :

« Allison, tu viens de dire que tu te sens seule et frustrée parce que je n'ai jamais su exprimer mes sentiments, malgré toutes les tentatives que tu as faites pour m'aider. Tu es également en colère et déprimée parce que je suis aussi froid qu'un glaçon. Tu as fait tout ce que tu as pu mais rien n'a marché. Tu en conclus donc que je suis un cas désespéré et tu as renoncé. Tu penses que je suis un véritable handicapé émotionnel. Que je suis responsable de ta dépression et des problèmes que nous rencontrons dans notre couple. Je pense que tu dois m'en vouloir horriblement, que tu dois te sentir découragée et seule. Et tu dois aussi avoir perdu tout espoir. »

J'ai demandé à Allison quelle était la part de vérité dans le résumé de Burt, sur une échelle de 0 à 100. Avait-il bien écouté ? Avait-il correctement résumé ce qu'elle avait dit ? Avait-il bien compris ce qu'elle ressentait ?

Allison a paru surprise et a reconnu que Burt avait fait un excellent travail. Elle lui a accordé un sans-faute. J'ai expliqué au couple que nous avions déjà appris plusieurs choses importantes. D'abord, Allison pouvait tout à fait exprimer ses sentiments de façon claire et naturelle. Ensuite, Burt savait très bien écouter parce qu'il avait fidèlement résumé les commentaires d'Allison et avait réussi un sans-faute. Nous avons également constaté que Burt pouvait respecter Allison parce qu'il n'y avait aucune trace de sarcasme ou d'hostilité lorsqu'il avait résumé ses commentaires.

Il était temps de leur proposer le jeu de rôle inversé pour voir si Burt était capable d'exprimer ses sentiments et si Allison savait écouter. J'ai rappelé à Allison qu'elle devait le faire avec attention, utiliser le langage du corps et ne formuler aucun commentaire pendant que Burt parlerait. Elle devait se contenter de se concentrer sur ce qu'il disait et éprouvait pour pouvoir résumer fidèlement ses commentaires.

Burt a expliqué qu'il se sentait aussi seul et frustré, il avait envie d'avoir une relation plus proche avec Allison. Il a affirmé qu'il avait envie de partager beaucoup de réflexions et de sentiments avec elle. Il avait tenté de lui parler pendant des années, mais il avait eu l'impression d'être figé sans pouvoir faire le moindre mouvement. Si elle ne cessait de lui demander de mieux communiquer, chaque fois qu'il essayait de partager avec elle ses émotions, il se sentait critiqué et rabaissé. C'était dérangeant pour lui et rendait les choses difficiles parce qu'il avait l'impression de recevoir des messages contraires de sa part. Il cherchait à partager ses émotions à tout instant, mais avait peur qu'elle l'humilie de nouveau.

Tandis qu'il parlait, Allison a froncé les sourcils. Son regard s'est assombri et elle a secoué la tête d'avant en arrière. Tout à coup, elle s'est levée, s'est penchée en avant et a commencé à brandir son index au nez de Burt. Elle a crié : « Tu n'as pas le droit de dire ces inepties ! Ce ne sont que des mensonges ! Tais-toi ! Je n'écouterai pas ces conneries une minute de plus ! »

Elle a quitté le bureau comme une furie et a claqué la porte.

J'étais sidéré et je suis sorti dans le couloir pour voir ce qui se passait. Allison était assise dans la salle d'attente, les bras croisés dans un geste de défi. Je lui ai demandé comment elle se sentait et aussi si elle souhaitait revenir dans mon cabinet afin que nous puissions reprendre le travail. Elle a catégoriquement refusé. Burt et moi avons employé le temps restant du mieux que nous avons pu, mais ce n'était guère évident.

La semaine suivante, Allison est revenue seule. Elle m'a déclaré que le travail de thérapie avait été une totale perte de temps, comme elle l'avait prédit : Burt s'était montré depuis notre réunion de la semaine précédente complètement incapable d'exprimer ses sentiments, malgré tous mes efforts pour l'aider. Cela prouvait, d'après elle ce qu'elle avait tenté de me faire admettre : Burt était un cas désespéré. Elle a accepté de continuer à venir me consulter, mais à une condition : que je ne laisse jamais Burt participer à une autre séance de thérapie.

J'ai demandé à Allison si elle pensait qu'il puisse y avoir un lien entre son comportement à elle et les difficultés de Burt à s'exprimer. Elle a sèchement répliqué que si je continuais dans cette direction, ce serait notre dernier rendez-vous. Elle m'a prévenu qu'elle avait dû se séparer de ses trois précédents thérapeutes parce qu'ils avaient sous-entendu de façon parfaitement irraisonnée qu'elle pouvait être à l'origine des problèmes de son couple.

Allison avait l'air inconsciente du fait qu'elle était effectivement à l'origine de ses problèmes. Si elle avait voulu tout faire pour que son mari ne partage jamais le moindre sentiment avec elle, elle ne s'y serait pas prise autrement. Elle le punissait chaque fois qu'il cherchait à exprimer ce qu'il ressentait, et cela durait depuis de nombreuses années. Les conséquences de son attitude n'étaient pas des plus subtiles.

Elle ne montrait non plus aucune volonté de se remettre en question. Elle avait été très claire sur la limite à ne pas dépasser. Peut-être ne pouvait-elle envisager la douleur que cela supposait.

Le cas d'Allison vous agace sans doute ; cependant, ne vous précipitez pas pour lui jeter la pierre. Nous agissons tous de la même manière quand nous ne nous entendons pas bien avec quelqu'un, mais le reconnaître peut se révéler douloureux. Je sais que lorsque je suis fâché je refuse de me remettre en question tout simplement parce que je suis persuadé d'avoir raison. Lorsque je réalise que c'est moi qui suis à l'origine du problème, c'est embarrassant et je me sens honteux.

Au fil du temps, tout est devenu plus clair : vous pouvez fournir les meilleurs outils possibles aux personnes qui ont des problèmes relationnels, si elles ne veulent pas développer une plus grande intimité ou bien se rapprocher de celui ou de celle avec qui elles sont fâchées, cela ne servira strictement à rien. Dans la plupart des cas, l'hostilité et le conflit résultent moins d'inaptitudes que d'irrésistibles facteurs motivationnels. Les théories qui prônent les manques d'aptitude pour expliquer les difficultés relationnelles semblent fantastiques sur le papier, mais dans la réalité c'est une tout autre histoire.

Les principes de base
de la thérapie cognitive relationnelle

J'ai développé une approche radicalement différente, que j'ai appelée la thérapie cognitive relationnelle (TCR). Cette thérapie est fondée sur trois idées très simples mais essentielles :

1. Nous provoquons tous et reproduisons exactement les problèmes relationnels dont nous nous plaignons. Toutefois, nous ne paraissons pas en avoir conscience. Nous nous posons donc en victimes et rejetons le problème sur l'autre.

2. Nous refusons d'admettre notre rôle dans le conflit parce que l'examen de conscience est trop douloureux et que nous sommes secrètement récompensés par le problème dont nous nous plaignons. Nous voulons faire le sale boulot dans l'ombre pour pouvoir maintenir une façade d'innocence.

Ces deux principes peuvent sembler plutôt négatifs. Le troisième est de loin plus positif :

3. Nous possédons tous en nous les ressources nécessaires pour transformer nos relations difficiles, pour peu que nous voulions arrêter de rejeter la responsabilité sur l'autre et changer notre comportement. La guérison peut survenir beaucoup plus vite que vous ne l'imaginez. Vous pouvez souvent effacer des années d'amertume et de méfiance presque instantanément, mais vous devrez travailler dur et connaître des moments douloureux si vous voulez réussir ce miracle.

Je vais vous montrer comment fonctionne la TCR, en vous demandant d'identifier une personne avec laquelle vous avez de mauvaises relations. Cela peut être votre conjoint mais aussi n'importe qui d'autre, un ami, un voisin, un collègue ou un de vos clients. Tandis que je vous conduirai vers la solution, vous découvrirez la TCR de façon très pratique et votre compréhension n'en sera que plus complète. Je dois toutefois vous avertir que le processus demandera du travail et que ce sera peut-être douloureux. Bien évidemment, le but ultime n'est pas la douleur, mais la joie et l'amitié partagées.

Dans le chapitre suivant, vous allez découvrir le test qui vous permettra d'évaluer votre satisfaction sur le plan relationnel. Cet outil vous aidera à déterminer avec exactitude votre niveau de satisfaction ou de déception dans les relations que vous entretenez avec les autres. Cela peut concerner quelqu'un que vous aimez bien, ou au contraire quelqu'un que vous détestez. J'ai distribué ce test à plus de mille deux cents hommes et femmes aux États-Unis qui avaient des relations heureuses ou à l'inverse désagréables. Je peux comparer votre relation avec celle de tous ces gens-là. Si vous le souhaitez, vous pouvez faire ce test plusieurs fois en lisant le livre pour enregistrer vos progrès.

Puis je vous poserai quelques questions au sujet de vos relations difficiles. Voulez-vous rester sur un *statu quo*, en terminer avec ces relations ou les améliorer ? Si vous choisissez cette dernière possibilité, qui est le plus à blâmer selon vous et qui devrait changer ? Vous ? Ou bien votre interlocuteur ? Je vous demanderai aussi si vous êtes prêt à payer le prix d'une relation d'amitié. Est-ce que cela vaut la peine que je vous montre comment développer des rapports plus enrichissants avec la personne que vous détestez ?

Après quoi, nous examinerons un événement qui s'est révélé pénible avec cette personne et déterminerons ce qui s'est passé. Vous saurez pourquoi vous vous êtes disputés. Vous comprendrez aussi la raison de tous vos problèmes relationnels. Même si nous

nous concentrons sur un bref instant dans une relation difficile, nos objectifs seront assez élevés.

Enfin, si vous êtes fatigué de vous battre, je vous indiquerai comment transformer cette relation en un échange chaleureux et confiant en utilisant le journal de bord des relations et les cinq secrets d'une communication efficace. Ces techniques peuvent conduire à un profond changement dans votre relation avec les gens que vous aimez, mais aussi avec ceux que vous haïssez. Vous apprendrez à gérer la critique, la mauvaise humeur et l'attitude défensive. Vous saurez aussi comment transformer l'hostilité en rapports amicaux fondés sur la confiance.

DEUXIÈME PARTIE

Établir un diagnostic sur vos relations avec les autres

5

Votre relation avec les autres est-elle satisfaisante ?

Pensez à quelqu'un avec qui vous entretenez une relation, amicale ou professionnelle. Cela peut être votre conjoint, votre mère, votre sœur ou votre patron. N'importe qui. Complétez maintenant le test de satisfaction ci-dessous. Ce test vous aidera à repérer votre degré de satisfaction ou au contraire de déception par rapport à la relation en question, dans sept domaines différents. Vous pouvez le faire en moins d'une minute.

Lorsque vous aurez répondu aux sept questions, vous additionnerez le nombre de points obtenus et inscrirez le total dans la case prévue en bas de page. Cela peut aller de 0 (si vous avez coché « très déçu » dans chacune des sept zones prévues) à 42 (si, à l'inverse, vous avez coché chaque fois « très satisfait »).

Le tableau des résultats vous explique comment interpréter votre test. Les résultats inscrits en bas de l'échelle indiquent que vous êtes malheureux avec la personne en question ; à l'inverse, les résultats figurant en haut de l'échelle montrent que vous êtes satisfait de votre relation. 39 points signifient que vous êtes très satisfait ; 42 points, que vous avez une relation réellement géniale.

Nombreux sont mes patients qui obtiennent un faible résultat. Un total de 20 points ou en dessous est courant ; 10 points ou moins, cela veut dire que vous vous sentez probablement malheureux dans cette relation. J'ai rencontré beaucoup de personnes dont le résultat était 0. La bonne nouvelle, c'est que vous pouvez tout à fait réagir pour améliorer le niveau de votre relation.

TEST DE SATISFACTION *Instructions* : Cochez la case qui correspond à votre choix. Chaque question doit être correctement cochée.	0 – Très déçu	1 – Un peu déçu	2 – Légèrement déçu	3 – Neutre	4 – À peine satisfait	5 – Moyennement satisfait	6 – Très satisfait
1. Communication et ouverture							
2. Résolution des conflits et disputes							
3. Niveau d'affection							
4. Amitié et intimité							
5. Votre rôle dans la relation vous convient-il ?							
6. Le rôle de votre partenaire dans la relation vous convient-il ?							
7. Niveau de satisfaction générale dans la relation							
Date : _____						TOTAL ➜	

Vous avez sans doute envie de comparer le résultat de votre test à celui qui a été obtenu par d'autres gens. Par exemple, si vous avez pensé à votre conjoint en faisant le test, quel est votre niveau de satisfaction par rapport à votre couple : insatisfaisant, moyen ou

TABLEAU DES RÉSULTATS			
Résultat obtenu	Niveau de satisfaction	Pourcentage des personnes connaissant des relations difficiles qui sont plus satisfaites	Pourcentage des personnes connaissant des relations enrichissantes qui sont plus satisfaites
0-10	Extrêmement mécontent	75 %	100 %
11-20	Très déçu	35 %	95 %
21-25	Modérément déçu	25 %	90 %
26-30	Un peu déçu	15 %	75 %
31-35	Un peu satisfait	5 %	50 %
36-40	Modérément à très satisfait	1 %	10 %
41-42	Extrêmement satisfait	– 1 %	– 1 %

très satisfaisant ? Où vous situez-vous ? J'ai demandé aux mille deux cents personnes qui ont réalisé ce test aux États-Unis si leur relation était :

- très satisfaisante ;
- difficile mais ne nécessitant pas d'aide extérieure ;
- difficile et nécessitant une aide extérieure.

Lorsque vous regardez le tableau des résultats, vous voyez où se situe votre relation par rapport à ceux qui ont une relation satisfaisante ou au contraire difficile.

Par exemple, si vous arrivez à 5 points, cela signifie que vous êtes très déçu par votre couple. Ce tableau vous indique que la totalité des personnes qui connaissent des relations satisfaisantes ont un résultat plus élevé. En résumé, 75 % des personnes qui vivent des relations difficiles ont aussi un résultat plus élevé. Cela veut également dire que vous êtes moins satisfait que la plupart d'entre eux. Mais quoique des résultats faibles soient source d'inquiétude, cela ne signifie pas forcément que l'avenir de votre relation soit sombre, ou que vous et votre conjoint soyez extrêmement mal assortis ; seulement que vous êtes très malheureux et que votre relation ne correspond pas à vos attentes.

Bien, imaginons maintenant que vous ayez un résultat de 34 points. Vous êtes très content. Le tableau indique que 5 % seulement des personnes qui connaissent des relations difficiles obtiennent autant de points. Vous faites donc beaucoup mieux que la plupart de ces gens-là. Toutefois, le tableau montre aussi que 50 % des personnes ayant des relations satisfaisantes ont totalisé plus de 34 points. Votre niveau de satisfaction est de ce fait seulement une moyenne par rapport à ce groupe-là. Il est sans conteste possible d'améliorer ce résultat grâce à une simple mise à plat de vos différends conjugaux.

Ce test ne vous révèle pas qui est à l'origine du problème. Il révèle juste quel est votre niveau de satisfaction. Il ne vous dit pas non plus si votre relation est bonne ou mauvaise. Une relation bonne ou mauvaise, par nature, n'existe pas. L'évaluation de sa qualité est complètement personnelle et subjective. C'est à nous de juger si nous sommes pleinement satisfaits.

À quel niveau devrait se situer votre résultat ? Certains penseront que parvenir à 32 points (un peu satisfaits) est positif. Au contraire, ceux qui arriveront à un total de 41 points (extrêmement satisfaits) auront envie d'une plus grande intimité avec la personne concernée. C'est parfait, parce que l'éventail des possibilités qui conduisent à des relations encore plus satisfaisantes est large. Tout dépend de vos objectifs et de vos attentes.

Ce test n'est pas un de ces tests de psychologie que l'on trouve dans tous les magazines. Il a été utilisé dans des études qui ont été publiées dans des revues scientifiques et a été validé par rapport aux instruments de recherche les plus consultés. En fait, c'est l'instrument de mesure de satisfaction le plus développé en ce qui concerne les relations humaines.

Des études menées sur la fiabilité du test révèlent 97 % de satisfaction. Cela signifie que le résultat que vous obtiendrez comportera une marge d'erreur de 3 % seulement. Il peut paraître incroyable que le niveau de satisfaction de quelque chose d'aussi subjectif qu'une relation intime soit mesurable de façon aussi précise. C'est sans doute parce que nous savons tous ce que nous ressentons. Les autres, par exemple les spécialistes, ne peuvent pas juger de la qualité de nos relations ni évaluer notre niveau de satisfaction ou de déception, mais la plupart du temps vous-même savez très bien ce que vous éprouvez.

Si vous vous sentez proche de la personne que vous évaluez dans le test, comme votre conjoint, demandez-lui de faire aussi ce test pour mieux voir ce qu'il pense de votre relation. Le résultat peut se révéler troublant.

J'ai eu récemment l'occasion de rencontrer un homme dépressif, Dale, qui avait obtenu 42 points au test. Il semblait donc à l'évidence parfaitement satisfait de sa relation. Mais de tels résultats étant assez rares, je lui ai demandé ce que sa femme pensait de leur relation de couple. Il m'a répondu qu'elle était exactement du même avis que lui et que l'entente était parfaite entre eux. J'ai demandé à Dale de donner un exemplaire du test à sa femme afin qu'elle le fasse, elle aussi.

Dale est revenu la semaine suivante avec le test dûment complété par sa femme. Elle avait obtenu un total de 0, le plus mauvais score. Elle était extrêmement déçue.

J'ai découvert par la suite qu'elle était également très dépressive. Cela a été une grosse surprise pour Dale aussi, parce qu'il la croyait heureuse. Fort de cette découverte, Dale a décidé de proposer à sa femme de se joindre à lui pour la thérapie, qui s'est révélée très utile pour les deux.

Vous pensez sans doute que le grand écart de résultats entre Dale et sa femme est plutôt inhabituel, mais mon expérience me prouve que c'est au contraire plutôt fréquent, surtout si la relation de couple est difficile. Plus elle l'est, plus les différences tendent à être extrêmes. Dans les relations de couple difficiles, il n'y a pas de corrélation significative entre les résultats obtenus par l'homme et par la femme. Leurs sentiments respectifs ne correspondent pas nécessairement. Il arrive que les résultats de l'époux soient très élevés, ou inversement. Cela veut dire qu'ils vivent dans deux mondes complètement différents. À l'inverse, lorsque les relations sont heureuses et réussies, le mari et la femme évaluent tous deux leur relation de la même manière, ce qui signifie que leurs sentiments et leurs émotions sont intimement liés les uns aux autres.

La sous-estimation par Dale des sentiments qu'éprouvait sa femme illustre un phénomène assez ahurissant : nous ne savons pas interpréter ce que peuvent éprouver les gens autour de nous, y compris les sentiments de nos proches, mais nous n'en sommes pas conscients. Nous verrons plus loin dans ce livre comment y remédier lorsque nous parlerons de l'empathie.

À quel moment devons-nous chercher un traitement ?

Si vous avez eu un faible résultat au test, je ne veux pas vous inquiéter mais à l'inverse vous encourager. Il y a peu de chances que des rapports parviennent à changer simplement parce que vous le souhaitez, ou bien parce que vous avez décidé d'attendre que votre conjoint change. En fin de compte, le sort de ces rapports sera entre vos mains. Et si vous voulez réellement améliorer une relation qui bat de l'aile, nous verrons comment procéder.

Quand devez-vous envisager d'aller consulter un thérapeute pour un problème de relation et quand devez-vous essayer d'améliorer les choses par vous-même ? Certaines relations se révèlent tellement difficiles à gérer que vous devez vous assurer l'aide d'un thérapeute. Celui-ci vous apportera le soutien nécessaire et vous aidera à décider si cela vaut la peine de réparer une relation difficile, ou s'il est au contraire préférable d'y mettre un terme. Un traitement professionnel sera peut-être nécessaire si votre conjoint se montre violent ou injurieux, s'il se livre à des activités criminelles, ou encore s'il boit ou se drogue. L'aide d'un thérapeute peut aussi se révéler utile si vous :

- êtes vous-même sous la dépendance de drogues ou de l'alcool ;
- vous sentez très déprimé, incapable de réagir, ou que vous avez des tendances suicidaires ;
- êtes sujet à des fantasmes violents, ou que vous perdez le contrôle de vous-même et pouvez blesser des gens autour de vous ;

• avez essayé d'appliquer les techniques dispensées par ce livre mais sans succès.

Il est parfois malaisé de percevoir les relations que vous entretenez avec les gens ou de savoir si vous faites ce qu'il faut pour tenter de modifier votre façon d'être. Dans ce cas précis, le retour objectif de quelqu'un à qui vous tenez et faites confiance peut se révéler précieux.

Faites le test aussi souvent que vous en avez envie pour mieux observer vos progrès à mesure que vous avancez dans votre lecture. Je vous recommande de le réaliser une fois par semaine. Vous pouvez vous servir des copies du test figurant à la fin du livre. Assurez-vous d'en conserver un jeu complet en blanc, de façon à pouvoir effectuer des copies supplémentaires pour votre usage personnel[1]. Si vous évaluez la même personne chaque fois que vous faites le test, les changements de résultats vous indiqueront les progrès accomplis.

---

1. Les thérapeutes qui souhaitent obtenir une licence pour utiliser le test dans leur travail ou bien pour leurs recherches peuvent se rendre sur mon site www.feelinggood.com pour obtenir de plus amples informations sur le cahier pratique du thérapeute. De nombreuses évaluations et des outils de traitement sont disponibles.

6

De quoi avez-vous réellement envie ?

Pensez à une personne avec qui vous ne vous entendez pas bien et essayez de visualiser ce qui se passe lorsque vous vous disputez avec elle :

- votre mari ne cesse de vous critiquer dans la moindre de vos actions ;
- votre femme se tait et refuse de vous parler quand elle est contrariée ;
- votre fils boude, claque les portes mais prétend qu'il n'est pas en colère ;
- votre fille affirme que vous ne l'aimez pas alors que vous l'adorez ;
- votre ami se plaint, mais refuse d'écouter lorsque vous lui donnez votre avis ;
- votre client le plus difficile argumente alors que vous tentez d'expliquer votre point de vue.

Trois options pour gérer une relation difficile

Ces interactions peuvent être incroyablement frustrantes. Lorsque vous ne vous entendez pas avec quelqu'un, vous avez trois possibilités : maintenir le *statu quo*, mettre un terme à la relation ou faire votre possible pour l'améliorer. Quelle option vous convient le mieux ? Pour travailler avec vous, j'ai besoin de connaître votre réponse à cette question. Prenez le temps d'y réfléchir avant de continuer votre lecture.

• *Maintenir le statu quo.* Croyez-le ou non, cette première option est de loin la plus populaire. La plupart des gens qui connaissent des relations conflictuelles ne paraissent pas désireux de s'attaquer au problème. Vous choisirez cette option parce que vous ne savez pas vraiment ce que vous voulez. C'est une façon de gagner du temps. Par exemple, dans une relation de couple difficile, divorcer paraîtra épouvantable, fera peur ou honte, mais tenter de l'améliorer semblera tout aussi insurmontable. Vous pouvez avoir le sentiment que votre conjoint est un cas désespéré parce que vous vous êtes déjà efforcé d'arranger les choses, sans succès ; ou bien vous trouvez injuste d'avoir à faire tous les efforts. Vous pouvez penser aussi que mettre un terme à la relation vous coûterait beaucoup plus cher que de la supporter et vous vous dites qu'une mauvaise relation est après tout préférable au fait de n'en avoir aucune. Vous décidez alors de simplement avancer avec précaution et voir comment évolue la situation.

• *Mettre un terme à la relation.* La deuxième option est également fréquente et rien ne nous oblige à nous entendre avec les autres. Je connais des personnes que je n'aime pas particulièrement et avec lesquelles je ne souhaite pas avoir de relations plus personnelles. Si vous me disiez : « David, je peux vous montrer comment améliorer votre relation avec untel », je vous répondrais que cela ne m'intéresse pas. Tenter de développer des rapports d'amitié avec certaines personnes – comme des escrocs, des individus violents, irresponsables, alcooliques, des drogués, des égocentriques ou encore des psychopathes – peut se révéler une grave erreur.

• *Améliorer la relation.* Si vous choisissez cette troisième option, je m'en réjouis réellement parce que nous allons travailler ensemble. Mais avant tout, je dois vous poser la question suivante : comment comptez-vous vous y prendre ? Vous pouvez :

- attendre que l'autre personne change ;
- essayer de changer la personne avec qui vous ne vous entendez pas ;
- changer vous-même.

Beaucoup de personnes attendent patiemment que l'autre change. Si tel est votre choix, cela va peut-être prendre beaucoup de temps. Bien que nous ayons tous la capacité d'apprendre et de mûrir, il faut parfois des années aux gens pour qu'ils deviennent plus attentionnés et affectueux et parfois, aussi, rien ne change au bout du compte. Le choix de l'attente revient donc à peu près au même que celui du *statu quo*.

C'est la raison pour laquelle les gens se sentent frustrés et essaient par tous les moyens de transformer la personne avec laquelle ils ont des relations difficiles. Par exemple, si votre conjoint a du mal à exprimer ses sentiments, vous lui rappellerez que les hommes aussi ont des sentiments, et insisterez sur le fait que communiquer est une part importante dans une relation d'amour. Si une collègue ne cesse de vous critiquer, vous lui ferez remarquer avec tact qu'elle se trompe et lui expliquerez votre point de vue, afin qu'elle vous comprenne mieux. Si l'un de vos amis dépressifs se plaint constamment et émet un point de vue négatif sur tout, vous l'encouragerez à surtout ne pas perdre espoir et à regarder le bon côté des choses. Si vous en avez assez que votre femme n'écoute jamais, vous ferez valoir vos idées et vos sentiments en lui affirmant qu'ils sont aussi importants que les siens. Si vous avez un ami qui se sert de vous, vous lui direz que vous ne supporterez pas une seconde de plus son attitude égocentrique.

Dans quelle mesure ces stratégies fonctionnent-elles ? Vous connaissez sans doute la réponse à cette question. Lorsque vous tentez de changer quelqu'un avec qui vous avez une relation problématique, il se braque et oppose une résistance farouche. C'est une réaction naturelle. On peut même dire que les efforts pour changer quelqu'un poussent cette personne à ne surtout pas changer. Donc, quand vous entreprenez ce genre de démarche, vous choisissez en réalité de maintenir le *statu quo*.

D'une façon générale, si vous souhaitez développer des relations plus proches et plus amicales avec les autres, vous devrez aborder le problème sous un angle complètement différent : il vous faudra changer vous-même. Cela demande du courage, ce sera sans doute douloureux, mais au bout du compte les résultats obtenus se révéleront peut-être étonnants. Voyons si vous êtes prêt.

7

Le prix de l'intimité

Prenons l'exemple d'une personne avec laquelle vous avez des relations conflictuelles. Posez-vous la question suivante : qui est, de nous deux, le plus responsable des problèmes rencontrés ? Qui est le plus idiot des deux ? Est-ce moi ou bien l'autre ? Répondez très honnêtement à cette question avant d'aller plus loin. Je veux savoir ce que vous ressentez réellement.

Si vous êtes comme la plupart des gens, vous êtes convaincu que c'est l'autre, le responsable de vos problèmes. Lorsque je pose cette question pendant mes ateliers de travail et que je demande une réponse à main levée, 90 % du public répond que c'est la faute de l'autre.

Cela n'a rien de surprenant que nous soyons aussi nombreux à penser de cette façon. Il y a plein de bonnes raisons pour reprocher à l'autre les problèmes de relation que vous avez. Nous pouvons les déterminer grâce au tableau d'analyse de la responsabilité (voir page 88).

Reprenons l'exemple d'une personne avec qui vous avez des problèmes de communication, et dressez sur la colonne de gauche du tableau d'analyse de la responsabilité la liste des avantages qu'il y a à rejeter sur elle toute la responsabilité. Par exemple :

- vous pouvez penser que vous êtes simplement honnête à partir du moment où l'autre agit comme un idiot. La « vérité » sera de votre côté ;
- vous pouvez mépriser l'autre ;
- vous pouvez éprouver un sentiment de supériorité morale ;
- vous n'aurez pas besoin de vous sentir coupable ou de vous interroger sur votre propre rôle dans le conflit qui vous oppose ;
- vous pouvez jouer le rôle de la victime et vous sentir vraiment désolé pour vous-même ;
- vous n'aurez pas besoin de changer ;
- vous pouvez essayer de prendre votre revanche, après tout il ou elle le mérite ;
- vous pouvez être en colère et vous montrer plein de ressentiment, la colère rend plus fort ;
- vous ne vous sentirez pas honteux ;
- vous pouvez parler dans le dos de l'autre en disant qu'il n'est qu'un pauvre type, et gagner ainsi la sympathie de vos amis.

Vous connaissez sûrement d'autres avantages. Établissez-en la liste sur la colonne de gauche page 88 avant de continuer votre lecture. Je vous recommande vivement de faire l'exercice sur du papier, et non oralement. Ce n'est pas grave si vous écrivez directement sur le tableau puisqu'il y a un exemplaire vierge de tous les tableaux et exercices dans la partie pratique, en fin d'ouvrage.

Lorsque vous avez terminé, demandez-vous s'il y a des inconvénients, des aspects négatifs. Par exemple, si vous rejetez la responsabilité du conflit sur l'autre personne :

- vous vous sentirez frustré et plein de rancœur parce que rien ne changera ;
- l'autre se sentira jugé et insistera sur le fait que tout est « votre » faute ;
- le conflit se révélera démoralisant et épuisant ;
- vous ne pourrez pas vous rapprocher de l'autre ;
- vous ne connaîtrez aucun développement spirituel ou émotionnel ;
- les gens autour de vous se lasseront peut-être de vos plaintes ;
- vous ne connaîtrez aucun plaisir, aucune joie parce que vous serez complètement empêtré dans ce conflit.

Je suis persuadé que vous trouverez d'autres éléments à ajouter à cette liste, prenez le temps de la compléter.

Lorsque vous aurez terminé cette liste, estimez votre résultat sur un total de 100 points. Attribuez le chiffre le plus élevé à la colonne la plus significative et notez vos résultats au bas de la page. Par exemple, si les avantages semblent dépasser de loin les inconvénients, notez 70 dans la colonne de gauche et 30 dans celle de droite. En revanche, si les deux colonnes ont l'air identiques, inscrivez 50 pour chacune. Enfin, si les inconvénients paraissent dépasser légèrement les avantages, mettez 45 dans la colonne de gauche et 55 dans celle de droite. Vous êtes libre de choisir les nombres.

Lorsque vous pesez le pour et le contre, réfléchissez à la liste des arguments dans son ensemble. Nul

TABLEAU D'ANALYSE DE LA RESPONSABILITÉ	
Rejeter la faute sur l'autre	
Avantages	**Inconvénients**

Total

besoin toutefois d'en faire une obsession. Relisez simplement votre liste et demandez-vous quelle colonne l'emporte sur l'autre. Ce n'est pas forcément lié à sa longueur. Il peut arriver qu'un avantage compense plusieurs inconvénients et vice versa. Notez maintenant dans les deux cases au bas de votre page les deux chiffres donnant un total de 100.

Quel est le score le plus élevé ? Celui des avantages ou celui des inconvénients ? Si c'est celui des avantages, je crains d'avoir une mauvaise nouvelle pour vous : je ne pourrai sans doute pas vous aider dans cette relation. Le reproche est un adversaire trop fort pour moi. C'est la bombe atomique des rapports intimes. Elle détruit tout ce qui se trouve sur son passage. Je ne connais pas de techniques suffisamment puissantes pour aider les gens qui rejettent sur les autres leurs problèmes relationnels. Je ne veux surtout pas que vous cessiez de lire, mais vous feriez mieux de vous concentrer sur une relation différente avec quelqu'un qui vous tient davantage à cœur.

Si les avantages sont équivalents aux inconvénients, je vous dirai la même chose. Demander à l'autre de prendre à sa charge la moitié de la responsabilité peut sembler tout à fait raisonnable et c'est définitivement l'approche la plus acceptable qui soit, mais cela ne marche pas très bien dans la vie réelle. Si vous voulez avoir une meilleure relation, vous devrez donc vous concentrer sur votre propre rôle dans le conflit et changer votre façon d'être. Attendre que l'autre fasse sa part vous laisserait tout simplement impuissant.

La clé pour une relation aimante

Il y a plusieurs années, je me suis livré à une étude afin d'identifier ce qui conduisait à un mariage heureux ou malheureux. Parmi les mille deux cents personnes qui y ont participé, il y avait des hommes et des femmes issus de différents milieux socioéconomiques, d'origines ethniques et religieuses variées, et ayant reçu une éducation très éclectique. Certains suivaient une thérapie, d'autres étaient juste là pour assister à mes cours et s'étaient portés volontaires pour participer à l'étude. L'éventail complet des couples possibles était représenté : homosexuels, hétérosexuels, mariés, séparés, divorcés, ainsi que personnes vivantes en union libre.

Tout le monde a effectué le test du chapitre 5. Certains participants l'ont refait trois mois plus tard afin que je détermine les changements qui avaient pu se produire. J'étais curieux de voir si je parviendrais à prédire quels couples étaient plus amoureux et satisfaits de leur relation trois mois après, et quels couples en difficulté demeuraient prêts à se sauter à la gorge. Afin d'avoir un panorama complet de leurs relations, j'ai creusé aussi la question de l'argent, des relations sexuelles, des loisirs à deux, du partage des tâches, de l'éducation des enfants et des relations avec la famille et les amis. J'ai également demandé aux participants ce qu'ils éprouvaient pour leurs conjoints ; quel était leur niveau d'engagement dans la relation ; et s'ils se sentaient coupables, anxieux, pris au piège, déprimés, s'ils souffraient d'un complexe d'infériorité, ou encore s'ils s'estimaient frustrés ou furieux.

Pour terminer, ils ont complété l'inventaire de la relation proposé page 91. Cette liste répertorie une variété d'attitudes et de convictions à propos des relations avec les autres et de sa propre estime de soi.

Les deux rubriques de la seconde moitié du tableau – dépendance et séparation – servent à déterminer la manière dont vous mesurez votre estime de vous-même. Beaucoup de personnes fondent cette estime sur l'amour et l'approbation, tandis que d'autres se montrent plus perfectionnistes et se concentrent sur l'accomplissement.

INVENTAIRE DE LA RELATION	
Soumission	**Exigence**
1. Faire plaisir aux autres. Je devrais toujours essayer de te faire plaisir même si cela me rend malheureux.	**5. Droit.** Tu dois toujours me traiter comme je l'attends. C'est ton travail de me rendre heureux.
2. Peur du conflit/Peur de la colère. Les personnes qui s'aiment ne devraient pas se disputer. La colère est dangereuse.	**6. Justice/impartialité.** Si tu ne réponds pas à mes attentes, j'aurai tout à fait le droit de me fâcher et de te punir.
3. Narcissisme. Je ne subis aucune critique ou désaccord sans m'effondrer.	**7. Dire la vérité.** J'ai raison, tu as tort. Tu ferais mieux de le reconnaître !
4. Se faire des reproches. Les problèmes que nous rencontrons dans notre relation sont tous ma faute.	**8. Rejeter la responsabilité sur l'autre.** C'est toi qui es à l'origine de tous les problèmes que nous rencontrons dans notre relation.

Dépendance	Séparation
9. Dépendance par rapport à l'amour. Je ne me sens pas heureux si tu ne m'aimes pas.	**13. La réussite à tout prix.** Mon estime de moi repose sur ma réussite, mon intelligence ou mes revenus.
10. Peur d'être rejeté. Si tu me rejetais, cela voudrait dire que je ne vaux rien. Je ne peux pas être heureux tout seul.	**14. Perfectionnisme.** Je ne dois jamais faire d'erreur. Si j'échoue, cela signifie que je ne vaux rien.
11. Besoin d'approbation. J'ai besoin de ton approbation pour me sentir heureux et utile.	**15. Le perfectionnisme perçu par les autres.** Vous ne m'aimerez pas ou vous ne m'accepterez pas si je ne suis pas parfait ou si je suis vulnérable.
12. Lecture de pensée. Si tu m'aimais réellement, tu saurais ce dont j'ai besoin et ce que je ressens sans avoir besoin que je te l'explique.	**16. Peur de se confier.** Je ne peux pas te dire ce que j'éprouve réellement. Je dois garder mes sentiments pour moi.

Chaque conviction allant à l'encontre du but recherché – par exemple rejeter la responsabilité sur l'autre – était représentée par plusieurs formulations, comme : « Mon conjoint est responsable de la plupart des problèmes que nous rencontrons dans notre couple. » Les participants indiquaient s'ils étaient d'accord avec les différentes affirmations, sur une échelle de 0 à 4 : pas du tout d'accord = 0, un peu d'accord = 1, relativement d'accord = 2, d'accord = 3, complètement d'accord = 4. Cela nous a permis de développer un profil unique de convictions pour chaque personne. Les comportements de la première moitié du tableau (soumission et exigence) concernent la manière dont vous voyez votre rôle et celui de votre partenaire dans votre relation.

Lorsque j'ai analysé les éléments issus de l'étude, je me suis concentré sur les réponses à ce genre de questions :

- Sur quoi repose un mariage heureux ? Certaines attitudes conduisent-elles à une relation heureuse et satisfaisante ?

- Qu'est-ce qui génère des relations conflictuelles ? Certaines attitudes conduisent-elles au conflit et à la tristesse ?

- Dans quelle mesure les variables démographiques telles que le genre, l'âge, l'appartenance ethnique, le statut marital, la durée de la relation, la religion, l'éducation, le nombre d'enfants et le statut socioéconomique jouent-elles un rôle ?

- Quels comportements et sentiments auront le plus d'impact sur votre relation : les vôtres ou ceux de votre partenaire ?

- L'association d'attitudes spécifiques au mari et à la femme peut-elle être particulièrement négative ? Quelles associations sont susceptibles de conduire à des relations affectives satisfaisantes ?

Mes collègues et moi-même nous sommes livrés à un certain nombre de prévisions avant d'analyser l'ensemble des informations. Par exemple, que va-t-il se passer si un mari extrêmement exigeant vit avec une femme très soumise ? Ils peuvent s'entendre de manière relativement satisfaisante parce que chaque rôle sera complémentaire de l'autre et clairement défini. Il arrive toutefois que le mari exigeant soit heureux et satisfait – parce que sa femme soumise cède sans cesse à ses caprices – alors qu'elle-même se sentira frustrée et malheureuse du fait de leur relation déséquilibrée. En d'autres termes, elle ne fait que donner et lui prend tout. Un jour ou l'autre, elle finira par se sentir utilisée, deviendra amère et le quittera.

Que se passe-t-il si les rôles sont inversés (une femme extrêmement exigeante a épousé un mari très soumis) ? Ou encore si deux personnes exigeantes vivent ensemble ? J'ai prédit que cette association ira de pair avec un sentiment de colère particulièrement vif et un faible taux de satisfaction au niveau de la relation, parce que les deux personnes auront le sentiment qu'aucun des deux ne se conforme aux attentes de l'autre. En revanche, j'ai prédit que deux personnes ayant un résultat élevé à la rubrique « Peur du conflit/Peur de la colère » peuvent enregistrer un niveau bas de colère – parce qu'elles évitent presque toujours le conflit ou la dispute. Ils peuvent toutefois aussi enregistrer un niveau bas de relation, parce qu'ils ont peur de devoir se livrer et de parler des problèmes qu'ils rencontrent dans cette relation.

Nous avions tellement de combinaisons possibles au niveau des rapports mari-femme que j'ai programmé l'ordinateur de l'école de médecine, à l'université de Pennsylvanie, avec l'aide d'un collègue pour mieux les évaluer toutes. L'ordinateur a ainsi produit et contrôlé des milliers de théories à la seconde, en se fondant sur les exemples de notre banque de données.

Quels résultats avons-nous obtenus ? Nous avons d'abord examiné les variables démographiques, et constaté que le fait d'être vieux ou jeune, homme ou femme, riche ou pauvre ne compte guère. L'éducation et la religion n'ont pas non plus été des éléments significatifs. Il semble donc que ces variables n'aient pas ou aient peu d'incidence sur des participants heureux ou dépressifs, ni sur leur relation, qu'elle soit satisfaisante ou conflictuelle. Le nombre d'enfants et la durée de la relation n'ont pas davantage été des éléments importants.

Certains résultats se sont révélés complètement inattendus et difficiles à croire. Aucune des prévisions que nous avions faites sur les associations d'attitudes homme/femme n'a paru se réaliser. Aucune combinaison n'entrait en ligne de compte dans le succès ou l'échec des relations. Il apparaissait plutôt que les sentiments de chaque partenaire dépendaient entièrement de sa propre attitude, et non de celle de son conjoint.

Quelles attitudes se sont trouvées mises en exergue ? Le rejet de la responsabilité sur l'autre a été de loin l'attitude la plus significative. Les gens qui faisaient porter la responsabilité sur leur conjoint (ou les

94

autres, d'une façon plus générale) pour les problèmes qu'ils rencontraient dans leur(s) relation(s) étaient furieux, frustrés, malheureux et mécontents de celle(s)-ci. On peut dire en fait que cela annonçait parfaitement ce qui allait se passer dans les mois à venir : ceux qui rejetaient la faute sur leur partenaire seraient encore plus malheureux trois mois plus tard. Les choses allaient clairement en se dégradant pour ce groupe. En revanche, non seulement ceux qui assumaient une entière responsabilité dans la résolution de leurs problèmes et qui s'investissaient fortement pour rendre leur partenaire heureux jouissaient de relations très enrichissantes et affectueuses au début du test, mais encore leurs sentiments positifs avaient l'air de se développer au fil des mois.

Dans un premier temps, j'ai été déçu par ces résultats. Les conclusions paraissaient trop simples. J'étais persuadé que certains modèles d'interaction entre maris et femmes serviraient à apprendre si leurs relations étaient réussies ou difficiles, mais il fallait le reconnaître : l'étude indiquait clairement que cette notion n'était pas du tout valable. La seule question qui paraissait réellement importer était la suivante : pensez-vous que votre partenaire soit responsable des problèmes que vous rencontrez dans votre relation avec lui ? Si oui, vous pourriez alors connaître des moments difficiles. À l'inverse, si vous êtes disposé à remettre en question votre propre rôle dans le problème qui vous oppose, et si vous pensez que c'est à vous de rendre votre partenaire heureux, soyez sûr qu'une relation enrichissante et réussie vous attend dès aujourd'hui et pour les années à venir. Là semblent résider les véritables clés de la réussite de toute relation humaine. Que votre partenaire soit votre épouse, un membre de votre famille, un voisin, un ami ou même un parfait étranger n'y change strictement rien.

Quoique j'aie été sceptique au départ devant les résultats de l'étude, mon travail de psychologue m'a rapidement convaincu que ses conclusions étaient valables. J'ai remarqué que les personnes qui se plaignaient et rejetaient la faute sur les autres pour les problèmes relationnels qu'elles rencontraient ne paraissaient jamais aller mieux. Elles continuaient à se disputer avec les autres, quelle que soit la thérapie adoptée. En revanche, celles qui étaient réellement désireuses de se transformer, sans essayer à tout prix de condamner ou de changer la personne avec qui ils étaient en mauvais termes, étaient généralement à même de faire des merveilles dans leurs relations. Dans la plupart des cas, cela ne prenait pas longtemps.

Se faire des reproches : la bonne solution ?

Attention ! En cessant de faire des reproches aux autres, vous allez peut-être être tenté de vous les adresser. Soyez vigilant : cela peut vous conduire à la dépression et ne vous aidera pas davantage à améliorer vos relations.

J'ai reçu un jour dans mon cabinet une femme qui s'inquiétait de sa relation avec son mari. Charles se montrait distant et ne manifestait aucune passion ni aucun désir d'intimité. Hilda m'expliqua que la plupart de leurs conversations restaient superficielles. Elle avait parfois l'impression qu'ils étaient juste deux colocataires partageant leur quotidien sans se connaître réellement.

J'ai suggéré à Hilda qu'une thérapie de couple les aiderait sans doute à partager leurs sentiments d'une façon plus ouverte. Hilda a volontiers accepté la proposition et Charles s'est montré enthousiaste aussi. Mais j'ai vite remarqué une attitude alarmante pendant les séances. Dès que Charles émettait un avis, même légèrement négatif ou critique, Hilda se mettait à sangloter de manière incontrôlée. Entre deux sanglots, elle laissa échapper qu'elle avait raté sa vie de femme et que tout était sa faute. Elle ajouta que Charles serait beaucoup mieux si elle se suicidait. Bien sûr, ces propos troublèrent beaucoup son mari, qui s'excusa et essaya maladroitement de la rassurer.

Hilda semblait sans défense, mais en fait elle exerçait un plein contrôle sur son mari. S'adresser des reproches était pour elle une manière peu subtile de neutraliser Charles aussi bien qu'avec une camisole de force. En réalité, elle disait : « Je ne supporte pas ce que tu me dis. Ne me critique surtout pas ou je te le ferai payer cher ! » Elle était si fragile que j'ai dû cesser la thérapie de couple pour travailler avec elle seule.

Les tendances d'Hilda à s'accuser des moindres maux étaient un handicap énorme qui bloquait toute relation d'intimité. Elle était incapable de supporter la douleur de l'homme qu'elle aimait, parce qu'elle ne savait pas comment s'aimer et s'accepter elle-même.

Heureusement, cette histoire a connu une issue positive. J'ai expliqué à Hilda comment tordre le cou à son autocritique impitoyable, et elle est peu à peu sortie de sa dépression en parvenant à développer un solide respect d'elle-même. À partir de là, nous avons pu reprendre la thérapie de couple avec des résultats beaucoup plus positifs.

Si vous rejetez la faute sur votre partenaire, ne croyez pas que le fait de vous en vouloir servira d'antidote. Comme vous pouvez le constater avec le tableau de la page 100, s'en vouloir engendre culpabilité, anxiété, dépression et renoncement. Cela ne vous aidera absolument pas à résoudre vos problèmes relationnels. Se sentir personnellement responsable mais sans se reprocher quoi que ce soit est en revanche l'attitude qui conduit à l'intimité.

Beaucoup de personnes ont des difficultés à s'y retrouver, lorsqu'il est question de responsabilité : on peut se sentir soi-même responsable, faire porter sur l'autre le poids de la responsabilité, ou encore accepter d'être personnellement responsable. Ce sont trois choses complètement différentes. Christina, l'une de mes collègues, m'a raconté qu'elle avait eu comme patient un homme très déprimé qui vivait dans une douleur permanente et était confronté à un problème de drogue. On avait également diagnostiqué chez lui un problème psychologique proche du désordre de la personnalité. Les patients qui font l'objet de ce diagnostic représentent parfois un véritable défi car ils sont difficiles à traiter.

Un jour, lors d'une réunion de travail, un collègue a déclaré à Christina : « Le traitement que tu utilises avec ton patient ne sert à rien. Il n'a pas évolué d'un iota depuis que tu t'occupes de lui. Les seules choses qu'il fasse, c'est essayer de manipuler le personnel afin d'obtenir des ordonnances pour ses tranquillisants et simuler les symptômes pour parfaire son invalidité. »

Christina a été profondément accablée par cette critique, mais n'a rien répondu. Il y a eu un long silence. Elle a quitté la réunion, démoralisée et pleine de ressentiment. Par la suite, elle a évité ce collègue mais elle ne pouvait s'empêcher d'être obsédée par son commentaire, se sentant responsable ou accusant les autres selon les moments. Lorsqu'elle traversait une phase où elle se sentait responsable, elle pensait : « Je suis complètement nulle. Je suis une mauvaise thérapeute. Qu'est-ce que je vais devenir si je suis renvoyée ? » Elle se sentait inutile, coupable et anxieuse. Et puis, tout à coup, elle changea d'attitude et rejeta la responsabilité sur son collègue : « C'est un parfait crétin. Il ne sait pas ce qu'il dit. » Elle devint alors furieuse et amère.

Ces deux attitudes ne sont donc guère productives. Se sentir responsable vous paralyse, vous démoralise et vous met en position d'échec. Rejeter la faute sur l'autre conduit à une bataille qui n'en finit jamais. Dans les deux cas, vos pensées négatives seront alimentées par toutes les distorsions cognitives que nous avons vues dans le premier chapitre. La seule différence étant que, lorsque vous vous sentez responsable, ces distorsions se retournent contre vous.

J'ai demandé à Christina si elle pouvait me signaler des distorsions dans ses pensées : « Je ne sers à rien » et : « Je vais probablement être renvoyée. » Elle a été surprise de voir qu'elle était dans le schéma du « tout ou rien », dans la surgénéralisation, l'abstraction sélective, la disqualification du positif, l'exagération, le raisonnement émotionnel, les fausses obligations, l'étiquetage. Enfin, elle se sentait aussi profondément responsable (voir la liste page 100). Lorsqu'elle se disait qu'elle était sur le point d'être renvoyée, elle nageait en plein délire. Elle s'est rendu compte que ce qu'elle pensait de ses collègues présentait le même genre de distorsions.

	Vous vous sentez responsable	Vous rendez l'autre responsable	Vous acceptez la responsabilité du conflit
Ce que vous vous dites	Toutes sortes de pensées négatives vous traversent l'esprit, comme : « Je suis mauvais », « Tout est ma faute », « C'est sans espoir. »	Toutes sortes de pensées négatives vous traversent l'esprit au sujet de l'autre personne, comme : « C'est un moins que rien », « Tout est sa faute », « Il n'a pas le droit de me dire ça. »	Vous vous montrez objectif et vous ne portez pas de jugement. Vous vous efforcez de pointer les erreurs que vous avez pu commettre pour en tirer les leçons et prendre les mesures qui s'imposent afin de résoudre le conflit.
Ce que vous ressentez	Vous vous sentez coupable, honteux, diminué, anxieux ou désespéré.	Vous êtes furieux, plein de ressentiment, irrité, frustré ou blessé.	Respect de vous-même et curiosité teintés de mélancolie salutaire, de préoccupation, ou encore de remords le cas échéant.
Comment vous communiquez	Vous vous repliez sur vous-même parce que votre amour-propre est en jeu et vous ne supportez pas la moindre critique.	Vous vous mettez sur la défensive en insistant sur le fait que c'est l'autre qui a tort.	Vous écoutez et tentez de trouver ce qui est vrai dans les critiques qui vous sont adressées. Vous partagez vos sentiments avec tact et vous communiquez le respect.
Ce que vous faites	Vous laissez tomber et vous évitez l'autre personne.	Vous érigez un mur et vous vous lancez dans la bataille, en tentant de gagner ou de prendre votre revanche sur l'autre.	Vous vous engagez activement avec l'autre pour développer une meilleure compréhension mutuelle.
Le langage du corps	Vous avez l'air découragé et vaincu.	Vous semblez blessé, provocant, prêt à la confrontation, sarcastique, ou encore vous portez un jugement sur tout.	Vous vous montrez ouvert, réceptif, intéressé, respectueux et bienveillant.
Résultat	Isolement, dépression et solitude.	Le combat ne cesse jamais : reproches incessants, amertume et disputes.	Des rapports humains plus profonds, une plus grande confiance et un intense sentiment de satisfaction.

J'ai demandé à Christina si elle se sentait capable de s'attaquer à ses pensées négatives. Par exemple, qu'est-ce qui lui prouvait qu'elle était une mauvaise thérapeute, ou encore qu'elle était sur le point d'être renvoyée, mis à part la critique qui lui avait été faite au sujet du traitement de son patient ? Elle a reconnu que durant les huit années qu'elle venait de passer à l'hôpital en tant que thérapeute, c'était la seule fois où elle avait été critiquée dans son travail. Les appréciations qu'elle avait obtenues de ses patients et de ses collègues avaient toutes été excellentes.

J'ai également voulu savoir s'il était rare qu'un thérapeute se trouve confronté à un cas difficile, et elle m'a répondu que non, cela pouvait arriver d'avoir à traiter des patients compliqués. Enfin, je lui ai demandé si elle continuait à croire qu'elle était nulle et qu'elle allait être renvoyée. Elle a admis que ses pensées négatives étaient tout à fait hors de propos !

Pour être sûr qu'elle avait bien compris, je lui ai proposé de me faire l'avocat du diable : j'allais essayer de provoquer chez elle un sentiment d'anxiété, de la déstabiliser. De son côté, elle devrait adopter une attitude plus objective, positive et confiante. J'ai appelé cette technique « L'extériorisation des voix ». C'est l'une des plus efficaces qui soient pour modifier les schémas de pensée négative. Voici un aperçu de notre échange :

DAVID : Vois-tu, Christina, je me fais l'avocat du diable. Je veux que tu te sentes malheureuse. Je te rappelle que le traitement que tu as fait suivre à Manuel a été parfaitement inefficace. Tu as complètement perdu ton temps, ces six derniers mois.

Cela prouve bien que tu ne vaux rien en tant que thérapeute.

CHRISTINA : C'est ridicule ! C'est vrai que je suis bloquée avec Manuel, mais j'ai réussi mon travail de thérapie avec plusieurs autres patients.

DAVID : Oui, mais tes collègues ont entendu dire que ton traitement sur Manuel n'avait pas du tout marché. Ta réputation va en souffrir et tu seras renvoyée.

CHRISTINA : C'est tout aussi ridicule ! J'ai fait du bon travail à l'hôpital. Mes évaluations ont été vraiment bonnes depuis que je travaille dans cet établissement. Et mes collègues aussi ont connu des problèmes avec des patients difficiles. Mais si j'étais renvoyée, ce qui ne risque guère de se produire, ce serait une bénédiction, en fait ! Je pourrais faire deux fois mieux dans le privé !

DAVID : Peut-être, et tu as le droit d'être furieuse contre celui qui t'a critiquée. C'est un idiot, et il n'aurait jamais dû te parler comme il l'a fait.

CHRISTINA : J'aurais aimé qu'il ait plus de tact, oui, mais sur le fond il avait raison. J'ai été réellement bloquée avec le cas de Manuel. C'est un homme très manipulateur et il ne va pas mieux. Il semble plus intéressé par les ordonnances qui lui permettent de se procurer des tranquillisants et d'être déclaré en incapacité que par son bien-être. Je pourrais voir avec mes collègues s'ils ont des suggestions à me faire afin que j'agisse différemment avec lui.

Christina s'est aussitôt sentie mieux. En fait, nous avons tous les deux commencé à rire pendant le jeu de rôle, parce qu'elle réduisait à néant tout ce que je disais. Elle m'a avoué que ses sentiments de culpabilité, d'anxiété, de dépression et de rancœur avaient pratiquement disparu. Nous avons ensuite discuté de la façon dont elle pourrait approcher ses collègues pour mieux collaborer, et instaurer avec eux le respect plutôt que de susciter de l'hostilité et de la méfiance. Nous avons continué l'exercice.

Le lendemain, Christina a vu son collègue, et voici ce qu'elle lui a déclaré :

« J'ai réfléchi à ce que tu m'avais dit au sujet de mon traitement sur Manuel. Au début, j'ai été contrariée parce que tes critiques me paraissaient très dures. Pour être honnête, je me suis mise sur la défensive, j'étais blessée. Mais ensuite, j'ai réfléchi et compris que tu avais tout à fait raison. J'étais bloquée. Manuel est quelqu'un de très manipulateur et il n'a pas fait beaucoup de progrès. Je me suis aussi interrogée sur son mobile. Est-ce que nous pourrions échanger nos idées, toi et moi, sur une façon de travailler plus efficacement avec lui ? Je pense que nous sommes sur la même longueur d'onde et j'ai besoin d'aide. »

Christina m'a expliqué que son collègue avait été touché par ses paroles. Il a répondu qu'il avait lui-même connu des moments similaires, et qu'il n'avait pas d'idées sur la façon de gérer le cas de Manuel. Il s'est excusé pour la sécheresse de ses commentaires et a avoué à Christina qu'il l'avait toujours admirée. Celle-ci a ajouté qu'à la fin de leur conversation elle avait eu l'impression d'avoir trouvé un nouvel ami en même temps qu'un allié. Quelques semaines plus tard, ils ont décidé de mener ensemble une thérapie de groupe hebdomadaire qui est devenue l'un des programmes les plus réussis de leur clinique.

8

Le journal de bord

Il y a quelques années, à Baltimore, j'ai dirigé un atelier de travail sur les relations pour le grand public. Cet atelier était sponsorisé par un hôpital de la région, dans le cadre de son programme de travail de proximité. Lorsque j'ai commencé, j'ai encouragé les participants à réfléchir à quelqu'un avec qui ils avaient du mal à s'entendre afin de pouvoir déterminer l'origine du problème et de voir comment développer une relation plus harmonieuse et satisfaisante. Puis je leur ai demandé si l'un d'eux voulait bien parler de ce problème. Hannah a levé la main avec enthousiasme. Elle a précisé que la personne à laquelle elle avait pensé était son mari, Hal. Il la critiquait constamment et elle désirait savoir pourquoi les hommes se comportaient ainsi.

Je lui ai répondu que beaucoup de théories tentaient d'avancer des raisons, mais que les chercheurs ne savaient pas vraiment pourquoi les gens avaient tant de mal à s'entendre (ni pourquoi les hommes agissaient comme ils le faisaient !). J'ai ajouté toutefois que si elle souhaitait parler d'un point précis qui l'avait opposée à Hal, nous arriverions peut-être à situer le problème.

Pouvait-elle se souvenir d'une occasion précise où son mari l'avait blessée et contrariée ?

Hannah a répliqué qu'elle avait plein d'exemples à donner. Plus tôt ce jour-là, Hal lui avait lancé : « Tu n'écoutes jamais ! » C'est ce qu'il ne cessait de lui répéter depuis trente-cinq ans. Je lui ai demandé ce qu'elle éprouvait en entendant ça. Elle a expliqué qu'elle se sentait blessée, pleine de rancœur, seule, découragée et dénigrée.

J'ai voulu savoir ce que Hannah lui avait répondu. « Oh, je l'ai simplement ignoré », a-t-elle déclaré. Des rires se sont fait entendre dans le public, parce que tous avaient compris quelque chose dont Hannah n'avait pas conscience.

Vous vous souvenez du premier principe de la thérapie cognitive ? Nous sommes la cause de ces problèmes de relation dont nous nous plaignons, mais nous ne le voyons pas. Nous endossons donc le rôle de la victime et rejetons la faute sur l'autre. Le problème de Hannah avec Hal en est le parfait exemple : elle l'« ignore » mais se demande ensuite pourquoi il la critique sans arrêt et se plaint de ce qu'elle n'écoute jamais.

Ce cas illustre aussi quelque chose d'étonnant : quand vous avez un problème avec quelqu'un, le conflit est presque toujours noyé dans l'ensemble des échanges que vous avez avec lui. Lorsque vous comprendrez pourquoi vous vous disputez, vous connaîtrez la cause de tous vos problèmes relationnels avec cette personne. En fait, vous découvrirez probablement aussi la cause de tous les problèmes que vous pouvez avoir avec d'autres. Et en sachant comment résoudre la question à laquelle vous êtes confronté, vous saurez également comment résoudre au moins la plupart des problèmes relationnels que vous avez.

Soyons précis

Bien que cela semble difficile à croire, vous le constaterez lorsque nous examinerons ensemble un problème que vous avez rencontré avec une personne. Regardons le tableau intitulé « Journal de bord des relations » qui se trouve page 109.

Comme vous pouvez le remarquer, cinq étapes ont été définies. Lorsque vous passez par les deux premières, vous notez une chose que vous a dite votre interlocuteur et ce que vous lui avez répondu. Assurez-vous de choisir un échange qui s'est vraiment mal passé entre vous, ce sera notre donnée de base. Aux étapes 3 et 4, vous réfléchirez à cette interaction et analyserez ce qui s'est effectivement mal passé. Cela vous aidera à saisir parfaitement la cause du conflit et de vos difficultés à bien vous entendre. Vous serez peut-être surpris et perturbé par ce que vous découvrirez. Lorsque nous en serons à l'étape 5, je vous indiquerai comment renverser la situation.

Voici à quoi ressemblent les deux premières étapes des relations de Hannah :

Étape 1. Elle/Il dit.

Notez précisément les paroles de l'autre personne. Soyez concis :

Hal a dit : « Tu n'écoutes jamais ! »

Étape 2. J'ai répondu.

Notez exactement ce que vous avez répondu. Soyez concis :

Je n'ai rien répondu et je l'ai ignoré.

Maintenant, c'est à vous de passer par ces deux premières étapes. Pensez à un échange spécifique avec quelqu'un et visualisez ce qui est arrivé pendant le conflit. Peut-être votre fils s'en est-il pris à vous lorsque vous avez essayé de fixer certaines limites et de faire respecter votre loi ? Peut-être votre amie dépressive vous a-t-elle dit que vous ne compreniez rien alors que vous tentiez de l'aider au mieux ? Peut-être l'un de vos collègues s'est-il mis sur la défensive quand vous avez voulu lui expliquer qu'il avait tort ? Ou bien votre femme vous a-t-elle repoussé lorsque vous avez essayé de vous rapprocher d'elle ? Peut-être votre petite amie a-t-elle lancé qu'elle avait besoin d'air quand vous avez cherché à lui dire combien vous l'aimiez ?

À l'étape 1, vous devez donc inscrire ce que vous a dit l'autre personne. Une ou deux phrases suffisent amplement. Ne décrivez pas le comportement de l'autre, comme par exemple : « Ron, mon mari, me critique toujours. » Ou bien : « Mon amie Diane se plaint toujours de tout. » Notez juste les paroles de Ron lorsqu'il s'est montré critique, ou ce que Diane a déclaré lorsqu'elle s'est plainte. Si vous avez un trou et que vous ne vous souveniez pas des mots exacts, notez ce que l'autre vous dit habituellement quand vous vous disputez.

À l'étape 2, écrivez méthodiquement ce que vous avez répondu. Si votre patron vous a critiqué parce que vous n'aviez pas respecté une date d'échéance, n'écrivez pas : « J'ai essayé d'expliquer pourquoi j'étais en retard. » Contentez-vous de décrire la scène et votre réponse à ce patron.

Faire cet exercice par écrit est essentiel : si vous l'effectuez uniquement dans votre tête, ça ne marchera pas.

À ce stade, j'ai une question à vous poser. Au cours des chapitres précédents, je vous ai proposé plusieurs exercices. Les avez-vous faits par écrit ou vous êtes-vous contenté de les lire ? Peut-être êtes-vous passé à côté de ces exercices écrits parce que vous pensez que la personne avec qui vous avez des problèmes est trop récalcitrante pour changer ou bien parce que vous n'êtes pas convaincu de la véracité de mes affirmations, ou peut-être encore n'êtes-vous pas habitué à faire des exercices par écrit lorsque vous lisez un livre ?

Je ne peux pas vous en vouloir. Toutefois, je vous certifie que si vous ne les faites pas, vous aurez peu de chances d'apprendre ces techniques. Pour les maîtriser en temps réel quand vous êtes confronté à un problème relationnel, vous devez vous engager activement dans le processus. C'est la même chose que lorsque vous apprenez à nager, à jouer au tennis ou à faire de la bicyclette. Se contenter de lire l'ensemble des méthodes proposées ne vous servira à rien.

Si donc vous ne l'avez pas déjà fait, je voudrais que vous interrompiez votre lecture et que vous complétiez les deux premières étapes du journal de bord. La minute que vous y consacrerez fera toute la différence quand vous lirez les chapitres suivants. N'oubliez pas que si vous apprenez certaines choses susceptibles de se révéler dérangeantes, vous irez aussi au-devant de relations plus profondes et d'une meilleure compréhension.

Étape 1. Elle/Il dit. Notez précisément les paroles de l'autre personne. Soyez concis :

_____

_____

_____

_____

Étape 2. J'ai répondu. Notez exactement ce que vous avez répondu. Soyez concis :

_____

_____

_____

_____

Étape 3. Une bonne communication/Une mauvaise communication. Votre réponse était-elle un exemple de bonne ou de mauvaise communication ? Pourquoi ? Servez-vous de la liste des erreurs courantes en communication page 114 pour analyser ce que vous avez inscrit dans l'étape 2.

_____

_____

_____

_____

Étape 4. Conséquences. Est-ce que votre réponse à l'étape 2 a amélioré ou aggravé la situation ? Pourquoi ?

_____

_____

_____

Étape 5. Réponse corrigée. Revoyez votre réponse à l'étape 2, utilisez les cinq secrets d'une communication efficace (page 145). N'oubliez pas de noter quelles techniques vous utilisez entre parenthèses après chaque phrase. Si votre réponse corrigée demeure inefficace, essayez de nouveau.

_____

_____

_____

_____

9

Une bonne communication
face à une mauvaise communication

Tout au long de l'histoire de l'humanité, les mystiques et les philosophes nous ont conseillé de regarder en nous-mêmes si nous voulions découvrir les réponses aux questions de la vie. Cela semble curieux, mais comment s'y prend-on ? Socrate a dit que si l'on ne se connaît pas soi-même, la vie ne vaut pas la peine d'être vécue. Comment vous y prenez-vous ? Fermez-vous les yeux et vous mettez-vous à méditer ? Vous allongez-vous sur le divan d'un psychanalyste et laissez-vous aller vos pensées ? Que sommes-nous supposés découvrir qui soit si excitant et important ? Est-ce que cela peut ressembler à une révélation ? Et les réponses que nous trouvons rendent-elles vraiment notre vie meilleure ?

Lorsque j'ai commencé à travailler avec des gens qui connaissaient des relations difficiles, j'ai entrevu ce que les mystiques et les philosophes avaient voulu dire. Vous pouvez réellement découvrir quelque chose en vous qui ressemble fort à une illumination. Dans les deux chapitres qui suivent, je vais vous montrer comment développer cette compréhension étape par étape, et ce ne sera pas du tout du baratin, je vous le promets ! Si vous suivez bien les instructions, vous pourrez mieux comprendre non seulement vous-même mais ceux qui vous entourent. Une fois encore, je vous le répète : cela s'accompagnera peut-être de douleur.

Si vous avez poursuivi votre lecture jusqu'ici, cela signifie probablement que vous êtes prêt à considérer une nouvelle approche, et que vous souhaitez cesser de blâmer l'autre pour vous concentrer plutôt sur votre rôle dans le conflit. Mais comment faire ? Je suppose que vous avez rempli les étapes 1 et 2 du journal de bord des relations en page 109. Dans les étapes 3 et 4, nous allons diagnostiquer la raison profonde de votre mésentente avec l'autre personne. Toutefois, nous nous concentrerons sur les erreurs que vous commettez, et non sur celles de l'autre même si, sans nul doute, elle en compte plusieurs à son actif.

Lorsque vous arrivez à l'étape 3, vous examinez ce que vous avez dit à l'autre (c'est-à-dire ce que vous avez écrit à l'étape 2), et vous vous demandez si votre réponse a été un exemple de communication effective ou si, au contraire, elle n'a pas été correctement formulée. Pour ce faire, nous devrons définir ce que sont une bonne et une mauvaise communication.

Les outils essentiels
d'une bonne communication

Elle sous-entend trois composants : une écoute attentive (empathie), une expression efficace (confiance en soi) et de la bienveillance (respect). L'acronyme ECR vous aidera à vous souvenir de ces trois composants : E = empathie, C = confiance en soi et R = respect. Une mauvaise communication est simplement l'inverse : vous n'écoutez pas, vous n'exprimez pas vos sentiments de façon naturelle et vous n'avez pas confiance en vous.

Première caractéristique d'une bonne communication, l'*empathie* signifie que vous écoutez et essayez de voir le monde par le regard de l'autre. Vous trouvez un peu de vérité dans ce que dit l'autre, même si ses critiques vous paraissent injustes ou son point de vue très différent du vôtre. Vous reconnaissez également sa façon de penser et ce qu'il ressent probablement, en partant de ce qu'il vous dit.

La plupart des gens ne savent pas écouter. Lorsqu'ils sont contrariés, ils ne font pas du tout attention à ce que dit l'autre, à ce qu'il éprouve, et ils ne tentent pas non plus de relever la pertinence de ses propos. Ils se mettent au contraire sur la défensive et affirment que c'est lui qui a tort.

La *confiance en soi* est la deuxième caractéristique d'une communication efficace. Vous exprimez vos sentiments de façon naturelle et directe, vous dites volontiers ce que vous éprouvez – par exemple : « Je ne me sens pas très à l'aise » ou bien : « Je me sens triste. » Vous partagez vos sentiments avec tact, de façon que l'autre n'ait pas l'impression d'être rabaissé, attaqué ou encore critiqué.

À l'inverse, lorsque la communication ne passe pas, vous dissimulez vos sentiments négatifs ou les exprimez de façon agressive plutôt que de les partager naturellement. Par exemple, vous allez lancer à l'autre : « Tu n'es qu'un imbécile, va te faire voir ! » Bien que cela exprime de la colère, on ne peut pas dire qu'il s'agisse de l'expression d'un sentiment réel car il est empreint d'hostilité. C'est « vous » qui êtes concerné ici, parce que vous élevez un mur et que vous attaquez l'autre. Cela génère plus de conflit et de bagarre.

Le *respect* est la troisième caractéristique d'une bonne communication. Vous avez vis-à-vis de l'autre une attitude bienveillante, amicale et respectueuse même si vous vous sentez frustré et agacé. À l'inverse, dans une mauvaise communication, vous êtes dans la confrontation, la condescendance ou la concurrence, comme si l'autre était votre ennemi et si vous vouliez le vaincre ou l'humilier. Votre objectif est de le mettre à terre plutôt que de vous rapprocher de lui.

Ces trois éléments essentiels sont soulignés dans la check-list ECR page 114. Vous y trouverez également les erreurs de communication fréquemment commises. J'ai photocopié ces listes au verso du journal de bord des relations. Ainsi, ce sera plus facile pour vous de pointer les erreurs de communication figurant dans les notes prises à l'étape 2. Il vous suffit de regarder au verso de votre journal de bord des relations et de consulter les deux listes.

Passons maintenant à l'étape 3. Nous commencerons avec Hannah et Hal, le couple dont nous avons parlé dans le chapitre précédent. Lorsque Hal a dit à Hannah qu'elle n'écoutait jamais, elle l'a ignoré et n'a rien répondu. Jetez un coup d'œil à votre liste ECR, et demandez-vous si sa réponse était un exemple de bonne ou de mauvaise communication.

La réponse me semble évidente. Hannah a-t-elle fait preuve d'empathie vis-à-vis de Hal ? Bien que nous ne sachions pas exactement ce que Hal ressentait, nous pouvons le deviner. Lorsque Hal a dit : « Tu n'écoutes jamais », il se sentait sans doute ignoré, frustré, en colère, seul et exclu. Hannah n'a pas tenu compte de ses sentiments, elle n'a pas essayé non plus de voir si ce qu'il disait pouvait être vrai.

LA CHECK-LIST ECR

Consignes : Relisez ce que vous avez noté pour l'étape 2 du journal de bord. Tracez une croix pour indiquer s'il s'agissait d'un exemple de bonne ou de mauvaise communication.

?	Bonne communication	✓	Mauvaise communication	
E = empathie	1. Vous êtes conscient des sentiments de l'autre et vous considérez certains de ses propos comme fondés.		1. Vous n'avez aucune considération pour les sentiments de l'autre ou vous niez toute vérité dans ses propos.	
C = confiance en soi	2. Vous exprimez vos sentiments de façon naturelle, directe et avec tact. « Je ressens… »		2. Vous vous mettez sur la défensive ou attaquez l'autre.	
R = respect	3. Vous témoignez attention et respect même si vous vous sentez frustré ou mécontent.		3. Vous rabaissez l'autre ou le traitez avec condescendance ou froideur.	

LES ERREURS COURANTES DE COMMUNICATION

Consignes : Relisez ce que vous avez noté pour l'étape 2 du journal de bord des relations. Combien d'erreurs de communication avez-vous pu commettre dans la liste ci-dessous ?

1. L'envie d'avoir toujours raison. Vous affirmez que vous êtes dans le vrai et que c'est l'autre qui a tort.	**10. La diversion.** Vous changez de sujet ou vous dressez la liste de vos doléances.
2. Le rejet de la responsabilité. Vous sous-entendez que le problème vient de l'autre.	**11. L'autodénigrement.** Vous agissez comme si vous étiez quelqu'un d'horrible pour que l'autre ne puisse pas vous critiquer.
3. La défensive. Vous argumentez et refusez d'admettre tout défaut.	**12. Le sans-espoir.** Vous assurez que vous avez tout essayé mais que rien ne marche.
4. La victime innocente. Vous déclarez que vous êtes la victime innocente de l'autre.	**13. L'exigence.** Vous vous plaignez de ce que l'autre devrait être comme vous le voulez, vous.
5. Le dénigrement. Vous utilisez un langage dur ou blessant et vous tentez de rabaisser l'autre.	**14. Le déni.** Vous refusez d'admettre votre rôle dans le conflit, ou vous affirmez que tout va bien alors qu'en fait vous êtes furieux ou contrarié.
6. L'étiquetage. Vous décrétez que l'autre est un pauvre type, voire pire.	**15. L'aide.** Au lieu d'écouter, vous donnez des conseils ou apportez de l'« aide ».
7. Le sarcasme. Votre attitude, vos paroles et le ton de votre voix sont condescendants.	**16. La résolution du problème.** Vous ignorez ce que ressent l'autre et vous vous efforcez de résoudre le problème qui l'ennuie.
8. La contre-attaque. Vous répondez à la critique par une critique.	**17. L'agression passive.** Vous ne dites rien, vous boudez ou claquez la porte.
9. Le bouc émissaire. Vous sous-entendez que l'autre n'est pas à la hauteur.	**18. La lecture de pensées.** Vous attendez de l'autre qu'il sache ce que vous éprouvez sans qu'il soit nécessaire de le lui expliquer.

Hannah avait-elle confiance en elle ? Partageait-elle ses sentiments ? Pas vraiment. Elle m'a raconté que lorsque Hal la critiquait elle se sentait triste, blessée, critiquée, seule et découragée, mais ne lui disait rien, préférant garder ses sentiments pour elle.

Vous pouvez penser qu'en fait elle s'exprimait indirectement en ignorant Hal. Le langage du corps en disait certainement aussi beaucoup : sans doute croisait-elle les bras devant elle et son visage reflétait-il une expression de mauvaise humeur et d'indignation. Sans doute soupirait-elle et levait-elle les yeux au ciel. Mais ce n'est pas du tout comme si elle exprimait ses sentiments à voix haute : elle le faisait de façon passive et agressive. Elle mettait Hal à l'écart et lui opposait un silence de plomb. Cette approche ne véhiculait bien sûr aucun sentiment de bienveillance ou de respect. En fait, elle agissait comme si Hal n'existait pas. Par son silence, elle lui disait : « Tu ne vaux même pas la peine que je te réponde. » Hannah a donc obtenu un 0 à la check-list ECR.

Lorsque Hannah est venue à mon atelier de travail, elle était convaincue que tout était la faute de Hal. Elle voulait comprendre pourquoi il la critiquait autant. Maintenant que nous avons orienté tous nos efforts sur elle, nous sommes à même de voir qu'elle a commis un certain nombre d'erreurs dans sa communication avec lui.

Découvrir que c'est vous qui avez envenimé les choses peut se révéler douloureux, surtout si vous étiez convaincu que l'autre était responsable de tout. Pourtant, si vous désirez vous rapprocher de quelqu'un avec qui vous avez des relations conflictuelles, vous allez devoir étudier votre propre rôle dans votre relation. Cela peut se révéler inconfortable pour vous, mais si vous êtes prêt à l'assumer, vous prendrez le chemin des éclaircissements et de la responsabilisation personnelle. Une chose est sûre : vous ne pouvez pas changer les autres. Leurs pensées, leurs sentiments et ce qu'ils font ne sont pas de votre ressort ; en revanche, vous pouvez apprendre à changer votre façon d'être.

Orienter les projecteurs vers vous

Lorsque vous en êtes à l'étape 3 du journal de bord des relations et que vous examinez la façon dont vous avez répondu à l'autre, faites preuve d'esprit critique vis-à-vis de vous-même. Découvrir vos faux pas ne sera pas forcément facile, surtout au début, mais la liste des erreurs courantes de communication page 114 vous aidera à repérer les moments où vous vous êtes trompé.

Pour vous aider à mettre cette liste en pratique, je vais vous parler du cas de Nan, qui est venue me voir pour me dire qu'elle n'était pas du tout satisfaite de sa relation avec sa fille. Jill était mariée depuis peu, et Nan avait l'impression qu'elles s'éloignaient l'une de l'autre. Quand elles se parlaient, une certaine tension était palpable entre elles.

J'ai demandé à Nan si elle pouvait me donner un exemple précis de leurs échanges. Jill lui avait déclaré quelques jours plus tôt : « Tu critiques mon mari. » Nan s'était aussitôt mise sur la défensive. Blessée, frustrée et gênée, elle avait répondu : « Je pense faire tous les efforts possibles pour avoir une bonne relation avec lui. » Mais cette réponse qui ne paraissait pas si mauvaise n'avait pas empêché la tension de s'installer entre elles.

Relisez la liste des erreurs courantes en communication page 114 et voyez si vous pouvez déceler quelques-unes de celles commises par Nan, puis reprenez votre lecture.

Voici les erreurs que j'ai pu relever :

• *L'envie d'avoir toujours raison.* Nan sous-entend qu'elle est dans le vrai et que c'est Jill qui se trompe. Elle ne se rend pas compte que son comportement vis-à-vis de son gendre peut paraître négatif, critique ou peu engageant, ni que leurs rapports peuvent être contraints.

• *Le rejet de la responsabilité.* Nan semble croire que le problème vient de son gendre. Lorsqu'elle déclare : « Je pense faire tout ce que je peux pour avoir une bonne relation avec lui », cela revient presque à dire qu'il est extrêmement difficile de s'entendre avec lui.

• *La défensive.* Nan n'admet pas être la seule responsable de leur problème. Elle érige un mur et rejette sa fille. Elle aurait tout aussi bien pu lui dire : « Cesse de m'embêter ! Je fais de mon mieux pour m'entendre avec ce moins que rien que tu as épousé. »

• *La victime innocente.* La position que prend Nan la fait passer pour une héroïne qui se bat pour la bonne cause malgré ce qui se dresse sur son chemin.

• *Le dénigrement.* Nan sous-entend que le problème vient de son gendre.

• *Le bouc émissaire.* Elle sous-entend aussi que son gendre est un rustre.

• *L'exigence.* Nan pense probablement que son gendre ne devrait pas être tel qu'il est et que cela devrait être plus facile de s'entendre avec lui.

• *Le déni.* Nan réfute clairement son propre rôle dans le conflit.

Si nous avions utilisé la check-list ECR, nous en aurions conclu que Nan ne montrait aucune empathie. Jill s'est sentie blessée, agacée, déçue et frustrée, mais Nan ne lui a prêté aucune attention et n'a pas tenté de trouver une once de vérité dans ce que disait sa fille. Elle n'a pas non plus manifesté ce qu'elle éprouvait. Elle s'est sentie blessée, coupable et contrariée, mais n'en a pas parlé à sa fille, n'a pas davantage fait preuve de bienveillance ou de respect à son égard. En fait, Jill a probablement eu l'impression d'être mise de côté ou dénigrée lorsque Nan a dit : « Je pense faire tous les efforts possibles pour avoir une bonne relation avec lui. » Nan a donc obtenu 0 sur la check-list ECR aussi.

Vous pouvez rétorquer qu'elle a prononcé les mots « Je pense », mais il ne s'agissait pas là d'une description de ses sentiments. C'était juste une façon subtile de dire à Jill qu'elle se trompait, et Nan a soigneusement gardé pour elle-même ses sentiments.

En apparence, Nan et Jill parlent du conflit qui oppose Nan et le mari de Jill, mais il y a un autre problème de taille que toutes les deux ignorent : elles sont à l'évidence contrariées l'une par l'autre ; toutes les deux blessées, frustrées et rejetées. Ces sentiments sont très lourds et évidents, mais personne n'en parle. Si Nan continue à ignorer ce qu'éprouve Jill à son égard, elle finira avec deux problèmes pour le prix d'un : un conflit avec son gendre et un avec sa fille.

Maintenant, concentrez-vous sur le conflit que vous avez décrit plus haut. Demandez-vous si l'affirmation que vous avez notée dans l'étape 2 de votre journal de bord des relations était un exemple de bonne ou de mauvaise communication. Vous pouvez utiliser la check-list ECR ou la liste des erreurs courantes de communication pour analyser votre réponse à l'autre.

Faites un résumé de votre analyse de l'étape 3 de votre journal de bord – mais pas dans votre tête : rédigez-le sur la page... Par exemple, vous pouvez écrire : « J'ai eu 0 sur 3 sur la check-list ECR parce que je n'avais pas remarqué les sentiments de mon mari, ou parce que je ne lui avais pas dit ce que je ressentais. Au lieu de cela, j'ai insisté sur le fait qu'il avait tort. Je n'ai certainement pas fait preuve de bienveillance ou de respect. »

Lorsque vous en êtes à l'étape 3, souvenez-vous de ce que vous avez dit (étape 2) et non de ce que l'autre a dit (étape 1). L'autre a certainement fait beaucoup d'erreurs aussi, mais les souligner ne sera pas bénéfique pour vous. Je peux vous garantir que la personne avec laquelle vous vous disputez ne sera pas le moins du monde intéressée par la liste des erreurs de communication qu'elle aura commises.

J'ai découvert que certaines personnes ne voient pas leurs propres erreurs de communication la première fois qu'elles utilisent la check-list ECR. Ainsi, elles sont convaincues d'avoir bien noté les sentiments éprouvés par l'autre et d'avoir su exprimer les leurs, alors que ce n'est pas le cas. Les psychologues professionnels ont aussi des problèmes au début pour appréhender de tels comportements. Cela peut vous sembler étrange, mais leurs compétences en communication ne sont pas meilleures que celles de la plupart des gens.

Les sentiments exprimés avec des mots

Si vous avez des problèmes, la liste des mots correspondant aux sentiments page 121, peut vous aider à analyser ce que vous avez noté pour l'étape 2. Regardez si certains de ces mots figurent dans votre réponse. Si l'autre semblait frustré ou fâché avec vous, avez-vous dit : « Oh, Bob ! Tu as l'air frustré ou fâché contre moi. Tu peux m'en dire plus ? » Ce serait un très bon exemple de réponse avec empathie parce que cela signifierait que vous avez bien reconnu ce que Bob ressent sans doute.

Si vous ne trouvez aucun de ces mots dans vos notes à l'étape 2, cela signifie probablement que vous n'avez pas remarqué les sentiments de l'autre. Vous n'avez sûrement pas non plus partagé les vôtres de manière directe et naturelle.

L'affirmation suivante serait un bon exemple d'empathie et de confiance : « Simone, je vois que tu es fâchée. Je veux que tu le saches : je me sens également blessé et frustré. » Vous avez reconnu les sentiments de Simone et vous exprimez aussi les vôtres.

Si vous avez essayé d'exprimer vos sentiments, demandez-vous si vous avez utilisé l'affirmation « Je me sens » ou l'affirmation « Toi, tu... ». Prenez cet exemple : « Tu m'emmerdes ! » Diriez-vous qu'il s'agit d'une expression ouverte et directe de vos sentiments ? Vous pourriez être tenté de répondre oui parce que cette expression figure dans la liste ci-dessous. Pourtant, c'est une affirmation « Toi, tu... », et cela semble hostile parce que vous rendez l'autre responsable de ce que vous ressentez. Cela le mettra sur la défensive. Vous n'y gagnerez rien.

LES MOTS DU RESSENTI		
Le ressenti	**Les mots qui expriment ce ressenti**	
La colère	furibond	excédé	emmerdé
	plein de ressentiment	agacé	révolté
	contrarié	furieux	enragé
	courroucé	importuné	acerbe
L'anxiété	inquiet	tendu	effrayé
	craintif	crispé	troublé
	alarmé	préoccupé	effarouché
	nerveux	paniqué	
L'ennui	indifférent	démotivé	
L'embarras	gauche	gêné	troublé
	humilié	mortifié	intimidé
	maladroit		
La frustration	coincé	contrarié	abattu
	exaspéré		
La culpabilité	honteux	coupable	malheureux
Le désespoir	découragé	pessimiste	désespéré
La dévalorisation	inadapté	sans valeur	imparfait
	inutile	peu désirable	incompétent
	médiocre	déficient	
La jalousie	envieux		
La solitude	abandonné	solitaire	rejeté
	non désiré	mal aimé	
La paranoïa	méfiant	soupçonneux	
La tristesse	cafardeux	misérable	désespéré
	déprimé	déçu	découragé
	blessé	perdu	
	démoralisé	malheureux	
Le stress	accablé	usé	tendu
	pressuré	surmené	crevé
La fatigue	exténué	fatigué	accablé
	vidé	las	léthargique
	épuisé	éreinté	lessivé
La vulnérabilité	faible	fragile	exposé

121

Si vous affirmez par exemple : « Tu as tort » ou bien : « J'ai l'impression que tu ne sais pas ce que tu dis », vous n'exprimez pas vos sentiments non plus. Il s'agit de considérations. Vous attaquez avec vos sentiments au lieu de les partager avec respect.

Cela nous conduit à la distinction finale entre la bonne et la mauvaise communication. Demandez-vous si votre réponse à l'étape 2 a véhiculé de la chaleur, de la bienveillance ou du respect. Votre voix était-elle critique, sarcastique, sur la défensive ; montriez-vous un esprit de compétition ou étiez-vous condescendant ? Qu'éprouvera l'autre, en fonction de ce que vous avez dit ? Il est tout à fait normal d'être en colère et frustré, mais la façon dont vous exprimez vos sentiments fera une grosse différence pour la suite des événements. Vous pouvez vous servir de votre colère comme d'une arme et partir en guerre, ou partager vos sentiments dans le respect de l'autre. Vous êtes alors à même de développer une relation plus profonde et plus significative.

La découverte que votre réponse était un exemple de mauvaise communication peut se révéler difficile, surtout si vous étiez convaincu que le problème venait de l'autre. Cependant, si vous avez le courage d'identifier et de prendre en compte vos propres erreurs, vous ferez un gigantesque pas en avant, douloureux certes mais capital, vers des relations plus enrichissantes.

10

Comment nous contrôlons les autres

Nous avons vu ensemble le premier principe qui caractérise la thérapie cognitive : nous sommes tous responsables de nos problèmes relationnels, même si nous n'en sommes pas conscients. À l'étape 4 du journal de bord des relations, les conséquences de votre comportement sur l'autre vont devenir très claires.

La réponse de Hannah à Hal l'illustre bien. Lorsque Hal dit : « Tu n'écoutes jamais », Hannah l'ignore. Quel sera l'effet de la réponse de Hannah sur Hal ? Que ressentira-t-il ? Qu'en conclura-t-il ? Comment réagira-t-il ?

Hal en conclura que ses critiques étaient justifiées parce que, de fait, Hannah n'écoute pas. Comment se sentira-t-il ? Ignoré et frustré. Que fera-t-il ? Il continuera de la critiquer. Il devra frapper et frapper à la porte de Hannah parce qu'elle refuse de le laisser entrer. Elle se plaint de ce qu'il ne cesse de la critiquer, mais c'est elle qui provoque cette réaction.

Rappelez-vous : quand Hannah est venue à mon atelier de travail, elle voulait savoir pourquoi son mari passait son temps à la critiquer depuis le début de leur mariage. Elle a demandé : « Pourquoi les hommes sont-ils comme cela ? » La réponse pourrait bien ne pas correspondre à ses attentes : Hal la critique constamment parce qu'elle le force à agir ainsi. Et elle fait sans doute cela depuis ces trente-cinq dernières années.

La réponse à la question de Hannah est à la fois positive et négative. D'un côté, l'index vengeur vire à 180° pour pointer sur elle. C'est plutôt minable. D'un autre côté, cela signifie qu'elle a beaucoup plus de pouvoir qu'elle ne le pense, parce qu'elle crée en permanence sa propre réalité. Si elle le veut, elle peut utiliser ce pouvoir pour créer la relation affectueuse qu'elle attend depuis longtemps.

Comment Hannah va-t-elle réagir ? Cela risque d'être inconfortable. C'est facile pour nous d'étudier son rôle dans ce conflit mais, de son point de vue à elle, ces nouvelles perspectives se révéleront peut-être déplorables et humiliantes. Découvrir que vous êtes à l'origine de votre problème relationnel peut causer un choc.

Alors, qui est responsable ?

Vous avez envie de prendre la défense de Hannah en demandant : « Hal n'a-t-il pas sa part de responsabilité ? N'est-il pas autant responsable que Hannah ? »

Oui, Hal joue bien un rôle dans le problème. S'il était venu me voir pour se plaindre des difficultés existant dans son couple, nous aurions utilisé le journal de bord des relations pour examiner son attitude. Cette analyse aurait sans nul doute démontré qu'il n'écoute pas, n'exprime pas ses sentiments et ne fait pas preuve de chaleur ou de respect. Il aurait découvert qu'il favorise les réactions de Hannah, ces mêmes réactions dont il se plaint depuis longtemps. Nous en aurions donc conclu que Hal est responsable à 100 % des problèmes de leur couple.

Comment est-ce possible ? Comment Hannah peut-elle être responsable à 100 % de leurs problèmes si Hal en est également responsable à 100 % ? Cela s'explique par le fait qu'ils sont empêtrés dans un système de causalité en boucle. Quand Hal critique Hannah de façon hostile, elle se sent anxieuse, blessée et en colère. Alors, elle se tait. Nous pourrions dire qu'il la contraint à ne pas écouter. Mais quand Hannah l'ignore, elle l'oblige à continuer à la critiquer parce qu'elle n'a toujours pas « compris ».

Où allons-nous nous arrêter dans ces considérations ? C'est comme chercher à savoir qui de la poule ou de l'œuf est arrivé le premier. Hannah est sans arrêt en train d'étudier le comportement de Hal et non le sien. Partant de là, elle est donc certaine que c'est elle la victime et lui le responsable. Hal ne cesse d'observer Hannah, il est donc tout aussi certain que c'est elle la responsable et lui la victime. Qui a raison ? Tous les deux, en fait.

Toutefois, se concentrer sur les erreurs de l'autre ne vous sera d'aucune utilité : plus vous essaierez de le blâmer ou de le changer, plus il s'emploiera à vous résister. Mais si Hannah accepte l'idée qu'elle ne peut changer Hal et si elle se concentre plutôt sur elle-même pour essayer de changer, Hal changera, c'est certain ! Il changera au moment précis où elle-même le fera. C'est un paradoxe. Nous changeons les autres à l'instant même où il y a interaction avec eux, mais nous n'en avons pas conscience.

Revenons-en au cas de Nan. Vous vous souvenez que lorsque Jill, la fille de Nan, a dit : « Tu critiques mon mari », Nan a répondu : « Je pense faire tous les efforts possibles pour avoir une bonne relation avec lui. » Nous avons déjà vu que Nan avait commis de nombreuses erreurs de communication. Examinons à présent les conséquences de sa réponse. Comment Jill s'est-elle sentie en entendant sa mère lui faire cette réponse ? Qu'en a-t-elle conclu ? Que s'est-il passé ensuite ? La réponse de Nan aura-t-elle amélioré ou envenimé les choses ? Pourquoi ?

Lorsque Nan réfute son rôle dans le conflit, elle construit un mur autour d'elle et se met sur la défensive. Elle veut dire par là qu'elle ne dénigre pas du tout son gendre. Évidemment, si c'était vrai, cela signifierait que Jill et son mari ont mal interprété le comportement affectueux de Nan. Voilà une critique qui s'ajoute aux autres. Résultat : quand Nan se défend, elle prouve que le jugement de Jill est fondé. Donc, Nan désapprouve à la fois sa fille et son gendre.

Comment Jill se sent-elle lorsque Nan fait ce genre de réponse ? Sûrement blessée, frustrée et agacée par sa mère. Elle a sûrement aussi besoin de prendre la défense de son mari. Cela conduit donc à une tension plus grande. Mais Jill laissera peut-être tomber et renoncera à argumenter. C'était visiblement le premier souci de Nan. Elle se demandait pourquoi Jill et elle s'éloignaient l'une de l'autre. Nous en comprenons maintenant la raison. Quand Jill essaie de parler de la tension qui s'est installée entre Nan et son mari, sa mère se met sur la défensive. Nan repousse Jill.

Pourquoi diable se comporte-t-elle ainsi ? Peut-être ne voulons-nous pas admettre qu'il y a une parcelle de vérité dans ce que disent nos proches lorsque la tension est forte ? Peut-être est-ce trop douloureux d'examiner notre rôle dans les problèmes qui surviennent ? Se remettre en question demande du courage.

Reprenons le problème que vous avez décrit p. 109. Réfléchissez aux conséquences de ce que vous avez raconté à l'étape 2 et posez-vous des questions comme celles-ci :

- Quel effet mon affirmation aura-t-elle sur l'autre ?
- Comment se sentira-t-il ?
- Qu'en conclura-t-il ?
- Que répondra-t-il ?

Complétez l'étape 4 de votre journal de bord des relations. Voici une astuce qui va vous faciliter cette étape et la rendre plus intéressante : demandez-vous ce que fait la personne que vous trouvez pénible. Par exemple, elle peut être crispée, entêtée, sur la défensive ou prête à ergoter sur tout. Elle peut refuser d'écouter, se plaindre ou vous critiquer. Elle peut aussi être sans arrêt dans la demande, ou avoir du mal à exprimer ce qu'elle ressent.

Examinez à présent les conséquences de ce que vous avez écrit dans l'étape 2, et voyez si vous arrivez à comprendre comment vos affirmations peuvent faire agir l'autre à l'inverse de ce que vous voulez. Par exemple, s'il n'écoute jamais vos paroles, vous vous apercevrez peut-être que ce que vous avez dit à l'étape 2 semblait montrer que vous étiez sur la défensive. Vous découvrirez peut-être aussi que vous n'avez pas écouté, ou trouvé la moindre parcelle de vérité dans les propos de l'autre. Vous avez pu, au contraire, les contester et insister sur le fait qu'il se trompait.

Si tel est le cas, que va-t-il se passer ? L'autre sera frustré et tentera de faire valoir son point de vue.

Lorsque vous le considérez sous cet angle, vous pouvez réaliser tout à coup que vous forcez pratiquement votre interlocuteur à se braquer et à pinailler, quand bien même vous pensez qu'il ne devrait pas réagir ainsi.

Les possibilités sur ce thème sont infinies. Si votre meilleure amie semble avoir des difficultés à exprimer ce qu'elle éprouve, vous vous apercevrez par exemple que, lorsqu'elle tente de dire quelque chose, vous la critiquez, ou vous lui dites qu'elle ne devrait pas éprouver tel ou tel sentiment. Si elle se sent jugée, elle ne sera évidemment pas très motivée pour s'exprimer. Vous pouvez aussi vous précipiter pour lui offrir votre aide au lieu de l'écouter et de l'encourager à parler.

Voici une seconde astuce qui peut vous faciliter la tâche à l'étape 4 : demandez-vous comment vous désirez être considéré par l'autre. Par exemple, imaginons que vous vouliez une meilleure écoute de la part de votre femme, qu'elle cesse de dire toujours : « Oui, mais... » et qu'elle ne soit plus sur la défensive. Regardons ce que vous avez écrit à l'étape 2. Peut-être avez-vous laissé échapper : « Tu te trompes et tu devrais le reconnaître ! N'importe quel idiot le sait bien ! » Si tel est le cas, que va-t-il se passer ? Est-ce que votre femme se sentira motivée pour écouter et reconnaître que vous avez raison ? Est-ce qu'elle dira : « Oh, merci, mon chéri ! C'est tout à fait vrai ! »

Si vous commencez à comprendre votre propre implication dans le conflit, vous êtes bien parti et je suis fier de vous. Quoique les étapes 3 et 4 soient extrêmement intéressantes d'un point de vue intellectuel, elles sont, je l'ai dit, parfois difficiles à vivre sur le plan émotionnel. Mais si vous faites vraiment ce travail-là et si vous pouvez supporter la douleur de l'introspection, vous serez récompensé à l'étape 5 de votre journal de bord des relations.

Lorsque j'anime mes ateliers, certaines personnes ne tiennent pas en place et veulent tout de suite sauter à l'étape 5 sans passer par les 3 et 4. Elles me demandent : « Qu'est-ce que j'aurais dû dire à mon fils (ou à mon patron) ? » Elles veulent connaître la solution sans réfléchir à ce qu'elles ont écrit à l'étape 2. Ça ne marche pas de cette façon.

De même, beaucoup de mes patients désirent parler d'une façon générale des gens avec qui ils s'entendent mal. C'est la nature humaine et c'est compréhensible : nous avons tous besoin de nous libérer. Mais si vous souhaitez que les choses changent, vous devrez vous concentrer sur une interaction spécifique et utiliser le journal de bord pour le faire sur le papier. Notez ce que l'autre vous a dit (étape 1) et ce que vous avez répondu (étape 2), demandez-vous si votre réponse était un exemple de bonne ou de mauvaise communication (étape 3) et examinez les conséquences de cette réponse (étape 4). Est-ce que cela va améliorer les choses ou les envenimer ? Pourquoi ? Ce simple procédé peut ouvrir des perspectives qui vous changeront la vie, je vous le rappelle.

11

Trois exemples de couples en difficulté

Avant de passer à l'étape 5, voyons ce que nous avons déjà appris, en nous penchant sur les difficultés relationnelles de trois couples. Nous sommes tous confrontés à des problèmes tels que le harcèlement ou le manque de relations intimes, et il est toujours plus facile et moins douloureux de pointer les erreurs des autres que les siennes. Espérons que ce chapitre vous permettra d'analyser vos propres problèmes relationnels.

Jed et Marjorie

Jed est venu me raconter que sa femme Marjorie ne cessait de le critiquer et n'avait jamais envie de faire l'amour. La veille au soir, elle avait dit : « J'ai l'impression de devenir folle. Tu t'es remis à boire en sortant du bureau. Tu as choisi l'alcool. Tu vas probablement rester assis sur le canapé toute la nuit, complètement hébété, et zapper avec les chaînes de télé. Et puis tu sens mauvais, j'en ai ras le bol. » Jed, furieux, a répliqué : « Je pourrais bien me saouler. Tu es aussi chaleureuse et câline qu'un glaçon. Rien ne te branche. »

Sachant ce qui a été dit de part et d'autre, nous pouvons aborder l'étape 3 dans le journal de bord. Diriez-vous que la réponse de Jed était un exemple de bonne ou de mauvaise communication ? A-t-il écouté ? A-t-il partagé de manière naturelle et directe ce qu'il ressentait ? A-t-il fait preuve de bienveillance et de respect ? Lorsque vous aurez formulé votre analyse de sa réponse, je vous donnerai mon avis.

Étape 3. Bonne communication contre mauvaise communication

La réponse de Jed à Marjorie est l'exemple classique d'une mauvaise communication. Il a 0 à la check-list ECR. Il n'a évidemment pas manifesté d'empathie à l'égard de Marjorie. Celle-ci se sentait frustrée, furieuse et délaissée mais il n'en a pas tenu compte ni n'a admis qu'il pouvait y avoir une once de vérité dans ses propos. Jed n'a pas exprimé non plus ce qu'il éprouvait. Ayant l'impression d'être mis sous contrôle et critiqué, il était blessé et en colère. Il s'est également senti rejeté parce que Marjorie ne semblait pas intéressée par le sexe. Il a essayé de prendre sa revanche en la comparant à un glaçon. Il s'est donc montré irrespectueux envers elle.

Les erreurs de communication de Jed sont évidentes. Il joue le rôle de la victime sans défense et innocente qui ne peut tout simplement pas contrôler son penchant pour la boisson parce que son horrible femme abuse de lui et le néglige.

Passons maintenant à l'étape 4. C'est un peu plus difficile. La récrimination essentielle de Jed est que Marjorie n'est pas chaleureuse ni excitante. Il faut se demander pourquoi Marjorie est ainsi. Et réfléchir aux conséquences du discours de Jed. Comment

Marjorie peut-elle réagir ? Que va-t-il se passer ? Notez votre analyse sur une feuille avant de continuer votre lecture.

Étape 4. Conséquences

Il est assez facile de comprendre pourquoi Marjorie ne répond pas à la demande de Jed. S'il boit tous les soirs sur le chemin de la maison et si l'odeur de l'alcool est perceptible dès qu'il franchit la porte, Marjorie se sent abandonnée, blessée et rejetée. Lorsqu'elle tente d'exprimer ses sentiments, il la critique et sous-entend que tout est sa faute. Cela la met en colère. Frustrée, elle se met sur la défensive. Évidemment, elle n'aura aucun élan amoureux et n'aura pas envie de faire l'amour avec lui. La plupart d'entre nous ne se sentent pas excités lorsqu'ils sont blessés, en colère et critiqués. On peut dire que Jed la force pratiquement à ne pas l'aimer.

Jed a voulu savoir s'il y avait un quelconque espoir pour son couple. Y avait-il une chance de voir Marjorie changer ? La question est mal posée. La véritable interrogation est celle-ci : Jed veut-il changer ? Lorsque vous avez mis le doigt sur les erreurs que vous commettez, et que vous comprenez l'impact de vos déclarations et de vos agissements sur la personne avec qui vous avez des problèmes relationnels, vous êtes en mesure de décider de modifier votre attitude. Au moment où vous changerez, l'autre modifiera son comportement aussi. Nous verrons comment agir dans un laps de temps déterminé.

Harriet et Jerry

Harriet, professeur de piano, est venue me parler de son mari. Jerry perdait tous ses moyens à la moindre critique qu'elle formulait. Il était absolument incapable de gérer des sentiments négatifs, et cela les empêchait d'avoir une relation chaleureuse et intime. Elle m'expliqua qu'il était pasteur et qu'il pensait que les gens devraient toujours être gentils entre eux. La question de la religion ne lui posait pas de problème, précisa-t-elle, mais parfois elle avait l'impression de ne pas avoir le droit d'être sincère.

J'ai demandé à Harriet de me citer un exemple précis de ce que Jerry avait pu lui dire et de ce qu'elle avait répondu. Quelques jours plus tôt, Jerry lui avait lancé : « Je me sens blessé et condamné lorsque tu me juges. » Harriet avait répliqué : « J'ai l'impression que chaque fois que je ne suis pas d'accord avec toi ou que je dis quelque chose de négatif, tu es vexé. J'ai l'impression de devoir toujours être très prudente lorsque j'ai quelque chose à exprimer, et quelquefois que je dois même me taire simplement pour avoir la paix. Mais je ne veux pas d'une paix fictive. » Elle a noté ces deux exemples aux étapes 1 et 2 de son journal de bord.

Passons à l'étape 3. La réponse de Harriet est-elle un exemple de bonne ou de mauvaise communication ? A-t-elle bien décrit ce que Jerry éprouvait ? Est-ce qu'elle a exprimé ses sentiments de façon naturelle et directe ? Est-ce qu'elle a fait preuve d'affection et de respect ? Voyez sa réponse à son mari et écrivez ce que vous en pensez avant de continuer votre lecture.

Étape 3. Bonne communication contre mauvaise communication

Voici ce que Harriet a constaté dans son journal de bord :

« Ma réponse était un exemple de mauvaise communication parce que je n'ai pas pris en compte ce que Jerry éprouvait. Il essayait de me dire qu'il avait l'impression d'être jugé et condamné, mais j'ai sous-entendu qu'il avait tort au lieu de reconnaître une parcelle de vérité dans ses propos. Je n'ai pas exprimé mes sentiments non plus. Je me sentais frustrée et seule, mais au lieu de le lui dire je l'ai dénigré, et j'ai laissé entendre que c'était lui qui était à l'origine de nos problèmes puisque je devais toujours faire attention lorsque nous parlions. Mon commentaire paraît prétentieux et je ne lui ai certainement pas témoigné de respect. »

Examinons les conséquences de la réponse de Harriet à l'étape 2. Comment Jerry va-t-il se sentir ? Que va-t-il conclure ? Inscrivez votre analyse sur une feuille à part avant de poursuivre votre lecture.

Étape 4. Conséquences

Voici comment Harriet a analysé l'impact de sa réponse :

« Lorsque Jerry a exprimé ses sentiments, je l'ai critiqué. Dès qu'il m'a dit qu'il se sentait souvent jugé, j'ai réagi et je l'ai effectivement jugé. Je l'ai condamné et j'ai sous-entendu qu'il avait tort. Cela prouvait qu'il avait raison. Je veux me rapprocher de lui et que notre relation soit plus ouverte sur le plan émotionnel, mais je punis Jerry et je le repousse lorsqu'il tente de se confier. »

Remarquez le changement. Harriet voudrait savoir pour quelle raison Jerry ne parvient pas à gérer des sentiments négatifs sans s'effondrer. Cela revient à dire qu'il a un problème et que tout est sa faute. Mais quand vous examinez ce qui se passe entre eux, vous voyez soudain leur relation sous un autre jour. En fait, c'est Harriet qui décourage Jerry lorsqu'il essaie d'exprimer ses sentiments.

Vous avez peut-être constaté que Harriet évite elle aussi les sentiments négatifs. Elle ne prend pas en compte les sentiments de Jerry mais n'exprime pas non plus les siens. Et c'est exactement ce dont elle l'accuse. Au lieu de s'efforcer de comprendre pourquoi son mari ne peut pas gérer des sentiments négatifs, elle ferait mieux de se demander pourquoi elle-même ne peut pas faire face à ces sentiments. Et, peut-être plus précisément encore, si elle veut apprendre à le faire.

Barry et Richard

Barry, ingénieur-conseil en informatique, m'a raconté que Richard, son compagnon, contrôlait tout et ne cessait de le harceler. Par exemple, le vendredi soir précédent, ils avaient décidé d'aller au cinéma. Tandis que Barry garait la voiture, Richard s'est énervé et il a dit : « Pourquoi ne t'es-tu pas mis là-bas au lieu de faire trois fois le tour du parking ? »

Barry s'est efforcé de se montrer optimiste et il a répondu : « Je voulais trouver une bonne place. »

Cela paraît assez inoffensif. Diriez-vous qu'il s'agit là d'un exemple de bonne ou de mauvaise communication ? Voici ce qu'a dit Barry en analysant sa réponse à l'étape 3 :

« Ma réponse est en fait un exemple de mauvaise communication parce que je n'ai pas écouté ni exprimé mes sentiments ou du respect. Richard semblait frustré et contrarié, et moi, je l'ai ignoré. Je me suis senti rabaissé mais j'ai caché mes sentiments et tenté de réagir avec légèreté. Lorsque je lui ai déclaré que je voulais trouver une bonne place pour la voiture, j'étais sur la défensive. J'avais en fait l'impression de me faire passer un savon et j'ai sous-entendu qu'il se trompait. Le ton de ma voix et le langage de mon corps ont sans doute trahi ce que j'éprouvais. Je ne me suis certainement pas montré chaleureux puisque je simulais. »

Étape 4. Conséquences

Quels effets va avoir l'attitude de Barry ? Comment Richard se sentira-t-il ? Que se passera-t-il ensuite ? Réfléchissez avant de continuer votre lecture.

Richard se sentira probablement frustré et contrarié, car Barry aura détourné sa critique. Très vite, Richard le critiquera sur d'autres sujets. Barry se sent victime, mais il encourage Richard à le harceler, que ce soit en ne prenant pas en considération les sentiments de son ami ou en ne partageant pas les siens. Ils dissimulent tous les deux leurs sentiments, qui s'expriment donc de façon indirecte, entre harcèlement et justification.

Beaucoup de personnes évitent le conflit en changeant de sujet ou en essayant de faire disparaître les motifs de discorde le plus vite possible. C'est ce que j'appelle la phobie du conflit ou la phobie de la colère. Inconsciemment, vous pouvez être terrifié à l'idée que quelque chose d'horrible se produira si vous exprimez des sentiments négatifs ou si vous vous disputez avec quelqu'un que vous aimez. Vous pouvez croire aussi que les personnes qui s'aiment réellement ne doivent jamais se disputer ou se fâcher. Ou vous considérer comme quelqu'un de tout à fait charmant, et donc dissimuler toujours vos sentiments négatifs en prétendant qu'ils n'existent pas.

Bien sûr, nous ne cherchons pas tous à éviter les conflits. Certains aiment une bonne dispute, ils se lancent dans la bagarre et se défendent. Ils veulent gagner. Mais, quoi qu'il en soit, les sentiments négatifs grimpent en flèche.

Barry se plaint de ce que Richard le harcèle et s'en prend constamment à lui. Cependant, il alimente le feu lorsqu'il ignore le ton de voix mesquin de Richard, qu'il agit comme si tout allait bien et se met sur la défensive. C'est pour cela que Richard continue à le harceler : Barry ne veut pas reconnaître qu'ils sont tous les deux agacés. Il y a un éléphant dans la pièce, mais l'un et l'autre prétendent qu'il n'existe pas. Cependant, si Barry veut transformer l'hostilité en une sensibilisation consciente du problème, de manière directe mais modérée, il pourra mettre un terme à leur jeu et favoriser une communication plus ouverte et franche.

Vous savez désormais comment compléter les quatre premières étapes du journal de bord des relations et vous avez vu combien il est facile de diagnostiquer la cause précise d'un conflit. Il suffit d'étudier un échange entre deux personnes qui ne s'entendent pas, ainsi que le conflit qui les oppose, après l'avoir décrit. Vous êtes prêt pour l'étape 5, c'est là que vous apprendrez à transformer des relations difficiles afin qu'elles deviennent chaleureuses et enrichissantes.

TROISIÈME PARTIE

Comment développer
des relations d'affection
avec les gens auxquels vous tenez

12

Les cinq secrets d'une communication efficace

Peu de temps après la sortie de mon premier livre : *Feeling Good* (Se sentir bien), j'ai reçu un appel de Chris qui vivait à Atlanta. Chris souffrait de trouble maniaco-dépressif et prenait du lithium. Il luttait contre la dépression. Il m'a expliqué qu'il était allé voir les plus grands psychiatres aux États-Unis, mais qu'aucun d'eux n'avait pu l'aider. Dès qu'il avait lu mon livre, il avait su que j'étais l'homme de la situation : si j'acceptais de le rencontrer, il viendrait en avion chaque semaine depuis Philadelphie.

Comme vous pouvez l'imaginer, j'étais plutôt excité. Je consultais dans le privé depuis quelques années seulement, et c'était le premier patient que je recevais grâce à mon ouvrage. J'avais prévu une séance de deux heures pour Chris puisqu'il venait de très loin.

Mais quand il est entré dans mon cabinet, quelques jours plus tard, et que je me suis présenté, Chris a semblé déconfit. Je lui ai demandé s'il y avait un problème. Il s'est excusé et m'a répondu qu'à la lecture de mon livre il m'avait imaginé plus âgé. Il a ajouté que j'étais à l'évidence trop jeune pour l'aider.

Je suis tombé des nues. J'avais vraiment attendu avec impatience cette séance, et tout à coup j'avais l'impression que la course s'arrêtait avant même que j'aie franchi la ligne de départ. Je me suis senti gêné et frustré, et j'ai tenté de persuader Chris de faire au moins un essai. J'ai fait remarquer que si je paraissais jeune, j'exerçais depuis plusieurs années et j'avais de l'expérience pour avoir traité des patients atteints de trouble maniaco-dépressif. J'avais même dirigé la clinique consacrée à ce traitement tout en effectuant des recherches. Enfin, j'avais expérimenté les traitements dont je parlais dans mon livre.

Avez-vous jamais remarqué que, lorsque vous essayez de vous défendre face aux critiques, vous y parvenez rarement ? Voici ce que m'a répliqué Chris : « Docteur, j'ai été soigné par le responsable de l'Institut national de la santé mentale, mais il n'a rien pu faire pour moi. Ensuite, je suis allé à l'université de Californie pour y rencontrer le directeur du département de psychiatrie, mais lui non plus n'est arrivé à rien. J'ai vu à Chicago l'expert en troubles maniaco-dépressifs et il n'a pas réussi à m'aider. Mais au moins ces médecins avaient un bon comportement avec les malades, ce qui ne semble pas être votre cas ! »

Cela se passait mal, mais je demeurais convaincu que je pourrais aider Chris s'il acceptait de me laisser une chance. Je lui ai dit que s'il devait se faire opérer de l'appendice, il voudrait probablement être pris en charge par le meilleur chirurgien, que celui-ci ait ou non de bonnes manières, et que c'était la même chose en psychiatrie. Vous pouviez consulter le meilleur psy du monde, mais s'il n'avait pas les outils pour vous aider, cela ne vous servirait à rien.

Mon commentaire est tombé à plat. De plus en plus insatisfait, Chris n'a cessé de répéter que je ne comprenais pas et qu'à l'évidence je ne parviendrais pas à l'aider. Chaque fois que j'essayais de me défendre, son attaque se faisait plus virulente. Finalement, il s'est levé d'un bond et m'a lancé : « Docteur, j'ai payé pour une double séance. Cela ne fait que quinze minutes que je suis là, mais restons-en là. Je vais sortir de votre bureau et vous ne me reverrez plus. Vous pouvez garder l'argent. Pour moi, ça ne compte pas. »

Comme il se dirigeait vers la porte, je me suis soudain souvenu que j'avais expliqué dans un chapitre de mon livre comment gérer les critiques, et j'ai réalisé que je n'utilisais aucune des techniques que j'y citais. J'ai rappelé Chris et lui ai dit : « Je suis vraiment désolé que vous partiez et je comprends que je n'ai pas su répondre à vos attentes. Mais j'aimerais que vous m'accordiez une petite faveur avant de sortir de mon bureau : est-ce que nous pourrions simplement réexaminer les choses une dernière fois ? »

Il s'est arrêté et m'a déclaré : « Oui, bien sûr. J'essayais juste de vous dire que vous êtes trop jeune pour être mon médecin. » J'ai abondé dans son sens : « Chris, vous avez absolument raison. Je suis jeune. Je n'exerce que depuis quatre ans, et j'imagine sans peine combien cela doit être décevant d'être venu de si loin, d'avoir été si excité à la perspective de faire cette nouvelle approche, et de voir vos espoirs disparaître dès l'instant où vous rencontrez votre nouveau psychiatre. Et c'est même encore pire : quand vous m'avez dit que j'étais trop jeune, je me suis mis sur la défensive au lieu de prendre en compte ce que vous ressentiez. Ce n'était pas très professionnel de ma part, et il n'y a rien de surprenant à ce que vous vous soyez senti frustré et agacé. À votre place, c'est ce que j'éprouverais. J'ai beaucoup de respect pour vous et je me sens vraiment mal de vous avoir laissé tomber de cette manière. Mais lorsque vous aurez quitté mon bureau, j'espère qu'au moins vous n'oublierez pas une chose… »

Chris a paru se radoucir et m'a demandé : « Quoi donc ? Qu'est-ce que je suis censé ne pas oublier ? » J'ai répondu : « Que vous aviez raison et que c'est moi qui avais tort. »

Se laissant lentement retomber sur sa chaise, Chris m'a regardé droit dans les yeux puis m'a lancé : « Docteur, aucun psy ne m'a jamais parlé comme cela auparavant. Vous êtes l'homme qu'il me faut. Vous êtes celui avec qui je veux travailler ! » Ce fut le début d'une thérapie enrichissante et très réussie.

Que s'était-il passé ? Lorsque Chris m'avait critiqué et dit que j'étais trop jeune, je m'étais senti blessé et j'avais essayé de me défendre. Je voulais lui démontrer qu'il avait tort. Mais en fait j'avais prouvé qu'il avait raison, parce que je n'avais pas répondu à ses inquiétudes en lui témoignant de l'empathie ou de la compassion, ce qui est exactement le genre d'erreur qu'un jeune thérapeute pourrait faire. En acceptant enfin le fait que j'étais trop jeune et en montrant un réel intérêt pour ses sentiments, j'ai prouvé que je n'étais finalement pas trop jeune puisque je l'écoutais et que je validais ses émotions. C'était ce qu'il désirait entendre.

Quand j'ai reconnu combien Chris se sentait déçu, frustré et agacé, il a compris que j'avais enfin saisi ce qu'il avait essayé de me dire et ce qu'il éprouvait au fond de lui. La tension s'est presque aussitôt dissipée : soudain, nous étions du même bord. Et quand j'ai ajouté : « J'ai beaucoup de respect pour vous et je me sens vraiment triste de vous avoir laissé tomber », ç'a été une douce musique à ses oreilles parce que je lui prouvais par là que j'étais humain et vulnérable, et non arrogant et sur la défensive. Bien que nous nous estimions tous deux frustrés et agacés, j'avais du respect pour lui. Or Chris était démoralisé, et il espérait établir une relation avec quelqu'un qui ferait attention à lui.

En répondant à Chris, j'avais utilisé les cinq secrets d'une communication efficace que voici :

LES CINQ SECRETS D'UNE COMMUNICATION EFFICACE
Savoir écouter
1. *La technique du désarmement (TD)*. Vous trouvez un peu de vérité dans ce que l'autre vous dit, même si cela semble complètement déraisonnable ou injuste.
2. *L'empathie.* Vous vous mettez à la place de l'autre et vous tentez de voir les choses de son point de vue. • L'empathie verbale (EV) : vous paraphrasez les paroles de l'autre. • L'empathie pour le ressenti (ER) : vous prenez conscience des sentiments probablement ressentis par l'autre, d'après ce qu'il a dit.
3. *Le questionnement (Q)*. Vous posez des questions avec douceur pour savoir ce que l'autre peut penser et ressentir.
S'exprimer
4. *« Je ressens » (S)*. Vous utilisez des expressions personnelles, par exemple : « Je me sens furieux », plutôt que des critiques telles que : « Tu as tort » ou encore : « Tu me rends furieux. »
5. *La gentillesse (G)*. Vous trouvez quelque chose de simplement positif à dire à l'autre, même au plus fort de la dispute. Vous exprimez du respect, même si vous êtes en colère contre lui.

Comme vous pouvez le voir, ce tableau recourt aux qualités d'écoute et d'expression que nous avons déjà vues pour distinguer la bonne communication de la mauvaise. Apprendre à utiliser ces techniques de façon efficace demandera beaucoup de travail et de pratique, parce qu'elles sont complètement différentes de la façon dont nous réagissons tous dans nos relations avec les autres.

Dans les prochains chapitres, je vous montrerai comment vous servir des cinq secrets pour résoudre presque tous les problèmes relationnels. Ces techniques sont incroyablement performantes, mais il ne s'agit pas de trucs ou de formules magiques permettant de manipuler les gens. Si vous ne parlez pas avec votre cœur et que vous ne témoigniez ni compassion ni respect, elles ne marcheront pas. En revanche, si vous en usez intelligemment, elles peuvent transformer vos relations.

Je vous donnerai plusieurs exemples pour que vous compreniez comment ces techniques fonctionnent. Vous aurez également la possibilité d'effectuer des exercices qui vous aideront à les maîtriser. Cela ressemblera beaucoup à un cours de karaté, où vous répétez différents mouvements, l'un après l'autre, jusqu'à ce qu'ils vous viennent naturellement. Puis je vous indiquerai comment utiliser les cinq secrets de façon vraiment efficace, quel que soit le problème rencontré.

13

Comment désarmer le conflit

Cette technique est l'outil de communication le plus performant qui soit : vous trouvez de la vérité dans les propos de l'autre même s'ils paraissent complètement exagérés ou injustes. Si vous y recourez avec soin, vous livrez le mensonge à la critique et il disparaît de lui-même. Vous avez vu un exemple de ce paradoxe dans le chapitre précédent : dès l'instant où j'ai montré à Chris que j'étais d'accord avec lui, il en a conclu que je n'étais pas trop jeune pour être son médecin.

La loi des contraires

J'appelle un tel paradoxe la « loi des contraires ». Sitôt que vous essayez de vous défendre contre une critique en apparence excessive ou injuste, vous prouvez qu'elle est fondée. Si au contraire, vous admettez simplement sa pertinence, vous prouvez dans l'instant qu'elle est fausse. De plus, l'autre vous voit soudain sous un nouveau jour, ce qui est aussi un paradoxe.

Reprenons l'exemple de Hannah et de son mari. Lorsque Hal lui disait : « Tu n'écoutes jamais ! », elle ne répondait rien et l'ignorait. Elle estimait cette critique tellement ridicule qu'elle ne méritait pas une réponse. Paradoxalement, elle prouvait ainsi que Hal avait raison parce qu'elle l'ignorait : une fois de plus, elle n'écoutait pas.

Comment Hannah aurait-elle pu réagir à la remarque de son mari ? Mettez-vous à sa place et rédigez une réponse plus efficace en utilisant le désarmement du conflit. Souvenez-vous : lorsque vous désarmez l'autre, vous reconnaissez que sa critique est fondée, que ce qu'il dit est vrai. Ne cherchez pas à formuler quelque chose de joli ou de parfait. Mettez simplement sur le papier ce à quoi vous pensez et lorsque vous aurez terminé nous en parlerons.

Étape 5. Réponse corrigée

Si Hannah voulait essayer cette technique, elle pourrait dire quelque chose comme :

> « Tu as raison, Hal. C'est gênant de le reconnaître, mais je me rends compte que je n'ai pas très bien su écouter. Cela fait longtemps que tu tentes de me le dire et je t'ignore. Tu dois te sentir tellement frustré ! Est-ce que nous pouvons en parler ? »

Quand Hannah reconnaît qu'elle n'a pas écouté et qu'elle a exclu Hal, elle montre qu'elle l'écoute. Et c'est exactement ce que Hal désire entendre depuis trente-cinq années. Nous avons tous besoin de nous sentir approuvés lorsque nous sommes en colère. Cela favorise la communication et l'échange.

Vous pouvez faire preuve de créativité en complétant l'étape 5 de votre journal de bord. Il n'existe pas de réponse idéale. Trouvez vous-même les mots et le langage qui vous conviennent.

Lorsque la fierté entre en scène

Si les effets de cette technique de désarmement du conflit peuvent être étonnants, c'est aussi la technique la plus difficile qui soit. Pour plusieurs raisons. L'estime de soi, d'abord. Il est dur d'admettre que l'on se trompe ou que l'on a déçu quelqu'un – d'autant plus que vous tenez à cette personne qui vous critique et que vous sentez qu'elle a raison. Personne n'aime se trouver en position d'échec. Nous ne voulons pas entendre que nous avons été un mauvais père ou une mauvaise mère, ou que nous avons blessé quelqu'un que nous aimons. C'est la honte assurée – et l'obstacle le plus énorme qui soit dans les relations humaines.

Ces dernières années, j'ai eu la chance de travailler avec ma fille Signe. Elle a été mon éditrice et m'a aidé sur plusieurs de mes ouvrages, y compris celui-ci. J'ai été très excité quand Signe a accepté de travailler avec moi, parce que j'avais toujours profondément respecté ses qualités d'écriture et que j'avais vraiment envie d'une collaboration avec elle.

Signe venait de San Francisco en voiture plusieurs jours par semaine, et nous nous y mettions vers dix heures trente ces matins-là. En milieu de journée, nous nous sentions vidés. Nous faisions donc une pause et prenions le temps de discuter. Ma femme et moi venions juste d'adopter deux merveilleux chatons, Happy et Popcorn. Signe et moi les sortions avec nous sur la terrasse et nous les regardions sauter pour tenter d'attraper les mouches pendant que nous prenions l'air. J'aimais beaucoup ces moments-là, la vie semblait merveilleuse.

Mais un après-midi où nous étions en train de parler du passé, la voix de Signe s'est étranglée. Je lui ai demandé ce qui lui arrivait et elle m'a répondu : « Papa, ça n'est pas très facile à dire mais, si tu veux savoir la vérité, tu n'as pas toujours été le père dont j'avais besoin lorsque j'étais adolescente. »

Cela m'a fait mal et je me suis senti profondément honteux et triste. J'avais le sentiment qu'un éclair m'avait transpercé le cœur. Ça m'a réellement fait mal de l'entendre me dire ça. Elle m'a expliqué qu'elle m'avait trouvé trop attaché aux résultats, à cette époque, alors que tout ce qu'elle attendait de moi, c'était de la tendresse et du soutien.

J'ai éprouvé l'urgence de me défendre, de lui démontrer que j'avais été un bon père et qu'aucun père n'est jamais parfait, mais je savais que c'était une grosse erreur. Alors, je lui ai dit que j'étais atterré d'entendre que je n'avais pas réussi mon rôle de parent, et aussi que je l'aimais tendrement. Je l'ai prise dans mes bras. Elle m'a serré contre elle aussi et s'est mise à pleurer. C'est un moment qui nous a beaucoup rapprochés. En fait, si je regarde en arrière, je le vois comme l'une des expériences les plus enrichissantes et les plus significatives que j'aie jamais connues.

Ensuite, notre travail d'équipe est devenu très gratifiant. Nous avons formé un formidable tandem et effectué du très bon travail. Nous nous sommes aussi bien amusés et j'ai appris à mieux connaître ma fille. Mais il y a eu un prix à payer : renoncer à ma fierté et cela n'a pas été une mince affaire !

Lorsque la peur s'en mêle

La peur et la méfiance peuvent aussi rendre les choses difficiles pour désarmer quelqu'un qui vous critique ou qui est furieux contre vous. Vous pensez sans doute que le ciel va vous tomber sur la tête si vous cherchez une part de vérité dans ce qu'il vous dit. Vous vous mettez sur la défensive. Vous craignez que son attaque ne dégénère et qu'il ne vous bombarde bientôt de sentiments négatifs. Vous persistez donc à affirmer que c'est l'autre qui a tort.

En fait, c'est plutôt l'inverse qui se produit : lorsque vous avez peur de découvrir la vérité dans le discours de l'autre, ses sentiments négatifs se développent et l'attaque contre vous se renforce. Au contraire, si vous acceptez que l'autre puisse avoir raison, la tempête retombera et vous finirez par vous tendre la main.

La critique de Signe m'a anéanti. J'avais peur d'admettre que je n'avais pas été suffisamment à son écoute pendant son adolescence parce que j'avais trop honte. Je pensais que quelque chose d'horrible allait se produire si je reconnaissais que je l'avais laissée tomber. Allait-elle cesser de m'aimer ? Mais dès l'instant où j'ai accepté ce qu'elle disait et que je lui ai montré ce que j'éprouvais, nous avons été plus proches que jamais. C'est une expérience qui a permis une relation d'amour beaucoup plus profonde.

Cette technique est également efficace dans les négociations d'affaires, mais la peur peut être tout aussi redoutable que dans vos relations entre amis ou avec vos proches.

Pedro m'a amené à Philadelphie, en consultation sa femme et ses quatre enfants, depuis le Venezuela, après avoir lu mon premier livre. Il disait être si emballé par ce qu'il y avait trouvé qu'il voulait que son entourage soit soigné par les techniques de la thérapie cognitive. Cela signifiait que chaque membre de sa famille participerait à une ou plusieurs séances par jour de notre programme de thérapie intensive. Nous essaierions ainsi de condenser des mois voire des années de thérapie en quelques semaines.

Dans ma clinique, mes patients payaient les séances à mesure qu'ils y participaient. J'ai demandé à Pedro s'il pouvait régler celles de sa famille à la fin de chaque journée. Pedro a répondu qu'il voulait me payer une fois par semaine. Je lui ai expliqué que nous avions déjà procédé ainsi par le passé, mais que cela n'avait pas donné satisfaction. Pedro a répliqué qu'étant un homme d'affaires il en savait beaucoup plus que moi là-dessus et il a refusé de céder. C'était un homme de grande taille et intimidant qui avait l'habitude de faire valoir ses droits. Comme je campais sur mes positions, nous nous sommes rapidement bagarrés pour savoir comment il allait payer et à quel moment.

À la fin de la première séance, j'étais frustré et épuisé parce que nous étions toujours en opposition totale. Pedro avait une autre séance prévue plus tard ce jour-là, et je l'appréhendais.

Dans l'intervalle, j'ai réfléchi à ce qui s'était passé, et je me suis soudain aperçu que j'avais été tellement engagé dans la bataille que j'avais complètement oublié d'utiliser les cinq secrets d'une communication efficace. Lorsque Pedro s'est assis pour la séance suivante, j'étais déterminé à ne pas répéter cette erreur. Je lui ai dit : « Pedro, je me suis senti vraiment mal après notre séance de ce matin, parce que j'ai réalisé que je perdais un temps précieux à discuter argent avec vous. Cela a dû être insultant. Vous aviez tout à fait raison, en faisant valoir que vous avez plus d'expérience en affaires que moi. Vous avez consenti un énorme sacrifice en venant du Venezuela jusqu'ici avec votre famille afin que nous puissions travailler ensemble. J'imagine à quel point vous êtes déçu et frustré, après notre échange. Je suis bien conscient de vous avoir laissé tomber et je vous dois toutes mes excuses. »

Pedro a paru abasourdi. Il a sorti son carnet de chèques, a rédigé un chèque et me l'a tendu. J'y ai jeté un coup d'œil : le montant correspondait à une avance de vingt séances. C'est la seule fois de ma carrière où j'ai été payé à l'avance.

Pourquoi mon commentaire a-t-il été si efficace ? Pedro était quelqu'un de chaleureux et de généreux, mais il avait l'habitude de commander. Sa personnalité énergique était sa plus grande force car elle lui avait permis de réussir en affaires ; mais c'était aussi son plus gros point faible parce qu'elle le mettait en position de devoir contrôler toute situation et de le faire seul. Il ne se sentait pas proche de ses collègues, ni de sa femme ou de ses enfants. Discuter pour savoir qui de nous deux avait raison constituait donc un piège : nous nous trouvions en concurrence, notre estime de soi était en jeu, et nous étions tous les deux déterminés à ne pas laisser gagner l'autre. Mais à partir du moment où j'ai découvert la vérité contenue dans le discours de Pedro et pris note de ce qu'il ressentait, il m'a donné beaucoup plus que ce que je désirais.

Vous pouvez me demander maintenant : « Que se serait-il passé s'il n'avait pas payé ? » Il arrive que l'on doive fixer des limites et se montrer ferme dans une négociation : on n'a pas forcément toujours ce que l'on veut, même si l'on est habile. Toutefois, vous obtiendrez presque toujours plus que ce que vous attendez si vous utilisez la technique du désarmement et que vous témoigniez du respect à l'autre.

Lorsque la vérité fait son entrée

Plus que tout autre technique ou concept contenu dans ce livre, savoir comment désarmer l'autre a changé ma vie. Je m'en sers tous les jours et je suis rarement déçu. Cependant, c'est très difficile à apprendre parce qu'au fond de vous il y a une petite voix qui dit : « Je n'aurais pas dû tomber d'accord avec lui car il n'y a aucune parcelle de vérité dans ce qu'il dit. J'ai raison et c'est lui qui a tort ! » Si vous écoutez cette petite voix et cédez au besoin de vous défendre, vous demeurerez presque toujours pris dans les mailles du conflit.

Je m'efforce d'avoir constamment à l'esprit que lorsqu'une personne me critique, elle essaie de me dire quelque chose d'important et que, à un certain niveau, elle a raison. Mon travail consiste à écouter soigneusement de façon à entendre le message qu'elle s'efforce de me transmettre, plutôt que de ressasser ce qui y semble déformé ou injuste. Si vous faites preuve d'attention, vous parviendrez à accomplir des miracles dans vos relations avec les autres.

Vous devez toutefois accepter que la critique puisse être fondée – et ce, de manière naturelle, en faisant preuve d'humilité et de respect. Je suis convaincu qu'il y a une bonne part de vérité dans n'importe quelle critique. Mais si vous ne réussissez pas à la voir, ou que vous vous sentiez trop blessé et furieux pour en prendre conscience et l'accepter, la technique ne produira pas l'effet désiré.

Jeremy m'a déclaré récemment : « Il n'y a aucune raison pour que j'accepte ce que ma femme dit de moi. Elle me traite d'entêté et c'est un sacré mensonge ! » Quand Jeremy affirme qu'il n'est pas têtu, il donne au contraire l'impression de l'être. C'est un bon exemple de la loi des contraires : lorsque vous insistez et affirmez que l'autre a tort, vous prouvez presque toujours qu'il a raison. À l'inverse, lorsque vous êtes d'accord avec les critiques qui vous sont adressées, le mensonge n'a plus lieu d'être et l'autre vous voit tout à coup sous un nouveau jour. Mais cela peut se révéler difficile, parce que votre propre vision de la situation assombrit parfois tellement votre esprit que vous êtes résolu à ne pas être d'accord avec ce que vous dit l'autre.

Raina a décrit la difficulté qu'elle a rencontrée la première fois qu'elle a tenté d'utiliser cette technique pendant une dispute avec son mari, Milt. Voici ce qu'elle a expliqué :

« Lorsque j'ai commencé à travailler avec vous, je cherchais toujours à prouver que les critiques de Milt n'étaient pas fondées parce qu'il exagérait et déformait tout en se servant par exemple du schéma de pensée du tout ou rien. C'était très important pour moi d'essayer de lui faire admettre qu'il avait tort. Et j'attendais de remuer le couteau dans la plaie, de laisser les choses s'envenimer. Mais au bout du compte, je me sentais encore plus malheureuse. Le besoin de lui démontrer qu'il avait tort ne faisait qu'empirer la situation. Et cela m'arrive encore parfois.

» Il y a deux jours par exemple, nous avons eu une grosse dispute. Maintenant que nos enfants sont grands, nous avons décidé de déménager pour une maison plus petite. Milt a décidé que si nous refaisions le salon et la cuisine, nous pourrions obtenir un meilleur prix de vente de la maison. J'étais d'accord, mais nous nous sommes disputés au sujet des travaux à faire.

» Au milieu de la discussion, Milt a senti que la vision de son œil droit devenait trouble. Il avait comme des taches devant l'œil, des sortes d'éclair. Ce sont des symptômes en général bénins, mais à quelques rares occasions ils peuvent indiquer un décollement de la rétine et le problème doit de toute urgence être pris en considération. Milt avait eu les mêmes symptômes quelques jours plus tôt, mais l'ophtalmologue avait affirmé que tout était normal. Ce matin-là, Milt s'est cependant réveillé avec davantage de taches devant l'œil et il a complètement paniqué. Il était très inquiet et ne m'écoutait pas. Je suis devenue mauvaise et n'ai cessé de l'interrompre. Il me rendait folle, alors j'ai fait tout le contraire de ce que vous dites dans votre livre. »

Voici l'origine de leur dispute :

MILT : Tu es toujours méchante avec moi. Je vois bien comme tu es gentille et merveilleuse avec tes amis, même avec des étrangers. Tu sembles garder toute ta méchanceté pour moi. Pourquoi ne me traites-tu pas comme ton amie Sarah ?

RAINA : Tu es injuste ! Je ne suis pas toujours méchante avec toi.

MILT : Mais si, tu l'es. Lorsque nous avons cons-truit la maison, c'était pareil. Nous n'avons pas arrêté de nous disputer.

RAINA : Ça n'est pas vrai du tout. En fait, les ouvriers nous ont dit qu'ils n'avaient jamais vu un couple si facile, et qui se soutenait au moment de prendre les décisions. Et nous avons construit la maison en cinq mois. C'est presque un record.

MILT : Je retourne travailler demain avec ces taches et cette sorte de toile d'araignée devant l'œil. Ça n'est pas le moment d'être si méchante et désagréable avec moi. C'est vraiment difficile à vivre et c'est le dernier jour de mes vacances. Tu ne réalises pas ce que c'est ni ce que je ressens. J'avais vraiment envie de faire des trucs sympas avec toi, mais tu sais très bien comment faire pour tout gâcher chaque fois. Et ne me dis pas que c'est ton jour de congé aussi : tu as constamment du temps libre. Moi non ! Et il faut que je reste là avec cette toile d'araignée devant l'œil ; que je retourne travailler demain alors qu'il n'y a pas mon collègue, à faire de la chirurgie avec ce truc à l'œil. En plus, je suis de garde ce week-end et tu me traites comme ça ? Tu ne te rends absolument pas compte de ce que je dois faire dans mon travail, ni que je suis toujours sous pression. Et maintenant, j'ai ce problème de vue et tu t'en fiches !

RAINA : Je sais très bien comment ça se passe dans ton travail et cela m'importe. Je t'ai souvent dit que j'adorerais venir avec toi pour collaborer avec toi et te suivre afin de voir comment ça se passe.

MILT : Alors, qu'est-ce que tu veux faire ? Venir avec moi en salle d'opération et me regarder ouvrir quelqu'un ? Et après, tu peux partir ? Ce que tu devrais dire en fait, c'est : « C'est vraiment dur » ou bien : « Cela doit être vraiment frustrant ou effrayant à faire ». « Tu ne peux pas m'aider, ne serait-ce qu'un tout petit peu ? »

Vous voyez comment Raina se défend à chaque instant. Au lieu de désarmer Milt, elle lui dit qu'il a tort. Mais en insistant ainsi, elle le met de plus en plus en colère, et il est aussi davantage encore convaincu d'avoir raison. C'est parce que Raina se conduit comme la « garce » dont il s'est justement plaint.

Raina a ensuite raconté comment elle a renversé la situation :

« J'ai enfin ravalé ma fierté et j'ai dit : "Tu sais, Milt, tu as raison. J'ai agi comme une garce et je comprends que tu en aies ras le bol, même si c'est pour moi difficile de l'admettre. J'imagine très bien que les taches que tu as devant l'œil t'angoissent profondément. Je ne t'ai pas du tout soutenu et c'est ton dernier jour de vacances. Alors, je me sens vraiment mal."

» Tout à coup, il a lancé : "Tu as raison aussi. J'ai agi comme un pauvre type et je t'aime vraiment." J'ai été stupéfiée de voir à quelle vitesse la technique avait retourné la situation. Dès l'instant où j'ai reconnu que Milt avait raison, il a baissé la garde et a admis son implication dans notre problème. Ç'a été la fin de notre dispute et nous avons passé une merveilleuse journée tous les deux.

» J'ai appris que ce n'est pas si important de prouver qu'il a tort, parce que ce qu'il dit n'est peut-être pas complètement vrai à ses yeux. Il est juste méchant et en colère, et il cherche à me blesser, parce qu'il a de la peine et qu'il est frustré. Cela m'aide à comprendre que je tiens beaucoup à Milt, qu'il m'aime et veut se sentir bien avec moi.

» Il s'agit d'avancer et d'oublier le besoin de vengeance ou celui d'avoir raison. Au début de notre relation, nous nous disputions énormément et Milt restait fâché pendant longtemps. Lorsqu'il entrait dans la maison, je me disais : "C'est réellement un trou du cul. Pourquoi devrais-je tout faire ? Ce n'est pas juste !" Aujourd'hui, je me dis : "C'est frustrant pour l'instant, mais je l'aime et je dispose maintenant de quelques outils qui fonctionnent si je veux m'en servir."

» Parfois, cela me semble injuste parce que j'ai l'impression d'être la seule à travailler, la seule à utiliser les cinq secrets d'une communication efficace. C'est la même chose avec mes amis. Je me dis : "Quand vont-ils utiliser ces techniques ?" Mais ils ne savent pas comment s'en servir, donc je suis celle qui fait l'effort parce qu'elle sait.

» Est-ce que j'y parviens toujours ? Est-ce que je suis toujours les consignes de David Burns ? Non ! L'autre jour, cela a produit l'effet inverse parce que je me suis retrouvée entraînée par mon besoin de prouver à Milt qu'il avait tort. Mais maintenant, je sais que j'ai le choix. On doit se demander : "Est-ce que tu l'aimes malgré ses défauts ?" Et si on répond oui, alors on prend la décision de faire ce travail.

» En fait, c'est incroyablement difficile parfois, parce que je dois dire non à cette petite voix dans ma tête qui me harcèle. "Est-ce que cela en vaut la peine ?" Eh bien, voilà la réponse : Milt et moi sommes mariés depuis presque trente-cinq ans. Aujourd'hui, nous nous disputons rarement et nous nous aimons énormément. Lorsque nous nous accrochons, ça ne dure pas. Nos vies s'en sont incroyablement enrichies. »

Refaisons l'exercice de la technique du désarmement. Vous vous souvenez sans doute de Nan, dans le chapitre 9. Lorsque sa fille disait : « Tu critiques mon mari », Nan répondait : « Je pense faire tous les efforts possibles pour avoir une bonne relation avec lui. » Cela bloquait toute conversation parce que Nan sous-entendait que la critique de Jill ne valait rien.

Mettez-vous à la place de Nan, et voyez si vous pouvez trouver une réponse plus efficace. Vous craignez peut-être de vous tromper. Si votre proposition semble bancale, pas de souci : je n'ai moi-même pas bien su faire cet exercice au début et cela m'arrive encore parfois de ne pas y parvenir. Mais si vous vous y mettez, vous ferez des progrès. Essayez tout de suite. Imaginez que votre fille vient de dire : « Tu critiques mon mari. » Qu'allez-vous lui répondre ? Notez-le sur un papier à part. N'oubliez pas d'utiliser la technique du désarmement.

Étape 5. Réponse corrigée

Nan pourrait dire :

« Jill, cela fait mal de t'entendre dire ça, parce que je pense que tu as raison : j'ai critiqué Frank. Ça n'est pas facile de l'admettre, mais je me rends compte que je n'ai pas vraiment fait ce qu'il fallait pour le connaître. Je sens une certaine tension entre nous et cela m'ennuie parce que je t'aime profondément. Je veux vraiment savoir ce que toi et Frank pouvez ressentir. »

Votre réponse a probablement été différente de la mienne. Parfait : nous avons tous notre style et notre personnalité. Et si votre réponse ne vous a pas paru naturelle ou authentique, vous pouvez la revoir pour l'améliorer. Je dois souvent reprendre mes réponses corrigées sur le journal de bord avant d'obtenir quelque chose qui me convienne.

Parfois, les plus efficaces provoquent un sentiment de douleur. Cela peut être difficile pour Nan d'admettre qu'il y a un peu de vérité dans ce que Jill lui dit. L'amour a un prix. En tant que parent, je le sais bien. Si Nan veut ravaler sa fierté, elle pourra développer une relation beaucoup plus profonde avec sa fille. À elle de décider si elle veut en payer le prix.

Vous vous demandez peut-être : « Que se passerait-il si Nan ne parvenait pas à admettre avec honnêteté qu'elle n'a pas fait l'effort suffisant pour mieux connaître son gendre ? Que se passerait-il si elle était convaincue d'avoir fait ce qu'elle devait ? » Dans ce cas-là, Nan pourrait modifier sa réponse. Elle pourrait déclarer par exemple : « C'est vraiment étonnant, parce que je pensais avoir une très bonne relation avec Frank. Je l'aime beaucoup et je n'ai jamais perçu de tension entre nous. Mais si tu es persuadée que je le critique, ou si lui le pense, alors j'ai dû dire ou faire quelque chose qui l'a blessé. C'est pénible pour moi, parce que je ne veux pas vous blesser. Je vous aime beaucoup tous les deux. Tu peux m'en dire plus sur ce qui s'est passé ? »

Une fois encore, Nan découvre une once de vérité dans les affirmations de sa fille, mais elle est honnête et sincère en même temps. Elle ne fait pas semblant. Vos déclarations comptent presque moins que le ton de votre voix : si vous donnez l'impression de simuler ou de manipuler, les autres s'en apercevront tout de suite.

Lorsque j'ai développé les cinq secrets d'une communication efficace, la technique du désarmement a été pour moi la plus difficile à apprendre. Ce sera probablement difficile pour vous aussi. J'ai parfois eu du mal à comprendre comment les critiques de mes patients, collègues ou membres de ma famille pouvaient être pertinentes. Afin d'y parvenir, j'ai pris l'habitude d'écrire les critiques les plus impossibles et les plus absurdes qui auraient pu être formulées contre moi. Puis j'ai essayé de déceler en elles une part de vérité. Ç'a été un exercice très précieux. C'était comme une sorte de jeu et j'y suis devenu assez bon après une longue pratique.

À la page 163, vous allez trouver plusieurs critiques particulièrement dures. Voyez si certaines vous semblent pertinentes en utilisant la technique du désarmement. Notez vos réponses dans la colonne de droite.

Vous pouvez inscrire aussi les critiques les plus horribles que vous ayez entendues de la part de votre femme ou d'autres membres de votre famille, d'amis ou de collègues. Y compris les plus extrêmes et les plus irrationnelles. Veillez à ajouter des critiques qui seraient pénibles pour vous. Puis efforcez-vous de repérer une part de vérité dans chacune d'elles. Cet exercice vous aidera peut-être à y voir clair.

Voici quelques astuces susceptibles de vous faciliter l'apprentissage de cette technique. Essayez d'abord de transformer une critique au sens large en quelque chose de plus précis. Par exemple, imaginez que l'un de vos amis vous dise soudain : « Tu es un idiot ! » Plutôt que de vous sentir vexé et d'éprouver le besoin urgent de vous défendre, vous lui répondrez : « Je suis désolé que mon commentaire ne te plaise pas et je regrette de l'avoir formulé de cette façon. Tu peux me dire exactement ce que tu ressens ? » Remarquez bien que vous transformez ainsi une critique d'ordre général et plutôt insignifiante : « Tu es un idiot ! » en un dialogue significatif au sujet de ce que vous avez dit à votre ami et qui le dérange. Cette réponse invite à l'échange et vous n'aurez plus jamais l'air d'un idiot.

MISE EN PRATIQUE DE LA TECHNIQUE DU DÉSARMEMENT	
Consignes : Tentez de suggérer une réponse efficace à chaque critique en utilisant la technique du désarmement. Dans les cases vierges en bas de page, inscrivez quelques critiques que vous pourriez recevoir de la part d'autres personnes, et dans la colonne de droite les réponses correspondantes.	
Critiques sévères	**Réponses désarmantes**
Je te déteste ! Tu es un imbécile fini ! Tu es un pauvre type !	
Tu es mesquin.	
Tu es un égoïste. Tu ne penses qu'à toi.	

163

MISE EN PRATIQUE DE LA TECHNIQUE DU DÉSARMEMENT : RÉPONSES	
Critiques sévères	**Réponses désarmantes**
Je te déteste ! Tu es un imbécile fini ! Tu es un pauvre type !	Je vois que tu es furieux contre moi, et je me rends compte que je n'ai pas très bien géré cette situation. Je me suis planté et cela m'embarrasse de le reconnaître. Peux-tu me dire plus en détail ce que tu ressens ?
Tu es mesquin.	Je pense que mon commentaire t'a blessé. Je me sens mal parce que tu es quelqu'un à qui je tiens beaucoup. Nous pouvons en parler ?
Tu es un égoïste. Tu ne penses qu'à toi.	C'est vrai. Je n'ai pas pris en compte ce que tu ressentais. Tu as raison d'être en colère contre moi. C'est dur à entendre. Est-ce qu'il y a d'autres choses que j'ai faites ou dites qui t'ont semblé aussi égoïstes ou insensibles ?

Souvenez-vous également que vous n'avez pas à être d'accord avec la critique au sens littéral lorsque vous utilisez cette technique du désarmement. Vous pouvez accepter l'esprit de ce que votre interlocuteur a dit. Assurez-vous donc que votre réponse ne blessera pas les sentiments de l'autre. J'essaie toujours de répondre avec tact et de faire preuve de respect au cœur de la dispute.

Imaginons que quelqu'un vous lance : « Tu ne m'aimes pas vraiment ! » Les thérapeutes entendent souvent cette critique de la part de leurs patients en colère, mais un enfant ou un ami avec qui vous ne vous entendez pas peut également la formuler à votre encontre. Voici un mauvais exemple de la technique du désarmement : « Tu as raison. Je ne t'aime pas et je pense que personne d'autre ne peut te supporter non plus ! En fait, ta propre mère ne t'aime sans doute pas ! » Quoique cela ressemble à la technique de désarmement, c'est juste une façon de se montrer méchant. Voici une bien meilleure réponse : « Eh bien, cela fait mal de t'entendre dire ça, mais je suis d'accord avec toi. Je suis conscient qu'il y a de la tension dans l'air et c'est délicat. J'ai été frustré moi aussi. Mettons cela au clair. Ton amitié représente beaucoup pour moi. Est-ce que tu peux m'expliquer ce que j'ai fait ou dit qui t'a déplu ? »

Ce genre de repartie désarme la critique sans vous faire courir le risque de vous sentir jugé(e) ou rejeté(e). Cela transforme aussi la critique au sens général – « Tu ne m'aimes pas vraiment » – en quelque chose de plus précis. Vous reconnaissez que tous les deux vous avez du mal à vous entendre en ce moment, et que vous n'avez pas été d'un grand soutien l'un pour l'autre. Paradoxalement, l'autre personne va soudain se rendre compte que cela vous tient à cœur.

Dans la partie de ce livre consacrée aux effets dévastateurs du reproche, j'ai mentionné que, même si les idées et les techniques exposées étaient fondées sur des recherches, beaucoup de ces concepts présentaient aussi des racines philosophiques et spirituelles.

Un ancien prêtre qui assistait à l'un de mes ateliers nous a fait part d'une idée qu'il avait eue lorsque j'avais exposé la technique du désarmement. Il a expliqué qu'après avoir abandonné sa prêtrise il était retourné en 3e cycle à l'université où il avait obtenu un doctorat en langues anciennes. Et, dans l'une de ses classes, il avait appris que le concept chrétien de « confession du péché » repose sur une erreur de traduction d'un mot dans la langue araméenne. Il a précisé que la traduction exacte n'est pas « confesser » mais plutôt « être d'accord avec ». Il n'avait pas accordé beaucoup d'attention à cette idée jusqu'à ce qu'il assiste à mon atelier : il a soudain compris que le concept chrétien de confession est très similaire à ma technique du désarmement. Cela vient du fait que lorsque vous êtes d'accord avec la critique, au lieu de vous défendre, vous « confessez » votre péché.

Au moment où vous le faites, vous êtes pardonné. Cette notion n'est pas propre au christianisme : elle est inscrite dans pratiquement toutes les traditions religieuses.

La religion bouddhiste parle de « grande mort », qui est la mort de l'ego ou du moi. Si vous êtes sincèrement d'accord avec la critique, c'est un peu comme si vous mouriez. Votre fierté et votre conception du moi devront peut-être mourir tous les deux, mais si vous désarmez la critique avec savoir-faire et le cœur ouvert, vous renaîtrez au moment même où vous perdrez la vie. En d'autres termes, votre « mort » et votre « renaissance » sont une seule et même chose, ce sont juste deux manières différentes de décrire une expérience identique. Vous pouvez même dire que lorsque vous désarmez quelqu'un avec qui vous vous êtes disputé, vous allez mourir tous deux et renaître ensemble, parce que l'antagonisme, la méfiance et la frustration qui vous tourmentaient se transformeront instantanément en bienveillance, en amour et en respect.

14

Le sentiment d'empathie

Presque tous les thérapeutes dignes de ce nom, si nous remontons jusqu'à Freud, ont insisté sur l'importance de l'empathie. Dans le chapitre 9, j'ai moi aussi mis l'accent sur elle : c'est l'un des trois éléments clés d'une bonne communication. Mais est-ce réellement si important ? Ou n'est-ce qu'un concept à la mode pour des groupes de rencontres ? Qu'est-ce que l'empathie ? Fera-t-elle vraiment la différence dans nos vies ?

La plupart d'entre nous estiment être raisonnablement empathiques. Nous sommes convaincus d'avoir une bonne idée de ce que les autres pensent et ressentent nous concernant. Par exemple, vous croyez probablement connaître l'opinion de vos collègues, amis et membres de votre famille sur ce sujet. Donc, si nous savons déjà ce que pensent et ressentent les autres, pourquoi faire autant cas de l'empathie ?

Nos perceptions sur ce que les autres pensent de nous peuvent être tout à fait erronées. En fait, elles le sont presque toujours. Même en ce qui concerne les thérapeutes, qui sont supposés être des experts en relations humaines. Nous croyons savoir ce que les autres ressentent, mais c'est faux.

J'ai récemment terminé une étude à l'hôpital de l'université de Stanford. Pour la réaliser, huit thérapeutes ont passé deux ou trois heures à interroger soixante-dix patients en psychiatrie récemment admis à l'hôpital au sujet des problèmes et des sentiments auxquels ils étaient confrontés. À la fin de chaque rencontre, le patient a effectué plusieurs tests courts mais très précis qui mesuraient des sentiments comme la dépression, l'anxiété et la colère. Il devait indiquer son sentiment sur le moment. Il devait également noter la bienveillance et la compassion dont faisait preuve le thérapeute qui dirigeait la rencontre. Au même moment, les praticiens travaillaient aussi sur ces questionnaires : eux avaient reçu pour consigne de deviner les réponses du patient.

Les praticiens savaient que la justesse de leurs analyses était testée, ils se sont donc efforcés de bien faire et se sont concentrés sur ce que les patients avaient dit pendant les rencontres. Dans quelle mesure ces chercheurs ont-ils été précis ? Pour l'évaluer, on peut utiliser l'outil statistique appelé mesure du coefficient de corrélation. C'est un terme compliqué, mais le principe en est très simple. Un coefficient de corrélation peut aller de 0 à 1[1]. Le chiffre 1 signifierait que les perceptions du thérapeute sur les sentiments du patient sont parfaitement justes. Le chiffre 0 signifierait au contraire qu'il n'y a pas de corrélation entre les sentiments du patient et la perception qu'en

---

1. Techniquement, un coefficient de corrélation peut varier entre − 1 et + 1. Les corrélations négatives signifient que des résultats élevés sur une variable sont associés à des résultats inférieurs sur une autre variable.

a le thérapeute. Ce serait bien sûr le plus mauvais résultat possible.

Pouvez-vous deviner les résultats ? Presque toutes les corrélations ont été proches du 0. Cela signifie que les perceptions qu'avaient les praticiens des sentiments de leurs patients étaient presque toutes en décalage par rapport à ce que ceux-ci éprouvaient. Nous aurions pu demander aussi bien à des chauffeurs de taxi qui n'avaient jamais rencontré ces malades de deviner ce qu'ils ressentaient. Les résultats auraient été presque aussi bons que ceux des thérapeutes ! Le peu de corrélations obtenues est vraiment surprenant, surtout sachant que les praticiens avaient passé du temps à discuter avec les patients de ce qu'ils éprouvaient. Ils croyaient le savoir, mais leur perception était beaucoup moins précise qu'ils ne le pensaient.

Mon intention n'est pas de critiquer mes collègues : les thérapeutes de cette étude sont extrêmement qualifiés et figurent parmi les meilleurs que j'aie rencontrés.

Nous avons tous le même problème : nous croyons savoir ce que ressentent les autres et ce qu'ils pensent de nous, mais c'est faux. Cela concerne autant nos proches, nos amis, nos voisins ou nos collègues que nos clients.

Ce problème ne se limite pas au domaine médical ou psychiatrique. Un collègue me parlait récemment d'une étude fascinante qui avait été réalisée sur plusieurs centaines d'enfants à qui on avait demandé d'évaluer leurs sentiments de déprime ou de colère. Leurs parents, professeurs et conseillers d'orientation devaient aussi estimer le niveau de ces sentiments en utilisant les mêmes échelles de calcul. Là encore, il n'y a pas eu de relation significative entre ce qu'éprouvaient les enfants et la perception qu'en avaient leurs parents, professeurs et conseillers d'orientation.

Les implications de ces études sont époustouflantes et peuvent aider à expliquer pourquoi les gens sont aussi étonnés d'apprendre au journal télévisé du soir que leur jeune voisin a assassiné ses parents, ou bien qu'il a pénétré dans son lycée avec un revolver et a commencé à tirer sur tout le monde. Ils disent souvent : « Je n'aurais jamais imaginé qu'il puisse faire cela ! Il semblait tellement normal ! »

Le fin mot de toute cette histoire, c'est qu'il peut très bien n'y avoir qu'une vague corrélation, voire aucune, entre votre façon de voir les autres et la manière dont eux vous perçoivent. Voilà pourquoi l'écoute empathique est aussi essentielle. Peu importe que vous traversiez un conflit avec un membre de votre famille ou un ami, que vous ayez un problème professionnel avec votre patron ou un client, dès l'instant où vous avez une connaissance précise de ce que l'autre pense et ressent.

Comment réussir à développer une bonne écoute empathique ? Définissons d'abord l'empathie. Je dirai que je fais preuve d'empathie si :

1. Je comprends ce que vous pensez de façon si précise que vous pourrez déclarer : « Vous avez raison, c'est exactement ce que je pense. » C'est ce que j'appelle l'empathie verbale.

2. Je comprends aussi ce que vous ressentez, en sorte que vous pourrez affirmer : « Oui, c'est exactement ce que j'éprouve. » C'est ce que j'appelle l'empathie pour le ressenti.

3. Je transmets ma compréhension par la bienveillance et le respect. Vous ne vous sentirez ni honteux ni critiqué.

L'empathie verbale

Examinons plus en détail ces trois aspects de l'empathie. L'empathie verbale signifie que vous répétez ce que vous a dit l'autre. Il verra ainsi que vous avez bien compris le message. Vous vous concentrerez sur ce qu'il dit, et de ce fait résumez son message de façon précise, presque comme un greffier qui écoute attentivement et enregistre chaque mot.

L'empathie verbale peut sembler simple, mais elle est parfois difficile à maîtriser, surtout pendant une dispute. Lorsque nous sommes soumis à une attaque, nous ressentons le plus souvent de la panique ou de l'inquiétude. Nous avons tendance à nous concentrer sur ce que nous allons répondre pour nous défendre. Mais en agissant ainsi, nous courons le risque de perdre le fil de ce que l'autre dit. Nous finissons par répondre complètement hors de propos. Cela contrarie l'autre parce qu'il se rend compte que vous ne l'avez pas écouté.

Si, à l'inverse, vous répétez fidèlement ce que l'autre a déclaré, il comprend que vous avez écouté et saisi le message. L'empathie verbale réduit habituellement la tension, surtout si le ton de votre voix est respectueux. Pour résumer, lorsque vous vous concentrerez sur ce que dit l'autre et que vous le répétez à voix haute, vous gagnez du temps pour préparer ce que vous ajouterez.

Utiliser avec dextérité l'empathie verbale signifie que vous cessez de vous concentrer sur ce que vous pensez et ressentez pour vous fixer sur ce que dit l'autre. Vous pouvez donc considérer l'empathie verbale comme une technique de communication centrée sur l'autre, en opposition avec l'approche centrée sur soi sur laquelle beaucoup semblent s'appuyer.

Les expressions suivantes vont vous donner un aperçu de réponses possibles en utilisant l'empathie verbale :

- « Ce que tu sembles vouloir dire, c'est... »
- « Dis-moi si je ne me trompe pas. Tu viens de dire que... »
- « Si je te comprends bien, tu penses que... »
- « Voyons si je te comprends bien, tu viens d'énoncer trois points qui m'ont semblé importants. D'abord, tu as expliqué que... Ensuite, tu as exprimé un souci au sujet de... Enfin, tu as parlé de ce que tu ressentais au sujet de... Est-ce bien exact ? »

À vous d'utiliser ce qui vous convient le mieux. Souvenez-vous de paraphraser les paroles de l'autre de façon respectueuse, avec souplesse. Notez que dans le dernier exemple j'ai terminé par une question : « Est-ce bien exact ? » Cela permet à l'autre de vous dire si vous avez correctement compris ses propos.

Voici un exemple : vous vous disputiez avec votre amie Caroline parce que vous pensez que son petit ami ne lui convient pas mais qu'elle ne veut rien entendre car elle est folle de lui. Tout à coup, elle lance :

« Tu te trompes complètement sur Lance. D'abord, il m'aime vraiment et je sais qu'il ne verrait pas une autre fille en cachette. Il ne me tromperait jamais. Ensuite, lorsqu'il a été arrêté hier pour vol à l'étalage, je sais que c'était une grosse erreur. Le service de sécurité du magasin pensait qu'il s'agissait de quelqu'un d'autre. Lance est la personne la plus honnête que je connaisse. »

Si vous utilisez l'empathie verbale, vous pouvez répondre :

« Caroline, il semble que je me sois trompée sur Lance et je me sens très bête parce que je t'ai dit des choses désagréables. Tu m'assures que Lance t'aime vraiment et qu'il ne te tromperait jamais. Tu es convaincue qu'il n'a pas réellement commis ce vol à l'étalage et qu'il est profondément honnête. C'est bien ça ? »

L'empathie verbale est relativement facile à apprendre parce que tout ce que vous avez à faire, c'est répéter de façon respectueuse ce que l'autre personne a déclaré. Vous n'avez pas besoin d'être d'accord avec ses propos, et vous n'allez surtout pas discuter ni insister sur le fait qu'elle se trompe. La sincérité est essentielle. Mais si vous vous contentez de restituer mot pour mot ce que l'autre personne a dit, vous aurez l'air d'un perroquet. Voilà le genre de problème auquel je pense :

LA FEMME : Tu me casses les pieds !
LE MARI *(qui vient juste d'apprendre l'empathie verbale)* : Tu es bien en train de me dire que je te casse les pieds ?

LA FEMME : À quel jeu joues-tu ? Tu parles comme un perroquet !

LE MARI : Apparemment, tu me traites de perroquet et tu te demandes ce que je fais.

LA FEMME : Pour dire les choses clairement, arrête de répéter tout ce que je dis ! Ça me rend folle !

LE MARI : Si je te comprends bien, tu me demandes d'arrêter de répéter ce que tu dis parce que ça te rend folle ?

Ce type agit de façon complètement mécanique. Il utilise l'empathie verbale pour construire un mur. Il n'écoute pas, il ne fait que détourner ce que dit sa femme et c'est très agaçant. Voici une réponse plus efficace :

LA FEMME : Tu me casses les pieds !

LE MARI : Eh bien, je vois que tu es tout à fait furieuse contre moi ! Je me sens mal parce que je ne suis pas sûr de savoir ce que j'ai fait ou dit qui t'a déplu. Tu peux m'en dire plus sur ce que tu ressens ?

Ce mari exprime ses sentiments en même temps qu'il fait preuve d'empathie vis-à-vis de sa femme. Lorsqu'il dit : « Eh bien », il manifeste une surprise réelle. Il avoue aussi qu'il se sent mal et qu'il n'est pas très sûr de savoir ce qui s'est passé. Cela le rend d'autant plus humain et vulnérable. Il ne ressemble plus du tout à un perroquet parce qu'il répond avec son cœur et demande des détails. À la fin, il pose une question ouverte. Cela prouve qu'il est préoccupé et prêt à écouter. Lorsque vous faites preuve d'empathie, un esprit curieux, une attitude souple, affectueuse et compatissante sont les clés de votre réussite.

174

L'empathie pour le ressenti

L'empathie verbale est extrêmement utile, mais elle ne suffit pas, en général. Vous devrez aussi utiliser l'empathie pour le ressenti et reconnaître les sentiments de l'autre. Pendant une dispute, cet autre sera sans doute contrarié. Il se sentira blessé, insulté, frustré ou encore très mécontent à votre encontre. Si vous ne reconnaissez pas ses sentiments, ils iront en s'intensifiant et deviendront peut-être incontrôlables. Tout simplement parce que l'autre veut que vous voyiez également ses émotions. Nous le voulons tous. Lorsque les gens s'aperçoivent que vous prenez en compte leurs sentiments, ils n'ont pas tendance à se mettre sur la défensive ou à exprimer leurs seuls sentiments. Ils sont aussi plus réceptifs et désireux d'écouter ce que vous ressentez.

L'empathie pour le ressenti signifie que vous reconnaissez ce que ressent probablement l'autre, en fonction de ce qu'il vient de vous dire. Comment faire ? Lorsque vous paraphrasez ce que l'autre a dit, demandez-vous : « Comment peut-il bien se sentir par rapport à ce qu'il pense de la situation ? » Par exemple, si quelqu'un vous lance que vous êtes un pauvre type, il ne faut pas être sorti d'une grande école pour en déduire qu'il est contrarié. Et si votre meilleure amie vous annonce que l'on vient de diagnostiquer une leucémie chez son frère, elle est sans nul doute sous le choc, elle se sent triste, ou même morte de peur et écrasée de chagrin.

Si vous recourez à l'empathie pour le ressenti, vous lui répondrez par exemple : « Yolanda, étant donné ce que tu viens de m'apprendre, j'imagine que tu dois te sentir X, Y, Z... Je me trompe ? » X, Y, Z correspondent aux mots des sentiments qui figurent sur la liste de la page 121. Si vous terminez par une question, cela donne à l'autre l'occasion de corriger une éventuelle erreur de votre part et de vous en dire plus sur ce qu'il éprouve.

Admettons que vous m'ayez déclaré : « Docteur Burns, mon père est furieux contre moi chaque fois que j'essaie de lui parler. Il se montre très critique. Rien de ce que je fais ne convient jamais. » Voilà ce que je pourrais répondre, en utilisant l'empathie verbale et pour le ressenti :

> « Ça me fait beaucoup de peine d'entendre ça. Ce doit être horrible que votre père se montre critique lorsque vous tentez de lui parler. Cela peut avoir un effet dévastateur, quand quelqu'un que vous aimez vous critique et que vous avez l'impression d'être incapable de faire quelque chose de bien à ses yeux. Vous devez vous sentir blessé ou dénigré. Ou encore furieux ou effrayé. Parlez-moi de ce que vous éprouvez quand il s'en prend à vous. »

Notez que j'ai répété ce que vous m'avez dit (empathie verbale), exprimé ce que vous pouviez ressentir (empathie pour le ressenti) et terminé par une question. C'est important de conclure ainsi : l'autre se sent incité à s'exprimer et à vous en révéler davantage sur le problème qui le préoccupe. En résumé, il peut vous dire si vous êtes sur la bonne piste. Vous découvrirez souvent que votre perception de ce que pense ou ressent la personne en face de vous est un peu hors sujet.

Lorsque vous utilisez l'empathie pour le ressenti, essayez de vous mettre à la place de l'autre et réfléchissez aux sentiments qu'il doit éprouver. Imaginons que Janine, votre fille de douze ans, veuille rester jusqu'à une heure du matin à une soirée avec ses amis un samedi soir. Vous lui dites qu'elle ne peut pas rester si tard. Soudain, elle éclate : « Tous mes amis peuvent sortir jusqu'à une heure. Ça n'a rien d'extraordinaire. Tu te moques bien de moi ! Tout ce que tu veux, c'est me commander. »

À votre avis, que ressent Janine, d'après ses propos ? Reportez-vous à la liste des sentiments page 121 et choisissez-en au moins trois ou quatre avant de continuer votre lecture.

Janine paraît très en colère, frustrée et vexée. Elle est sûrement triste et déçue. Mais peut-être aussi gênée et humiliée parce qu'elle devra quitter la soirée avant ses amis. Peut-être a-t-elle peur que ses amis la rejettent parce qu'elle doit rentrer plus tôt chez elle.

Maintenant, jouez le rôle de la mère de Janine. Qu'allez-vous lui répondre ? Notez-le sur une feuille à part. Recourez à l'empathie verbale et pour le ressenti, paraphrasez ce que Janine vient de vous déclarer, dites que vous avez noté ce qu'elle doit ressentir et assurez-vous d'avoir bien compris.

Étape 5. *La réponse corrigée*

Voici une approche possible :

« Janine, je vois bien que tu es bouleversée et je me sens mal parce que je déteste te décevoir. J'aimerais vraiment te laisser rester plus tard, mais je me sens très inquiète après cet horrible accident de voiture de l'autre jour. Il était dû à l'alcool et des gamins de ton collège ont été blessés. Je ne me le pardonnerais pas si quelque chose t'arrivait. En même temps, si tous tes amis peuvent rester jusqu'à une heure, ça semble injuste que tu ne puisses pas le faire. Dis-moi ce que tu en penses, toi. Je ne serais pas du tout surprise que tu te sentes frustrée et furieuse contre moi. »

Dans cette réponse, vous vous mettez à la place de Janine, et vous lui signifiez que vous avez compris ce qu'elle éprouve. Vous reconnaissez qu'il y a une part de vérité dans ses propos et vous l'encouragez à parler davantage. En résumé, vous faites part de vos propres sentiments de façon affectueuse. Cette réponse facilitera sans doute les choses pour Janine, elle lui permettra de s'exprimer afin que vous ayez un dialogue significatif sans vous engager dans une lutte de pouvoir. Cela ne signifie pas que vous devrez céder à ses exigences. En fin de compte, vous ne reviendrez pas sur cette décision mais la pilule passera beaucoup plus facilement si vous écoutez attentivement votre fille et parlez avec elle du problème de façon bienveillante.

Gardez bien à l'esprit que tout cela n'est pas une science exacte. Il n'y a aucun moyen de savoir précisément ce que pensent ou ressentent les gens, sinon en le leur demandant. C'est la raison pour laquelle vous chercherez presque toujours à combiner l'empathie verbale et pour le ressenti avec l'interrogation, le troisième savoir-faire de l'écoute, en page 145. Lorsque vous vous servez de l'interrogation, vous demandez à l'autre personne si vous ne vous trompez pas ou si elle peut vous en dire plus sur ce qu'elle pense et ressent. En fait, j'ai utilisé l'interrogation dans presque tous les exemples de ce chapitre. Nous en reparlerons dans le prochain.

Il est également important de ne pas oublier que lorsque vous utiliserez l'empathie pour le ressenti, les mots que vous choisirez doivent toujours être influencés par le contexte. Si votre femme est vexée parce que vous avez oublié votre anniversaire de mariage, reconnaissez qu'elle se sent probablement blessée et furieuse. Mais si votre patron critique vos résultats, vous n'allez sûrement pas lui répondre : « Vous semblez blessé et en colère. » Votre patron penserait que vous êtes fou. Vous vous servirez de mots plus appropriés au contexte professionnel.

Supposons que vous ayez travaillé comme un forcené sur une offre, mais sans être certain de la direction à prendre. Après relecture, votre patron vous dit que ce n'est pas opérationnel. Vous pouvez lui répondre :

> « Je suis désolé que cette offre ne vous convienne pas, mais je n'en suis pas surpris. Pendant que je la rédigeais, j'avais le sentiment que quelque chose n'allait pas. Si vous pouvez me préciser les problèmes qu'elle vous pose, je serai ravi de la revoir pour l'améliorer. »

Cette réponse est tout à fait adaptée à un contexte professionnel. Vous prenez note de la déception de votre patron. Vous utilisez la technique du désarmement en même temps que l'empathie verbale et pour le ressenti, et vous demandez des informations complémentaires. Votre patron sera sans doute satisfait, parce que vous lui aurez donné le sentiment de faire partie de l'équipe et que vous respectez ses compétences.

Vous vous souvenez de Harriet, cette femme qui était convaincue que son mari ne pouvait supporter les sentiments négatifs ? Lorsque Jerry disait : « Je me sens blessé et condamné lorsque tu me juges », Harriet lui répondait : « J'ai l'impression que chaque fois que je ne suis pas d'accord avec toi ou que je dis quelque chose de négatif, tu es vexé. J'ai l'impression de devoir toujours être très prudente lorsque j'ai quelque chose à exprimer, et quelquefois que je dois me taire simplement pour avoir la paix. Mais je ne veux pas d'une paix fictive. »

Cette réponse de Harriet n'était pas efficace parce qu'elle semblait moralisatrice. Qui plus est, Jerry avait simplement essayé d'exprimer ses sentiments et Harriet le punissait. En résumé, elle n'avait pas réussi à formuler ce qu'elle éprouvait – c'était exactement ce qu'elle reprochait à Jerry, mais elle n'en avait pas du tout conscience.

Mettez-vous à la place de Harriet, et voyez si vous parvenez à suggérer une réponse plus efficace à Jerry en utilisant l'empathie verbale et pour le ressenti. Demandez-vous comment Jerry peut se sentir, à partir de ce qu'il a déclaré : « Je me sens blessé et condamné lorsque tu me juges », et, après avoir relu la liste des sentiments page 121, notez votre proposition sur une feuille à part avant de poursuivre votre lecture.

Étape 5. Réponse corrigée

Voici une approche possible :

« Jerry, je suis très mal parce que je pense que je me suis montrée trop catégorique. Je ne suis pas surprise du tout que tu te sentes frustré et agacé contre moi. Il me semble parfois que nous marchons sur des œufs lorsque nous discutons ensemble, et je finis aussi par me sentir bloquée, seule et frustrée. Cela m'ennuie beaucoup parce que je t'aime profondément. Tu peux m'en dire plus sur la façon dont je me suis comportée envers toi et sur ce que tu éprouves ? »

Harriet reconnaît ainsi les sentiments de son mari, elle lui fait part des siens et l'invite à s'exprimer davantage. Cela leur permet de communiquer plus profondément sur le plan émotionnel, au lieu de constamment se chamailler pour savoir qui a raison et qui a tort ou qui est responsable du problème.

Écouter et aider

Lorsque vous recourez à l'empathie verbale et pour le ressenti, n'oubliez pas que votre objectif n'est pas d'« aider » l'autre ou de résoudre le problème qui le trouble. Il s'agit pour vous de montrer que vous voulez réellement comprendre ce qu'il ressent. La plupart du temps, un peu de bienveillance suffit à répondre à son attente. Il y a un temps pour résoudre les conflits mais ce n'est certainement pas le moment où l'autre se sent bouleversé. Une écoute intelligente est d'abord nécessaire, et elle requiert de la discipline et de la détermination. Lors d'une récente conférence à laquelle j'ai participé, j'ai fait l'énorme bêtise d'« aider » plutôt que d'écouter et cela s'est révélé plutôt gênant. Après la sortie de mon livre *When Panic Attacks* (Lorsque la panique s'en mêle), j'ai eu l'opportunité d'exposer mes travaux et de signer des autographes dans une librairie de quartier. Au moment des questions/réponses, une femme au premier rang a levé la main tout excitée. J'attendais une question sur l'anxiété parce que c'était le thème de la discussion ce jour-là, mais son intervention a été toute différente. Elle m'a lancé : « Docteur Burns, ma fille ne m'écoute jamais. J'essaie de lui dire ce qu'elle doit faire, mais elle n'écoute pas du tout. Pourquoi est-elle si têtue ? Comment est-ce que je peux la faire écouter quand je sais que j'ai raison ? J'ai tout essayé, mais je n'y arrive pas ! » Elle semblait furieuse. À l'évidence, elle était plongée dans une intense lutte de pouvoir avec sa fille.

Je lui ai répondu que parfois, lorsque nous tentons d'obliger quelqu'un à faire quelque chose, cela se retourne contre nous. La solution est en fait souvent l'inverse : il faut apprendre à faire preuve d'empathie pour pouvoir réellement écouter et comprendre l'autre. Cela signifie s'efforcer de se mettre à sa place au lieu de chercher à le contrôler ou de le forcer à nous écouter.

La femme a pris une attitude de défi et rétorqué : « Docteur, vous n'avez rien compris. Je sais parfaitement bien écouter, mais ça ne marche pas du tout avec ma fille. Qu'est-ce que je peux faire ? Rien ne marche avec elle. » Je déteste avoir à le reconnaître, mais j'ai eu envie de lui répliquer : « À la vérité, vous tentez plutôt de contrôler votre fille et votre capacité d'écoute n'est pas bonne du tout. En fait, vous ne m'écoutez pas moi-même. » Heureusement, je me suis retenu.

Cette femme était convaincue qu'elle savait parfaitement écouter, même si ça ne paraissait pas être le cas, et j'avais commis la même erreur en lui disant ce qu'elle devait faire, au lieu de reconnaître la frustration et le chagrin que lui causait le conflit avec sa fille.

Tout ce qu'il lui fallait à ce moment-là, c'était un peu de compréhension, quelqu'un qui soit d'accord avec elle. Elle avait besoin de se laisser aller, et elle n'était pas prête à se remettre en question dans ce conflit avec sa fille, encore moins à tenter une nouvelle approche, radicalement différente.

Lorsque je me penche sur mes relations avec les gens, sur les problèmes dont me parlent mes étudiants et mes patients, je suis toujours surpris par la séduction que ces relations pièges peuvent cacher. Elles ont l'air de se propager comme un virus et nous nous retrouvons tous infectés. Cette femme était contrariée parce que sa fille ne l'écoutait pas, mais elle n'écoutait pas sa fille non plus. J'étais contrarié qu'elle ne m'écoute pas, mais je ne l'écoutais pas non plus.

Bien que ce chapitre soit consacré aux techniques pratiques de communication, nous abordons en fait là un thème spirituel. L'empathie est étroitement liée aux concepts de compassion et de consentement. Cela implique de sortir de notre propre esprit, de notre ego, pour nous efforcer de comprendre les pensées, les sentiments et la souffrance de l'autre. La bonté, l'humilité, la considération et (si j'ose dire) l'amour lui-même en même temps qu'un désir ardent de voir et de comprendre le point de vue de nos semblables sont essentiels à l'empathie.

C'est difficile d'être totalement réceptif et compatissant. Vous devez renoncer à votre propre programme et oublier votre moi pour vous consacrer aux pensées, aux sentiments et aux valeurs de l'autre. Vous devez le faire dans un esprit d'acceptation et de respect, plutôt que de jugement ou de condamnation.

Je pense souvent que l'empathie est en fait la technique zéro : au lieu de mettre en avant vos propres pensées, vos besoins et vos sentiments, vous vous concentrez sur l'autre. Vous devenez complètement réceptif, donc en fait vous ne lui donnez rien. Vous devenez un zéro. Mais, paradoxalement, ce que vous apportez à cet autre n'a pas de prix.

15

Ai-je eu raison ?

Dans le chapitre précédent, nous avons parlé de l'importance vitale de l'empathie. Une compréhension précise de ce que l'autre pense et ressent est tout aussi importante dans le domaine personnel que professionnel, y compris dans la vente. La plus grosse erreur que la plupart d'entre nous faisons consiste à promouvoir nos propres idées et à mettre en avant nos programmes sans réellement écouter l'autre. Cette stratégie est vouée à l'échec parce que cet autre va se refermer sur lui-même.

Mais comment faire pour obtenir une compréhension appropriée ? Posez-vous la question. Je vous ai signalé, à la fin du dernier chapitre, que j'avais terminé par une interrogation presque chaque exemple de l'empathie verbale et pour le ressenti. C'est la technique du questionnement, l'une des plus utiles qui soient et sans doute la plus facile à maîtriser, bien que nous commettions tous quelques erreurs lorsque nous commençons son apprentissage. Lorsque vous posez des questions, cela doit vous servir à savoir ce que l'autre pense et ressent. Votre objectif est d'ouvrir cet autre comme vous ouvririez un livre. Dans le chapitre précédent, nous avons évoqué le fait que vous ne pou-vez jamais être sûr de comprendre ce que votre inter-locuteur pense et ressent. Le questionnement lui offre la possibilité de vous en parler et révèle votre intérêt pour ses émotions.

Le questionnement va de pair avec l'empathie. Lorsque vous faites preuve de cette dernière, vous essayez de saisir exactement les émotions de l'autre. En utilisant cette méthode, vous l'invitez à vous en dire plus sur ce qui lui arrive. Vous faites preuve de curiosité, d'envie d'apprendre comment il perçoit la situation. Vous lui donnez aussi la chance de vous indiquer si vous avez vu juste et si vous êtes à son écoute.

Vous pouvez utiliser le questionnement de diffé-rentes manières. D'abord, en demandant davantage de détails, comme par exemple :

- « Tu peux m'en dire plus ? Ce que tu viens de dire m'intéresse vraiment… »
- « Comment perçois-tu la situation ? »
- « J'aimerais savoir ce que tu as ressenti quand… »
- « Raconte-moi ce qui s'est passé et ce que tu as éprouvé. »

Ensuite, vous pouvez demander si vos percep-tions sont exactes :

- « J'ai l'impression que tu te sens seul et vexé, peut-être même un peu furieux contre moi. J'ai raison, non ? »
- « Tu as l'air vraiment découragé et accablé. C'est exact ? »

Enfin, vous pouvez utiliser des questions ouvertes pour inciter l'autre à s'exprimer davantage :

- « Je voudrais en savoir plus sur cela. »
- « Ce que tu dis semble important. Tu peux me parler davantage de ce que tu ressens ? »

Pour terminer, vous pouvez vous servir de questions ouvertes pour une séance de brainstorming et résoudre le problème :

- « Quelles sont tes idées sur le sujet ? »
- « Est-ce que tu as pensé à la façon dont nous pourrions approcher ce problème différemment ? »
- « Qu'est-ce qui serait utile, d'après toi ? »

Le questionnement sera très efficace si vous posez les questions de façon amicale et sans envie de créer une confrontation. Une question peut sembler sarcastique ou respectueuse, tout dépend de votre attitude et du ton de votre voix quand vous la posez. L'autre doit sentir que vous êtes sincèrement intéressé par ses sentiments et son point de vue. Une curiosité exprimée de façon détendue le mettra à l'aise. Si vous donnez l'impression d'être exigeant, blessant ou sur la défensive, en revanche, il ne sera pas très enclin à vous parler. De même, si vous croisez les bras en une attitude de défi et que vous ayez la mine renfrognée, l'autre le remarquera et se sentira rejeté.

Dans le chapitre 11, vous avez lu l'histoire de Barry, qui était convaincu que son compagnon Richard voulait avoir le contrôle sur tout. Alors qu'il garait leur voiture lors d'une sortie au cinéma, Richard lui avait lancé : « Pourquoi ne t'es-tu pas mis là-bas au lieu de faire le tour du parking trois fois ? » Barry avait répondu : « Je voulais trouver une bonne place. » La querelle avait continué parce que Barry n'accordait aucune attention aux sentiments de Richard ou n'exprimait pas les siens. Qu'aurait-il pu dire ?

Voici ce que Barry et moi avons trouvé :

« Tu as raison, Richard. J'aurais pu garer la voiture là-bas et nous aurions gagné du temps. En même temps, je me sens un peu critiqué parce que le ton de ta voix sonne dur. Tu as l'air agacé contre moi. Nous pouvons en parler ? »

Avec cette réponse, Barry accepte la critique de Richard tout en mettant au jour, de façon directe mais amicale, l'hostilité cachée. Il demande à Richard s'il est fâché et il exprime ses propres sentiments de façon respectueuse. C'est un exemple de questionnement intelligent.

Au début, ce type de communication directe peut se révéler inconfortable parce que Richard et Barry sont habitués à éviter le conflit. Mais s'ils commencent à parler plus ouvertement de leurs sentiments, ils parviendront pour la première fois depuis des années à une relation plus intime.

Vouloir résoudre le problème trop vite

Une des erreurs très courantes commises lors du questionnement consiste à demander à la personne qui est vexée comment résoudre le problème. Résoudre le problème est efficace dans le milieu professionnel, mais ne fonctionne pas forcément lorsque vous parlez à un ami ou à un membre de votre famille qui se sent mal. La plupart du temps, l'autre a simplement besoin de se décharger de trop de tension accumulée. Si vous sautez sur l'occasion et offrez votre aide pour résoudre son problème, il se sentira probablement contrarié. Vouloir résoudre trop tôt un conflit empêche la personne face à vous d'exprimer ses sentiments, par exemple la blessure ou la colère. C'est aussi faire preuve de condescendance, parce que cela la met dans une position inférieure comme si elle avait un problème et que vous soyez le seul à pouvoir le régler pour elle.

N'en déduisez pas que vouloir résoudre un problème est toujours une erreur, mais que le moment choisi pour le faire est important. Il ne faut pas sauter tout de suite sur l'occasion et tenter de régler ce problème avant que la personne ait eu la chance de se relâcher. Si les tensions sont extrêmes, vos efforts échoueront parce que votre interlocuteur a besoin d'exprimer ce qu'il ressent. Toutefois, si vous écoutez, et si vous confirmez ce qu'il dit et que vous l'encouragiez à poursuivre, il ne sera pas réellement nécessaire de solutionner le « vrai » problème. Le problème réel vient souvent du fait que c'est vous qui n'écoutiez pas.

Dean, un ébéniste, m'a déclaré au cours d'une de nos séances : « Docteur, ma femme a l'impression que vous ne m'aidez pas. Elle pense que je ne progresse pas vraiment. »

Supposons que je lui aie répondu : « Dean, que puis-je faire selon vous qui vous soit plus utile ? » Ce n'est pas du tout un exemple bien maîtrisé du questionnement ; voyez-vous pourquoi ?

Cette réponse ne sera pas efficace pour plusieurs raisons. D'abord, Dean n'a sans doute aucune idée de ce qui lui serait plus utile. Après tout, il vient me voir pour que je l'aide et je suis supposé être l'expert. Ensuite, je ne lui ai pas demandé ce qu'il ressentait ou ce que sa femme ressentait. Peut-être est-il convaincu de faire d'excellents progrès, mais que sa femme est frustrée et fâchée contre lui. Ou alors, il pense que la thérapie ne se passe pas très bien mais il a peur de me blesser, et me raconte donc que sa femme n'est pas satisfaite du traitement. En résumé, je ne lui ai pas demandé quels étaient les problèmes dont sa femme se plaignait. Que veut-elle dire lorsqu'elle affirme qu'il ne fait pas de progrès ? Est-ce qu'il se bat avec une piètre estime de soi ? Un problème d'alcool ? Un problème de couple ? Peut-être faudrait-il se concentrer sur une chose en particulier.

Mettez-vous à ma place et voyez si vous réussissez à trouver une réponse plus efficace. Notez-la sur une feuille avant de reprendre votre lecture. Recourez à n'importe laquelle des techniques de communication dont nous avons parlé, par exemple celle du désarmement, ou l'empathie verbale et pour le ressenti. Mais assurez-vous de bien utiliser le questionnement.

Étape 5. Réponse corrigée

Voici une réponse qui pourrait être efficace :

« Dean, je suis surpris de vous entendre dire cela, parce que je pensais que nous accomplissions d'excellents progrès. Mais j'interprète peut-être mal la situation, et je suis vraiment content que vous m'ayez dit ce que ressent votre femme. Vous pouvez me préciser ses paroles et me parler de vos propres émotions ? Si nous nous sommes trompés de direction, cela nous aidera peut-être à repartir du bon pied. »

Cette formulation fait preuve de respect, et recadre le problème comme étant une chance d'échanger et de faire avancer la thérapie.

Les trois techniques que vous avez apprises – le désarmement, l'empathie verbale et pour le ressenti, le questionnement – favoriseront une meilleure écoute de votre part. Cependant, une bonne communication requiert davantage que de bonnes capacités d'écoute. Ce que pense et ressent l'autre est à l'évidence important, mais ce que vous pensez et ressentez aussi. Si vous voulez que les autres écoutent et respectent votre point de vue, vous devrez combiner à la fois la capacité d'écoute (empathie) et l'expression efficace (confiance en soi) en acceptant les autres et en les considérant avec bienveillance (respect). Si l'une de ces trois composantes manque, vos efforts ne serviront probablement à rien. Maintenant, je vais vous montrer comment vous exprimer de façon qu'on vous écoute.

16

« Je ressens »

Nous avons déjà évoqué l'idée que, pour faire preuve d'une écoute intelligente, il faut savoir s'exprimer soi-même avec naturel. Toutefois, vous ne pouvez pas vous contenter de bombarder l'autre de vos propres avis et attendre les résultats. C'est l'erreur à laquelle conduit la confiance en soi : se concentrer exclusivement sur l'affirmation de ses propres volontés, de ses besoins et de ses sentiments d'une façon égocentrique. La confiance en soi semble merveilleuse sur le papier, mais ça ne fonctionne pas toujours. Vous l'avez sans doute noté, il arrive souvent, lorsque vous essayez d'exprimer vos sentiments ou votre point de vue, que la personne en face de vous n'écoute pas ce que vous lui dites. Par exemple, votre femme se mettra sur la défensive et insistera sur le fait que vous ignorez ce dont vous parlez.

Comment pouvez-vous exprimer vos sentiments de façon que les autres vous écoutent ? Les affirmations du style « Je ressens » se révèlent souvent très utiles. Si vous relisez les cinq secrets d'une communication efficace en page 145, vous verrez que, lorsque vous recourez à des affirmations de ce genre, vous exprimez vos réflexions et vos sentiments de façon naturelle et directe en vous servant de mots qui décrivent clairement vos émotions. Par exemple, vous pouvez dire : « Je me sens frustré » ou bien : « Je suis vexé. » C'est tout à fait différent de : « Tu as tort » ou : « Tu m'énerves » – ce que l'on appelle les affirmations « tu ». Elles introduisent le reproche, et votre interlocuteur se met alors sur la défensive. En revanche, lorsque vous usez des affirmations « Je ressens », vous informez simplement votre interlocuteur de vos pensées et de vos sentiments et vous en conservez la maîtrise.

Je n'aime pas réduire les choses à de simples formules parce que les expressions convenues ne paraissent pas authentiques. Cependant, une formule vous orientera dans la bonne direction, tant que vous ne l'appliquez pas trop littéralement ou trop mécaniquement : « Je ressens » est similaire à l'approche que j'ai décrite pour l'empathie pour le ressenti, sauf que cette fois vous parlez de vos propres sentiments. Vous pouvez dire : « Je ressens X, Y ou Z » qui font référence aux mots des sentiments page 121. Voici quelques exemples :

- « Je suis vexé » ;
- « Je me sens blessé et critiqué » ;
- « Je me sens triste et inquiet d'entendre cela » ;
- « Je me sens vraiment seul » ;
- « Je suis frustré » ;
- « Je suis gêné, mais je dois admettre que tu as raison » ;
- « Pour te dire la vérité, je suis vraiment embêté. »

Vous le constatez, ces affirmations sont très directes, mais elles deviennent parfois délicates à utiliser dans

des situations réelles. Supposez qu'un ami vous lance :
« Tu es vraiment têtu ! Il faut toujours que tu aies raison ! » Parmi les réponses suivantes, laquelle de ces affirmations exprime ce que vous ressentez ?

- « J'ai le sentiment que tu agis comme un idiot » ;
- « J'ai le sentiment que tu te trompes. Je ne suis pas têtu et je ne cherche pas à avoir toujours raison » ;
- « J'ai le sentiment que tu me juges » ;
- « J'ai le sentiment que tu me rends fou » ;
- « Je me sens un peu mal à l'aise. »

Réfléchissez-y un moment avant de reprendre votre lecture.

Les quatre premières réponses devraient pouvoir vous permettre d'exprimer ce que vous ressentez, étant donné qu'elles commencent par « J'ai le sentiment ». Mais ce sont en fait des affirmations qui s'adressent au « tu » : elles font toutes référence à des descriptions peu flatteuses du comportement de l'autre plutôt qu'à ce que vous éprouvez. Dans la première réponse, vous qualifiez l'autre d'idiot. La deuxième est une contre-attaque défensive. Dans la troisième, vous accusez l'autre de vous juger. La quatrième ressemble à une accusation qui le mettra sur la défensive. La dernière réponse, elle : « Je me sens un peu mal à l'aise », est en revanche une affirmation « Je ressens », parce que vous exprimez vos sentiments de façon ouverte sans attaquer l'autre.

Évidemment, lorsque quelqu'un vous critique, vous devez dépasser le simple « J'ai le sentiment », sinon votre réponse tombera à plat. La technique du désarmement, l'empathie verbale et pour le ressenti, et le questionnement vous seront précieux.

En utilisant le « Je ressens », souvenez-vous que vos sentiments sont susceptibles d'apparaître aux autres comme menaçants ou pénibles, et de les inciter à se mettre sur la défensive. Cette réaction est un bon indicateur pour vous montrer que vous êtes allé trop loin, ou que la personne se sent vulnérable et fragile et qu'elle n'est pas prête à écouter. Auquel cas il vous faudra changer très vite de registre. Vous n'essaierez pas d'exprimer vos sentiments, vous vous servirez plutôt des trois techniques de l'écoute (la technique du désarmement, l'empathie verbale et pour le ressenti et le questionnement). Quand l'autre se sera détendu et recommencera à vous faire confiance, vous pourrez tenter de nouveau d'exprimer vos sentiments de façon progressive.

Je m'efforce toujours d'adoucir mes « Je ressens », surtout si l'autre semble troublé. La gentillesse, dont nous parlerons en détail dans le chapitre suivant, est le sucre qui fait passer la pilule. Elle revient à porter un regard positif sur la personne avec laquelle vous êtes fâché. Par exemple, vous direz : « Je désire fortement mettre les choses à plat parce que je vous apprécie énormément et que votre amitié signifie beaucoup pour moi. » Il peut en effet être utile de faire preuve d'humilité, s'il y a de la tension dans l'air.

Vous vous souvenez de Jed et de Marjorie ? Lorsque Jed était rentré chez lui le soir, sa femme lui avait lancé : « J'ai l'impression de devenir folle. Tu t'es remis à boire en sortant du bureau. Tu as choisi l'alcool. Tu vas probablement rester assis sur le canapé toute la nuit, complètement hébété, et zapper avec les chaînes de télé. Et puis tu sens mauvais, j'en ai ras le bol. » Jed avait répondu : « Je pourrais bien me saouler. Tu es aussi chaleureuse et câline qu'un glaçon. Rien ne te branche. »

Jed était blessé, mais il attaquait sa femme au lieu de lui faire part de ses sentiments. Cherchez une réponse plus efficace en utilisant n'importe lequel des cinq secrets d'une communication efficace (page 145), mais en y ajoutant au moins un « Je ressens ». Notez votre réponse sur une feuille avant de continuer votre lecture.

Étape 5. Réponse corrigée

Jed pourrait dire :

> « C'est vrai, j'ai trop bu en sortant du bureau, et tu as tout à fait raison d'être furieuse. Je me suis senti frustré et rejeté, et je t'ai évitée au lieu de te parler. J'ai le sentiment que nous nous éloignons l'un de l'autre et cela me fait mal parce que je ne veux pas te perdre. Je me sens vraiment blessé et rejeté, mais tu pouvais éprouver les mêmes sentiments, alors est-ce qu'on peut en parler ? C'est dur pour moi, mais j'aimerais beaucoup savoir ce que tu éprouves. »

La réponse corrigée de Jed donnera à Marjorie l'opportunité d'échanger plus ouvertement et de parler de ses émotions. Vous trouvez peut-être cette réponse trop gentille, ou que ce n'est pas ainsi que les gens se parlent dans la vie quotidienne. Mais vous pouvez bien sûr l'adapter à vos besoins. Il y a mille et une manières d'exprimer ses sentiments. Lorsque vous arrivez à l'étape 5 du journal de bord des relations, corrigez vos réponses aussi souvent que vous le souhaitez jusqu'à ce qu'elles vous conviennent.

Apprendre à communiquer avec dextérité est tout un art. C'est comme l'apprentissage d'un instrument de musique, les cinq secrets d'une communication efficace étant comparables aux touches d'un piano. Tout le monde peut s'asseoir devant cet instrument et appuyer sur les touches, mais ça ne sonnera pas forcément très bien. Avec de la pratique et du travail, vos compétences s'amélioreront cependant et vous-même vous améliorerez.

La plupart des gens s'accordent sur le fait qu'il est important d'exprimer ses sentiments de façon naturelle et directe, mais beaucoup ont du mal à utiliser les « Je ressens » au cours de conflits. Pour plusieurs raisons : parce que le moment paraît mal venu pour le faire, par crainte d'avoir l'air niais, ou encore trop attaché à soi-même...

C'est une inquiétude légitime, et les commentaires que j'ai faits dans le chapitre consacré à l'empathie sont pertinents ici aussi. La façon dont vous exprimez vos sentiments variera selon la situation. Dans un contexte professionnel, recourir à des euphémismes pour formuler vos sentiments est préférable. Par exemple, si vous avez des difficultés avec un collègue, dites que vous vous sentez mal à l'aise ou gêné, plutôt que de vous déclarer blessé, ou d'avouer que vous avez du ressentiment ou que vous êtes fâché. À l'inverse, si vous parlez à votre femme, à votre fils, à votre fille, vous pouvez vous montrer plus ouvert et spontané.

Certaines personnes hésitent à utiliser le « Je ressens » parce qu'elles partent du principe que la télépathie est un don partagé par tout le monde. Beaucoup sont aussi fermement convaincus que si quelqu'un les aime réellement et tient à eux, il saura forcément ce qu'ils désirent et éprouvent sans qu'ils aient besoin de le lui dire. C'est très romantique, sans nul doute, mais cela donne également une bonne excuse pour ne pas dire aux autres ce que l'on pense et ressent.

J'ai soigné une femme, Mina, qui se plaignait de rencontrer des problèmes dans sa vie sexuelle. Elle m'avait expliqué que, depuis plus de vingt ans, elle était incapable d'atteindre un orgasme pendant ses rapports sexuels. Son mari, Abe, pensait qu'il en était responsable : il n'était pas très grand, n'avait jamais été très bon en sport à l'adolescence et ne devait pas être suffisamment viril pour exciter sa femme. Pour y remédier, il s'était mis au body-building avec beaucoup de détermination. Au fils des années, il avait acquis de la force et des muscles, et avait gagné un certain nombre de concours dans sa tranche d'âge et de poids.

J'ai demandé à Mina si cela l'avait aidée dans leur vie sexuelle. Elle m'a répondu qu'en fait le problème avait empiré. J'ai voulu savoir pourquoi elle avait tant de difficulté à profiter de sa vie sexuelle. Avait-elle été éduquée dans un contexte familial strict, avec une morale religieuse sévère ? Peut-être se sentait-elle coupable vis-à-vis du sexe ? Est-ce que l'attitude de son mari ne lui plaisait pas ? Mina a baissé les yeux et avoué avec hésitation que chaque fois qu'ils commençaient à faire l'amour Abe attrapait ses seins pour les pincer. Plus leur échange durait, plus c'était douloureux. Il était devenu tellement fort que c'était comme si ses seins étaient pris dans un étau.

Je lui ai déclaré que je comprenais parfaitement pourquoi elle avait un tel problème avec le sexe, en ajoutant que j'avais une solution à lui proposer. Elle a dressé l'oreille et m'a demandé de quoi il s'agissait.

« Avez-vous jamais pensé à en parler avec Abe ? ai-je répondu. Vous pourriez lui dire ce que vous aimez et ce que vous n'aimez pas dans les relations sexuelles, et que cela vous fait mal lorsqu'il pince vos seins. Vous pourriez également lui montrer comment vous aimez être touchée. Il apprendrait ainsi à être un meilleur amant, et vous profiteriez tous les deux de relations sexuelles beaucoup plus épanouies. »

Mina s'est écriée, indignée : « Je ne devrais pas avoir à le faire ! Après vingt ans de vie commune, il devrait bien avoir compris le message ! »

Ainsi, elle refusait d'exprimer à son mari ce qu'elle ressentait parce qu'il aurait dû le savoir et peut-être aussi par peur de se mettre en situation de vulnérabilité. Dans un monde parfait, nous n'aurions pas besoin de dire aux gens nos désirs et nos émotions : de par leur extrême sensibilité, ils le percevraient d'emblée. Mais souvenez-vous que les autres ne peuvent pas dire à notre place ce que nous pensons ou ce que nous éprouvons, quel que soit l'amour qu'ils nous portent. Alors, si la communication directe avec des « Je ressens » semble moins romantique que ce que l'on voit au cinéma, elle est bien plus efficace que d'attendre que les gens apprennent à lire en vous !

17

Les relations Je-cela contre le Je-tu

La gentillesse est le cinquième secret d'une communication efficace. Cela signifie que vous posez un regard positif sur l'autre, quel que soit votre état d'esprit. Vous avez déjà vu plusieurs exemples de cette technique. Nous parlons ici d'attention et de respect. Si vous souhaitez entretenir une meilleure relation avec quelqu'un, faire preuve de gentillesse est obligatoire : impossible de dénigrer quelqu'un et d'attendre de lui qu'il vous aime en retour, à l'évidence. Pourtant, beaucoup trouvent cela difficile à accepter. Nous avons tous envie d'amour et de respect, mais il arrive que nous ne voulions pas en donner, surtout lorsque nous sommes fâchés avec quelqu'un et que nous nous sentons blessés.

La technique qui consiste à témoigner de la gentillesse repose sur le travail du théologien Martin Buber, né au XXe siècle, qui distinguait deux types de relations humaines : le Je-cela et le Je-tu. Dans une relation Je-cela, vous considérez l'autre comme un objet, un « cela » à manipuler. Vous le traitez en ennemi et votre objectif est de l'attaquer, le vaincre ou l'exploiter. Ainsi, certains hommes tiennent les femmes séduisantes pour des objets sexuels à utiliser puis à jeter. Les liaisons sans lendemain sont de bons exemples de relations Je-cela. Les arnaqueurs et les prédateurs en développent également puisqu'ils se servent des gens sans s'inquiéter de les blesser et les exploitent à volonté.

L'esprit de concurrence est un autre type de relations Je-cela et il est facile de s'y laisser prendre. Dans le milieu sportif, la compétition peut être salutaire et grisante, mais dans le cas où vous vous entendez mal avec un ami ou un collègue, ce genre de mentalité entraînera des conflits. Et si vous êtes dominé par l'idée que l'un de vous doit gagner et l'autre perdre, vous serez bien évidemment déterminé à être le gagnant, et vous chercherez à vous assurer que l'autre soit le perdant.

La mentalité du Je-cela est très séduisante parce qu'elle semble tout à fait justifiée. Lorsque nous méprisons les autres et les traitons de façon mesquine, nous sommes persuadés de bien agir et de donner aux autres ce qu'ils méritent. Après tout, ce sont vraiment des imbéciles. Le Je-tu est à l'opposé. Dans ce type de relations, vous décidez de traiter l'autre avec dignité et respect. Vous transmettez le souhait de développer des rapports plus intimes, même si vous êtes tous deux frustrés et furieux l'un contre l'autre.

Les mentalités du Je-cela et du Je-tu fonctionnent comme des prédictions autoréalisantes. Si vous méprisez les autres et que vous les traitiez mal, ils vont se venger et se montrer aussi agaçants et hostiles que vous le supposiez. Si, à l'inverse, vous les traitez avec gentillesse et respect malgré votre colère, ils seront presque toujours beaucoup plus souples et réceptifs à vos sentiments et à votre point de vue.

Toutefois, les relations Je-tu sont plutôt impopulaires, et selon moi elles ne sont plus du tout à la mode depuis des années.

Les personnes autour de nous justifient les relations Je-cela par toutes sortes d'arguments. Ils affirment qu'ils ne peuvent pas considérer l'autre avec respect, mais ce qu'il y a derrière cette affirmation c'est : « Je ne le veux pas » ou bien : « Je refuse de le faire. » Vous avez sans doute une longue liste de raisons irréfutables qui justifient que vous ne traitiez pas votre femme, votre sœur, votre voisin ou ce collègue qui vous agace avec respect.

Certaines personnes ne veulent pas se servir de la gentillesse parce qu'elles craignent ce faisant de manquer de franchise. C'est une inquiétude tout à fait légitime : quand quelqu'un simule, beaucoup de gens s'en aperçoivent. Toutefois, vous n'avez pas besoin de manquer de franchise ou de vous montrer excessivement gentil, et pas non plus de nier ou de réprimer vos véritables sentiments. La simulation ne fait pas partie des cinq secrets d'une communication efficace !

Supposons que vous soyez furieuse contre votre mari parce que vous ne cessez de vous disputer avec lui et de vous chercher, et qu'il vous a traitée de « sale garce ». Vous pouvez exprimer votre colère de façon directe mais en faisant preuve de respect, et sans avoir l'air de simuler. Un exemple :

> « Gregory, je suis sur le point d'exploser, je le sens. J'ai envie de te tordre le cou. En même temps, je vois bien que tu es toi-même énervé. Je t'aime profondément et je suis très mal quand nous nous disputons. Parlons-en. Qu'est-ce que je t'ai fait qui t'ennuie autant ? »

Vous exprimez ici parfaitement votre mauvaise humeur sans porter de coups ni simuler vos sentiments et vous faites en sorte de préserver l'estime de soi de Gregory. Comme vous n'essayez pas de le critiquer ou de l'humilier, et que vous manifestez du respect, il n'éprouvera probablement pas le besoin de se battre avec vous.

La résistance à la gentillesse

Lorsque je parle de gentillesse aux gens, ils me disent souvent des choses comme : « Pourquoi devrais-je me comporter bien avec ma sœur ? C'est une vraie rosse. Pourquoi ne me traite-t-elle pas avec respect ? » Je connais ce sentiment : quand vous êtes fâché contre quelqu'un, vous n'avez pas envie de lui témoigner un sentiment positif. Il semble bien plus agréable de le réprimander.

Voici différentes réflexions que j'ai entendues de personnes qui ne voulaient pas faire preuve de gentillesse :

- « Je n'ai pas besoin d'être sympa avec lui. Il ne le mérite pas. »
- « Je suis trop furieuse pour être gentille avec elle. »
- « Pourquoi devrais-je être gentille avec elle après ce qu'elle m'a dit ? »
- « Je n'arrive pas à trouver quelque chose de positif à dire à son sujet. C'est un imbécile fini. »

En fin de compte, nous avons tous un choix à faire entre le Je-cela et le Je-tu. Vous n'êtes évidemment pas obligé de faire preuve de gentillesse et beaucoup de personnes décident de ne pas le faire. Toutefois, aucun des cinq secrets d'une communication efficace ne fonctionnera sans gentillesse ; et si vous décidez de montrer un respect authentique en pleine dispute, vos efforts seront payants.

La gentillesse est presque plus une philosophie qu'une technique en tant que telle : c'est l'esprit et l'attitude que vous apportez dans la relation et offrez à l'autre. Il y a plusieurs façons de l'exprimer :

- En faisant un compliment. Par exemple, vous vantez une qualité, un trait de caractère ou quelque chose qui vous plaît chez l'autre.
- En déclarant à l'autre que vous l'aimez bien, que vous le respectez ou l'admirez, et que vous accordez de la valeur à son amitié bien que vous soyez en désaccord à cet instant précis.
- En exprimant vos sentiments de façon respectueuse, sans proférer d'insultes et sans blesser l'autre.
- En manifestant chaleur et bienveillance à travers un langage du corps ouvert et réceptif à l'autre pour lui signifier votre intérêt pour lui – par opposition aux froncements de sourcils, croisements de bras ou mouvements de tête signifiant votre désapprobation.

Vous pouvez également recadrer les motivations de l'autre sous un jour plus positif et flatteur. Imaginons que vous soyez en train de vous disputer avec un ami au sujet de la religion ou de la politique, et que vous tourniez en rond. Vous avez le sentiment qu'il se bute. Si vous lui dites : « Tu déraisonnes et tu te trompes », il se sentira offusqué et s'entêtera encore davantage. Personne n'aime être critiqué. Qui plus est, il est convaincu quant à lui que c'est vous qui déraisonnez.

Au lieu d'en rajouter en lui déclarant qu'il est idiot, dogmatique ou mesquin, dites-lui que vous respectez le fait qu'il ait le courage de ses opinions et que, bien que vous ne soyez pas de son avis, vous aimeriez mieux comprendre son point de vue. Lorsqu'il commence à s'expliquer, utilisez la technique du désarmement et trouvez ce que son discours a de vrai. Recourez également au questionnement pour le faire parler. Si vous agissez avec sincérité, cela aura un effet apaisant et il sera beaucoup plus ouvert à vos idées. En fait, il cessera sans doute de s'opposer à vous dès l'instant où il se sentira approuvé et respecté.

Mais devez-vous montrer de la gentillesse vis-à-vis de personnes qui se comportent comme de véritables idiots ? Ne vaut-il pas mieux faire preuve d'honnêteté et leur laisser entendre que ce sont des imbéciles ?

Il y a plusieurs années de cela, le vétérinaire de mon chien adoré Salty lui avait diagnostiqué un cancer du côlon. Après un conseil de famille et de nombreux pleurs, nous avions opté pour une opération visant à lui enlever la tumeur, mais cet acte n'avait pas été une réussite. Non seulement le cancer s'étendait, mais la pauvre bête avait de plus en plus de mal à contrôler ses selles et sa vessie, et elle tachait les tapis de la maison presque tous les jours. Nous n'avions pas le cœur de laisser Salty dehors dans le froid ou dans le périmètre de la salle de bains parce que nous l'aimions vraiment beaucoup. Les tapis devenaient donc de plus en plus horribles.

Un jour où je me trouvais au drugstore du quartier, j'ai remarqué qu'on y louait des machines pour nettoyer les tapis. J'en ai donc pris une et je l'ai chargée dans la voiture avec beaucoup d'enthousiasme. Mais bien que j'aie calé l'appareil dans un coin derrière le siège avant, il était tellement gros qu'il obstruait la vue que j'avais dans le rétroviseur, et en commençant à rouler je me suis rendu compte que je ne voyais strictement rien derrière moi.

À quelques croisements de là, je me suis arrêté à un stop pour tâcher de mieux positionner les rétroviseurs extérieurs, mais soudain j'ai entendu un grand cri et un juron. Je me suis penché par la fenêtre de la portière et j'ai vu un énorme camion derrière moi. Deux jeunes hommes baraqués étaient penchés aux vitres de la cabine en agitant les poings et en m'invectivant avec force coups de klaxon.

Un frisson a parcouru mon dos. J'ai immédiatement traversé l'intersection et je me suis garé sur le côté pour qu'ils puissent passer. Les deux hommes ont hurlé en faisant des gestes obscènes, et l'un d'eux m'a jeté une canette de bière vide. Ils avaient bu, à l'évidence.

Il fallait que je les suive, car il n'y avait qu'une voie possible, mais au bout de plusieurs mètres, la route se divisait en deux files à un feu. Le feu étant rouge, je me suis arrêté à côté du monstre sur la file de droite.

Le jeune homme sur le siège passager s'est remis à la fenêtre et m'a jeté un coup d'œil, une canette à la main. Il semblait à nouveau sur le point de jurer ou de me provoquer pour une bagarre. Pensant à la différence qui existait entre les relations Je-cela et Je-tu, j'ai alors levé les yeux et je lui ai dit :

« Je voulais m'excuser de vous avoir bloqués au stop. J'ai loué une machine pour nettoyer les tapis parce que mon chien Salty est en train de mourir d'un cancer du côlon et il fait des saletés partout. Mais comme vous pouvez le constater, cet appareil est tellement gros que je ne vois rien dans le rétroviseur. Désolé de vous avoir retardés puisque, à l'évidence, vous êtes pressés. »

Le type s'est répandu en excuses. Lui aussi avait un chien. Il m'a proposé une bière et paraissait très gêné. Peut-être son collègue et lui seraient-ils venus à la maison pour m'aider à nettoyer les tapis, si je le leur avais demandé !

Reposons la question, maintenant : « Pourquoi devrais-je traiter quelqu'un avec respect si lui me traite mal ? » La réponse est que vous n'y êtes pas obligé : vous pouvez réagir à votre guise. Tout dépend de la relation que vous désirez instaurer.

Ces deux camionneurs cherchaient la bagarre. Ils espéraient que je morde à l'hameçon, et c'était tentant parce que ma fierté était en jeu. Je sentais que je devais me défendre et leur montrer combien ils étaient nuls. Mais lorsque je leur ai témoigné du respect et que j'ai fait preuve d'humilité, cela a instantanément transformé notre relation. Paradoxalement, c'est moi qui en ai eu le contrôle. Si j'avais voulu recourir à la force, j'aurais joué leur jeu, et sans doute perdu : je ne suis plus très doué pour la bagarre !

Est-ce que les cinq secrets d'une communication efficace seront toujours aussi performants ? Y a-t-il une formule magique ? Non, bien sûr. Il n'en existe pas qui puissent résoudre les problèmes de la vie !

Ces méthodes fonctionnent-elles en règle générale ? Oui, à condition de les utiliser avec intelligence. Si vous vous en servez de façon maladroite, fausse ou pour manipuler l'autre, vous n'obtiendrez pas les résultats que vous attendez. Mais si vous êtes sincère, vous remporterez souvent des succès étonnants.

Voici un exercice utile qui vous aidera à développer un plus grand savoir-faire et une meilleure évaluation de cette technique : dans les prochains jours, faites en sorte de formuler au moins vingt-cinq compliments, à des amis, des membres de votre famille, des vendeurs ou vendeuses dans les magasins, et même des étrangers. Je le fais moi-même tout le temps. Par exemple, j'ai dû appeler notre banque, parce que l'un de nos comptes venait d'être bloqué au prétexte qu'une personne non autorisée avait essayé d'y accéder. En fin de compte, il s'agissait d'une erreur. L'employée de la banque m'a expliqué le problème et a fait un excellent travail pour le résoudre. J'étais vraiment soulagé, et je lui ai exprimé ma reconnaissance pour ses qualités professionnelles et amicales. Elle en a été ravie et reconnaissante. Elle travaille certainement dur et n'a probablement pas l'habitude de recevoir beaucoup de compliments ou de remerciements pour son travail. Vous seriez sûrement étonné de voir comme les gens, même des étrangers, s'illuminent lorsque vous leur adressez quelques paroles gentilles.

Le pouvoir de l'admiration, du respect et de la gentillesse

Nous devons parfois exprimer des sentiments négatifs, et dire à des gens des choses qui les contrarieront, mais la gentillesse est inestimable dans ce contexte-là aussi. Nous avons tous un besoin profond de nous sentir admiré et respecté. Si vous manifestez de la gentillesse envers les gens et que vous veilliez à ne pas les blesser ou les humilier, vous arriverez à leur exposer ce que vous voulez, même si c'est une critique. Votre interlocuteur ne se mettra pas forcément sur la défensive, il ne rejettera pas vos commentaires ou ne vous considérera pas comme un imbécile. Il sera beaucoup plus réceptif et enclin à vous écouter parce que la gentillesse est une forme de responsabilisation.

Mais comment faire preuve d'amitié sincère et de respect quand la personne avec laquelle vous êtes fâché est vraiment repoussante ? Que se passe-t-il si vous ne la supportez pas et que vous vous sentez incapable de lui dire quelque chose d'aimable ?

Hank est l'un des individus les moins attirants que j'aie pu rencontrer. C'était difficile à admettre, parce qu'il était un de mes patients, mais c'est pourtant ce que j'éprouvais à son égard. Ce type costaud de vingt-trois ans m'avait été recommandé par ses parents, inquiets de le voir déprimé, solitaire et buvant trop. Il travaillait comme ouvrier du bâtiment et vivait avec eux.

Quand j'ai vu Hank pour la première fois, j'ai été décontenancé. Il était complètement débraillé et empestait l'urine. Pour couronner le tout, lorsqu'il a quitté mon bureau, la chaise sur laquelle il s'était assis sentait aussi l'urine. Mes autres patients de ce jour-là ont fait allusion à la forte odeur qui flottait, et j'ai eu peur qu'ils pensent que j'en étais la cause. Il a fallu une semaine pour qu'elle disparaisse. Hank est revenu pour sa séance suivante, tout aussi débraillé et puant que la semaine précédente. Cela a continué pendant plusieurs semaines, et l'odeur dans mon bureau évoquait celle de toilettes malodorantes comme on en trouve parfois dans les lieux publics.

Comme si cela ne suffisait pas, Hank parlait de choses que je trouvais répugnantes. Par exemple, il me disait en riant que ce serait vraiment drôle si nous pouvions tous les deux aller traîner, nous enivrer et nous amuser avec des femmes. Il ne faisait jamais son travail de psychothérapie à la maison entre les séances et son état ne s'améliorait pas du tout.

J'estime important d'être honnête et ouvert avec mes patients, dans la mesure du possible : lorsqu'il y a de la tension dans l'air et que je l'ignore, les choses s'aggravent toujours. Mais comment dire à Hank qu'il sentait mauvais et que je ne supportais pas d'être près de lui ? Comment procéder pour ne pas heurter ses sentiments ou lui faire abandonner sa thérapie ? J'ai longtemps tergiversé en espérant que la situation s'améliorerait d'elle-même. Évidemment, rien n'a changé. Hank assistait fidèlement à chaque séance et l'odeur restait la même dans la pièce.

Après plusieurs semaines de ce régime, j'ai fini par prendre le taureau par les cornes et par déclarer à Hank :

« Hank, il faut que je vous dise quelque chose. C'est difficile pour moi, parce que je ne veux pas du tout vous blesser, mais il n'empêche que je vais devoir aérer cette pièce. Donc, je vais me lancer, en vous demandant de m'excuser si je m'exprime mal. Je ne sais pas si vous vous lavez souvent ou si vous êtes même conscient du fait que parfois vous avez une forte odeur. Elle imprègne même les meubles après votre départ et certains de mes patients s'en sont plaints. Cela me gêne aussi.

» Lorsque vous m'assurez que ce serait très drôle si nous sortions tous les deux et que nous nous amusions avec des femmes, je ne suis pas certain que vous ayez réfléchi à ce que je pourrais en penser. Or je trouve cette idée plutôt rebutante. J'ai remarqué aussi que vous ne faites pas votre travail à la maison, et je suis inquiet de voir que nous n'accomplissons pas les progrès pour lesquels vous êtes venu me consulter.

» Mais j'ai réfléchi à tout cela, et quelque chose qui m'intrigue réellement m'a traversé l'esprit. Vous êtes là, devant moi, vous luttez contre votre sentiment de solitude et je vous aime bien, mais je me sens rejeté par vous et j'appréhende nos séances. Vous voyez ce que je veux dire ? Cette constatation m'a troublé parce qu'elle semble importante. Je ne sais même pas si vous êtes conscient de me repousser, ou si vous désirez même le faire.

» J'insiste beaucoup sur le fait que je vous respecte et que j'apprécie la chance de travailler avec vous. Je suis convaincu que nous pourrions réaliser ensemble un travail fantastique susceptible de changer votre vie. Mais en même temps, je devais vous dire ce que je ressentais pour que nous puissions aérer et commencer à travailler réellement en équipe. »

Hank a reçu le message de bonne grâce et n'a pas du tout paru perturbé. À ma grande surprise, à la séance suivante, il est arrivé propre et avec une bonne mine. Il avait travaillé dur sur sa psychothérapie pour la première fois et m'a demandé mon aide sur plusieurs questions. Il m'a avoué qu'il était frustré sexuellement, mais qu'il n'avait jamais eu de petite amie et ignorait même comment parler aux femmes. J'ai commencé à attendre nos séances, et notre travail est devenu bien plus productif. J'ai beaucoup apprécié Hank et notre travail en commun.

Qu'est-ce qui a donc déclenché sa transformation ? Sans doute le fait que j'aie transmis mes pensées négatives de façon respectueuse et directe, sans hostilité. Hank s'est senti pris en considération. J'ai aussi fait preuve de gentillesse et voulu que les choses soient très claires. Mes commentaires étaient sincères et venaient du cœur, Hank a pu le constater. La plupart des gens le voyaient comme un paria et un perdant, il jouait donc le rôle que chacun attendait de lui. Lorsque j'ai exprimé mes sentiments de façon naturelle, il a vu que je n'allais pas le juger ou le rejeter, mais pas non plus faire semblant ou cacher mes sentiments. Nous avons tous un profond besoin d'être acceptés. Hank ne faisait pas exception.

18

Les solutions
aux problèmes relationnels courants

Maintenant que vous en savez un peu plus sur les cinq secrets d'une communication efficace, nous allons utiliser ces techniques afin de résoudre des problèmes relationnels que la plupart d'entre nous rencontrent chaque jour. Vous avez peut-être un ami qui ne cesse de se plaindre, mais ne tient pas compte des conseils que vous lui donnez pour le soutenir. Ou un collègue à l'ego surdimensionné. Un mari obstiné et paresseux qui ne vous aide pas à la maison. Un membre de votre famille qui n'en fait toujours qu'à sa tête. Une sœur jalouse qui vous critique sans cesse. Vous découvrirez que les cinq secrets d'une communication efficace peuvent se révéler extrêmement utiles dans toutes ces situations, mais que certaines techniques conviennent particulièrement face à tel ou tel problème.

Aucune formule magique n'existe pour solutionner l'ensemble des difficultés que vous rencontrez, tout dépend des situations. Cependant, si vous utilisez le journal de bord des relations, vous aurez à votre disposition une méthode souple et systématique pour analyser et apaiser presque tous vos conflits.

Commencez toujours par une relation spécifique qui n'a pas fonctionné. Notez ce que vous a dit l'autre et ce que vous lui avez répondu ; le reste suivra tout naturellement.

J'ai retranscrit ici des journaux de bord partiellement remplis concernant plusieurs des problèmes dont il est question dans ce chapitre, nous les compléterons ensemble pendant votre lecture. Lorsque nous arriverons à l'étape 5, je vous demanderai de rédiger vous-même une réponse en utilisant les cinq secrets d'une communication efficace. Après chaque phrase, vous indiquerez quelle(s) technique(s) vous avez utilisée(s) entre parenthèses, en vous servant des abréviations en page 145. Par exemple, vous mettrez (TD) à la fin de la phrase si vous avez utilisé la technique du désarmement ; (ER) pour empathie pour le ressenti. Libre à vous de recourir à plusieurs techniques par phrase. Lorsque vous en aurez terminé avec chaque exercice, je vous dirai ce que j'en pense et ce que j'aurais proposé dans la même situation.

Je vous encourage à continuer de faire les exercices par écrit pendant votre lecture. C'est très important pour la suite lorsque vous travaillerez sur vos propres problèmes relationnels.

Comment s'en sortir avec quelqu'un qui se plaint ?

Les gens commettent souvent plusieurs erreurs quand ils sont confrontés à quelqu'un qui se plaint beaucoup : ils donnent leur avis, tentent de l'aider ou de le dérider, mais ces stratégies sont vouées à l'échec. Les personnes qui se plaignent ne changent pas. Vous savez pourquoi ? Parce que, en général, elles n'agissent pas ainsi pour demander des conseils, de l'aide ou de la bonne humeur. Elles n'attendent pas que vous résolviez leurs problèmes. La plupart du temps, elles désirent simplement que vous les écoutiez. Que vous compreniez ce qu'elles vous disent, que vous acceptiez ce qu'elles ressentent et que vous reconnaissiez leurs plaintes comme en partie fondées. Elles veulent également avoir l'assurance que quelqu'un se soucie d'elles. C'est la raison pour laquelle la technique du désarmement, l'empathie vertable et pour le ressenti ainsi que la gentillesse fonctionnent aussi bien face à ce genre de personnes. Ces techniques sont magiques : si vous vous en servez avec habileté, celui qui se plaint cessera presque instantanément parce qu'il sentira que quelqu'un l'écoute enfin. Mais cela demande de la discipline !

Tracey m'a raconté qu'elle était brouillée avec son père âgé, comme ses frères et sœurs. Leur père s'était aliéné tout le monde et il vivait seul depuis de nombreuses années. Tracey l'avait appelé le jour de la fête des Pères, par obligation, et lorsqu'elle lui avait demandé comment il allait, il lui avait répondu : « Je vieillis. » Tracey s'était sentie coupable et sur la défensive, mais elle avait choisi de plaisanter : « Nous vieillissons tous, tu sais ! ». Son père avait répliqué : « Mais certains d'entre nous meurent. » Cette phrase avait mis Tracey en colère parce qu'elle savait que son père était plutôt en bonne santé. Elle m'a expliqué que c'était toujours de cette façon que leurs conversations se déroulaient, et c'était la raison pour laquelle elle évitait son père. Elle détestait se sentir anxieuse, coupable et submergée par ses plaintes continuelles.

Examinons leur échange : Tracey a demandé à son père comment il allait, et à sa réponse : « Je deviens vieux », elle a rétorqué : « Nous vieillissons tous, tu sais ! » Selon vous, est-ce un exemple de bonne ou de mauvaise communication ?

De mauvaise, à l'évidence, Tracey n'a pas pris en compte l'état de santé de son père, elle n'a pas exprimé ses propres sentiments ni fait preuve de respect envers lui. Son commentaire a donc suscité une autre plainte de son père. Parce qu'elle ne l'avait pas écouté et l'avait même envoyé balader, il a placé la barre plus haut en disant : « Mais certains d'entre nous meurent. »

Cherchez une réponse plus efficace à la phrase : « Je deviens vieux » en utilisant les cinq secrets d'une communication efficace (page 145). Notez-la sur une feuille avant de poursuivre votre lecture sans oublier de mettre entre parenthèses à la fin de chaque phrase les noms des techniques dont vous vous êtes servi en utilisant les abréviations.

Étape 5. Réponse corrigée

Voici ce que Tracey a proposé lorsqu'elle a fait l'étape 5 de son journal de bord :

> « Papa, tu as raison (TD). Tu deviens vieux, et ça n'est certainement pas drôle (EV, TD, ER). Je suis contrariée d'entendre que tu ne te sens pas bien (S, G). Tu as des problèmes de santé (Q) ? Tu as eu des problèmes dernièrement (Q) ? »

Quelle que soit la réponse de son père, Tracey peut ensuite recourir à la technique du désarmement. Par exemple, imaginons qu'il dise : « Oh, mon arthrite se réveille à nouveau, mais les médecins n'écoutent jamais. Tout ce qui semble les intéresser, quand vous êtes vieux et pauvre, c'est de vous mettre dehors aussi vite que possible. »

Voici ce que pourrait répondre Tracey :

« Papa, je vois bien que tu te sens malheureux (ER, TD). L'arthrite peut être très douloureuse, et certains médecins sont vraiment insensibles, surtout lorsqu'on est vieux et pauvre (EV, TD, ER). C'est frustrant lorsqu'ils te mettent dehors sans prendre le temps de t'aider (ER, TD). Tu mérites mieux que cela (G). »

Nous sommes nombreux à craindre, si nous prenons en compte la part de vérité qu'il y a dans les propos de la personne qui se plaint, que cela n'ouvre la voie à davantage de plaintes. En fait, c'est l'inverse qui se produit : si vous utilisez la technique du désarmement avec habileté, cette personne cessera presque toujours de se lamenter parce qu'elle aura le sentiment que vous l'écoutez.

Je démontre souvent ce phénomène dans mes ateliers avec des jeux de rôle. Je demande à un volontaire de faire celui qui gémit en disant par exemple : « Personne ne m'aime » ou : « La vie est dure » ; puis, je trouve une part de vérité dans chaque plainte énoncée. Si vous faites l'exercice avec un ami dans le rôle de la personne qui se plaint, vous verrez que cette technique le désarmera et qu'il cessera de se plaindre. C'est magique !

Vous démarrerez par exemple ainsi :

L'AMI : Personne ne m'aime !
VOUS : Tu as raison, tu ne reçois pas tout l'amour que tu mérites (TD, G).

L'AMI : Mon mari passe davantage de temps à surfer sur Internet qu'à sortir avec moi. Je pense qu'il va sur des sites porno.

VOUS : Tu pourrais bien avoir raison (TD). Beaucoup d'hommes sont vraiment accros à ces sites et délaissent leur femme (TD). Ça doit être pénible (ER).

L'AMI : Mes hémorroïdes me font souffrir.

VOUS : Quelle plaie (ER) ! Les hémorroïdes peuvent provoquer une douleur vraiment insupportable (TD) !

L'AMI : J'ai essayé la préparation H, mais ça n'a rien fait.

VOUS : Ça n'est pas aussi efficace qu'on le dit (TD).

Ensuite, si vous jouez le rôle de celui qui se plaint, vous verrez qu'il est pratiquement impossible de continuer à le faire lorsque l'autre personne utilise correctement la technique du désarmement et se montre sincèrement d'accord avec vous.

Cette approche peut entraîner un énorme changement dans votre façon de communiquer et de penser au sujet des gens qui se lamentent constamment. Comme ils semblent exiger beaucoup de vous, vous pouvez vous sentir plein de rancœur, frustré, coupable et pris de panique face à eux. Vous essayez de les aider, de les dérider ou de leur donner des conseils en espérant les inciter par là à se taire, mais ça ne marche jamais. En fait, vous aussi êtes exigeant vis-à-vis d'eux : vous voulez qu'ils écoutent votre avis et cessent d'être si incurablement négatifs. C'est ce qui maintient la dispute entre l'autre et vous : vous êtes tous deux englués dans une lutte de pouvoir, et vous

vous sentez frustrés parce qu'aucun de vous n'obtient ce qu'il veut.

Lorsque vous comprenez que les personnes qui se plaignent ne cherchent en général pas de conseils ni ne vous demandent de l'aide, la solution devient simple. La plupart du temps, elles désirent juste que vous les écoutiez, que vous vous intéressiez à elles et soyez un peu d'accord avec. Si vous faites cela, à de très rares exceptions près, la plainte cessera. Cela vous surprendra peut-être. Vous pensez sans doute que vous n'aurez rien donné à cette personne. En réalité, vous lui aurez apporté exactement ce qu'elle souhaitait : un sentiment d'approbation et d'amour.

Comment gérer un ego surdimensionné

Les gens qui ont un ego surdimensionné se montrent très difficiles à vivre parce qu'ils sont exigeants, fragiles, égocentriques et hostiles. Ils se vantent et critiquent les autres. Les psychologues et les psychiatres font souvent allusion à de telles personnalités en les qualifiant de narcissiques. Elles se caractérisent de la façon suivante :

- elles ont un besoin maladif d'être flattées ;
- elles se sentent supérieures aux autres ;
- facilement blessées, elles ne tolèrent ni les critiques ni la déloyauté ou le manque de respect ;
- elles sont incroyablement exigeantes et exploitent les autres pour satisfaire leurs propres objectifs ;
- elles sont en général charmantes et charismatiques, et savent très bien comment vous attirer dans leur toile.

Si vous connaissez le secret de la relation avec les narcissiques et que vous vous y preniez bien, cependant, ils se révéleront les gens les plus faciles qui soient, et vous obtiendrez d'eux qu'ils vous mangent dans la main presque instantanément. Comment est-ce possible ? Les cinq secrets de la communication efficace auront, certes, leur utilité en pareille circonstance, mais la gentillesse reste la solution idéale. Les narcissiques y sont très sensibles parce qu'ils ont un énorme besoin d'être flattés, et ils seront instantanément sous votre charme.

Il est presque toujours possible de leur adresser un compliment sincère : nous avons tous des qualités comme des défauts, et les narcissiques sont souvent très doués et brillants. Trouver un point positif qui les caractérise se révèle donc en général facile.

Lors d'un atelier pour un groupe de psychologues à Dallas que je dirigeais récemment, j'ai rencontré quelques problèmes avec Reggie, un psychologue qui se trouvait dans l'assistance et qui montrait de fortes tendances au narcissisme. Il semblait chercher à gagner mon attention et à contrôler le groupe. Après chaque exposé, ce moment où questions et réponses fusent, Reggie levait la main avec un tel enthousiasme que je me sentais obligé de lui donner la parole. Mais, au lieu de jouer le jeu, il faisait alors un commentaire sur une erreur que j'avais pu faire pendant mon exposé. Il déclarait ainsi : « Vous avez complètement négligé le problème le plus important de tous, le sentiment de honte. Vous ne pouvez tout simplement pas travailler avec des gens qui ont des problèmes relationnels sans traiter un tel sentiment, et vous ne l'avez même pas cité ! »

J'ai compris qu'il n'aurait servi à rien de me battre avec lui et j'ai décidé de mettre en pratique ce que je préconisais. Aussi lui ai-je répondu en faisant preuve de gentillesse et en le désarmant chaque fois qu'il me critiquait, en assurant par exemple à cette occasion : « Reggie, vous avez absolument raison. Le sentiment de honte est sans nul doute l'un des plus grands obstacles aux relations humaines. Je suis très content que vous en ayez parlé et j'aurais effectivement dû le mentionner. Toute théorie concernant les conflits entre personnes qui ne met pas en lumière le rôle négatif de la honte présente une grave lacune. »

Reggie s'est calmé de mauvaise grâce, mais dès l'échange suivant de questions/réponses il a repris son manège. À l'évidence, il voulait que tous l'admirent et le considèrent comme le véritable expert dans la salle. Alors, j'ai de mon côté persisté avec la gentillesse et la technique du désarmement, chaque fois qu'il m'attaquait, en m'efforçant de jouer le rôle de son allié et non celui de son adversaire. Il n'a pourtant jamais baissé la garde.

À la fin de l'atelier, j'ai invité les participants à le commenter et je leur ai demandé ce que la séance avait signifié pour eux, tant au point de vue professionnel que personnel. L'une après l'autre, les personnes se sont levées et ont décrit ce qu'elles avaient éprouvé et appris. Beaucoup ont livré des témoignages émouvants avec des larmes dans les yeux.

Reggie a de nouveau levé la main avec enthousiasme. J'ai pensé : « Oh, non ! Il va encore tout critiquer », mais, la mort dans l'âme, je l'ai invité à prendre la parole.

Après s'être mis debout, il est resté silencieux pendant presque une minute. Il semblait lutter pour se calmer. L'auditoire observait un profond silence. Finalement, Reggie a déclaré d'une voix douce :

« Certains d'entre vous peuvent s'être dit que j'amusais la galerie pendant l'atelier. C'est très difficile pour moi à admettre mais il me faut lutter sans cesse contre le narcissisme depuis mon plus jeune âge. J'ai toujours le sentiment que je dois avoir raison et j'agis comme si j'étais supérieur aux autres, aussi je finis par me disputer avec pratiquement tout le monde. Je me positionne comme un expert en relations, mais j'ai divorcé trois fois. Si vous voulez connaître la vérité, je suis un type plutôt solitaire, et j'ai toujours eu trop honte pour l'avouer. Je veux que le Dr Burns sache, et vous tous ici aussi, que ç'a été le meilleur atelier auquel j'aie jamais participé. Je ne vous remercierai jamais assez. Cette expérience va changer ma vie. »

Les larmes coulaient sur ses joues tandis qu'il parlait. Quand la séance a été terminée, Reggie est venu vers moi et m'a demandé si j'avais quelques minutes à lui consacrer. Je n'étais pas pressé, nous avons discuté pendant presque une heure et cet échange a été extrêmement enrichissant. Il arrive que votre plus grand adversaire se révèle votre meilleur allié.

Passons à la pratique. Une de mes voisines rencontre parfois par hasard une femme, Melinda, qui lui tape sur les nerfs. Le mari et la fille de Melinda ont gagné énormément d'argent pendant le développement d'Internet dans les années 1990. Ma voisine trouve Melinda très agaçante et redoute de tomber sur elle parce qu'elle parle constamment d'elle et de sa famille, et n'exprime jamais le moindre intérêt pour les autres. « Melinda est vraiment impossible, explique-t-elle. Elle ne cesse de se vanter. C'est toujours : "Moi je, moi je." Si mon mari a gagné 1 million de dollars, elle me rappelle que son mari en a gagné 20. C'est écœurant et ça me rend folle. Je ne sais pas comment faire avec elle. J'aimerais énormément pouvoir l'éviter, mais nous faisons toutes deux partie du même groupe de bénévoles et nous sommes toujours ensemble aux anniversaires. Je suis obligée de faire avec. »

Imaginez que vous vous trouviez nez à nez avec Melinda. Vous vous sentez obligé de lui demander comment elle va, et elle vous répond :

> « Oh, tout va bien, comme d'habitude. Touchons du bois ! Chad est sorti premier de sa classe à Harvard, mais mes autres enfants ont tous été premiers aussi. Cela n'a donc rien de surprenant, si tu vois ce que je veux dire. Et, bien sûr, je suis très contente de ma fille, Betsy : elle a créé cette start-up qui a fait un chiffre d'affaires de 2,4 milliards de dollars. Mon Dieu, elle ne sait même plus quoi faire de tout cet argent ! Tu as appris qu'elle va être en couverture de *Time Magazine* la semaine prochaine ? Et évidemment Wayne, notre plus jeune fils, s'est qualifié pour les jeux Olympiques. »

Que répondriez-vous à Melinda ? Bien que les cinq secrets puissent vous être utiles, souvenez-vous que la gentillesse est le moyen le plus efficace pour vous aider dans votre relation avec un narcissique. Notez votre réponse sur une feuille, ainsi que le nom des techniques que vous aurez utilisées en mettant leurs abréviations (voir page p. 145) entre parenthèses à la fin de chaque phrase.

Étape 5. Réponse corrigée

Deux approches différentes peuvent fonctionner, et votre choix dépendra de ce que vous recherchez. Si vous n'avez pas envie d'une relation véritable et intime avec Melinda, déclarez-lui par exemple :

« Tu sais, Melinda, je ne suis pas du tout surpris que tes enfants aient autant de talent et de succès (G). Après tout, ils ont de qui tenir, non (G, Q) ? C'est normal que tu sois fière d'eux (G). »

Melinda sera ravie. Elle pensera que vous êtes fantastique parce que vous l'adulez comme elle le désire tellement. Cependant, cette approche peut vous sembler, à juste titre, malhonnête ou superficielle ; c'est pourquoi je vais vous donner un exemple pour illustrer une approche tout à fait différente. Néanmoins, je ne pense pas que nous devions être sérieux et transparent avec tout le monde, ni qu'il soit réaliste de vouloir se sentir proche de n'importe qui. Dans la plupart des cas, lorsque je me rends compte qu'une personne est très narcissique et autocentrée, je me montre simplement gentil mais ne cherche pas à développer ma relation avec elle. Cela fonctionne bien et m'évite beaucoup de frustration et de ressentiment.

Si toutefois vous désirez approfondir votre relation avec Melinda, vous pouvez lui répondre ceci :

« Melinda, je suis toujours stupéfiée de voir ce que vous avez réalisé dans ta famille (G). Tu es vraiment remarquable et je ne suis assurément pas du même calibre que toi (G, S). Mais il y a une chose qui me gêne et je voulais t'en parler en toute amitié (G, S). J'ai l'impression de ne pas avoir fait ce qu'il fallait pour te connaître (S). On dirait parfois que nous sommes toutes les deux en compétition pour savoir lequel de nos deux maris gagne le plus d'argent ou qui de nos enfants est le plus charmant (S). Je me demande si tu l'as remarqué aussi (S, Q). C'est probablement ma faute (TD). J'ai dû essayer de t'impressionner parce que tu as réussi tellement de choses (G, S)... Mais si c'est le cas, je te prie de m'excuser (G), bien que ce soit difficile à formuler, comme tu le sais (Q). »

En faisant cette réponse, vous partagez vos sentiments et vous vous autorisez à être vulnérable au lieu d'essayer de rivaliser et de gagner. Vous exploitez aussi à fond la gentillesse. Si vous faites en sorte que Melinda se sente un être à part, ce sera beaucoup plus facile pour elle d'abaisser sa garde et de s'ouvrir aux autres. Je ne garantis pas que cette stratégie fonctionne à chaque fois, mais cela vaut la peine de la tenter. Vous serez peut-être surpris de découvrir qu'en fait elle se sent seule et vide – ou encore, parfois, angoissée comme cela arrive à n'importe qui.

Si Melinda continue à se protéger, vous saurez que vous avez été perspicace. Vous avez manifesté du respect et vous l'avez invitée à développer une relation plus amicale et plus significative. Elle devra décider si elle accepte votre invitation.

Vous savez maintenant comment vous y prendre avec une personne narcissique. C'est tout ce que l'on peut en dire. Mais même si la gentillesse est très efficace, vous devrez peut-être revoir vos attentes à la baisse, face à un narcissique, car il ne parviendra pas forcément à vous aimer ou à exprimer le moindre intérêt pour vous, et en continuant à en attendre davantage, vous ne cesserez d'être déçu.

Si cette idée vous attriste, souvenez-vous qu'une pièce a deux faces : en renonçant à vouloir changer une personne narcissique, ce qui équivaudrait à tenter de transformer un caillou en or, vous aurez plus de temps et d'énergie à dépenser auprès de gens qui répondront mieux à vos attentes et à vos besoins.

Comment faire avec quelqu'un qui est paresseux et têtu

« Mon mari ne m'aide jamais dans la maison. Pourquoi est-il si paresseux et si têtu ? » Cette réflexion qui a tout du cliché constitue néanmoins un gros problème pour beaucoup de couples. Une femme m'a dit : « Il est capable de remonter un carburateur, mais pas de comprendre comment fonctionne l'aspirateur ! » Et les variations sur ce thème sont infinies.

Il y a quelques années, j'ai soigné une femme d'affaires séduisante qui s'appelait Jewell et hésitait à se fiancer avec son petit ami, Rachid. Après réflexion, elle décida de rompre avec lui et en éprouva un immense soulagement. Mais six mois plus tard, ils recommencèrent à se fréquenter. Puis Jewell décida que Rachid était vraiment l'homme de sa vie et ils se marièrent.

Deux ans après, Jewell m'a rappelé. Elle était enceinte de sept mois de son premier enfant et s'inquiétait pour son couple – même si la situation ne lui paraissait pas très grave. Elle se sentait de plus en plus agacée par le comportement de Rachid, qui refusait obstinément de l'aider à la maison. Voici comment elle présentait le problème :

« J'aime Rachid, mais ces derniers temps je suis en colère contre lui. Je sais que j'ai de la chance, que c'est quelqu'un de bien, mais je n'obtiens pas toujours ce que j'attends de lui, et alors je me sens tellement mal que je me referme sur moi-même et nous cessons de communiquer. Certains matins, je me réveille en ayant l'impression d'exploiter mon mari. J'ai gâché la journée d'hier simplement parce qu'il n'a pas voulu préparer les pommes de terre de Pâques à ma façon. J'étais tellement exaspérée que j'ai dû prendre une douche. Comment est-ce que je peux laisser un incident aussi futile gâter notre relation pendant une journée entière ? »

Tandis que Rachid s'occupait des pommes de terre, elle lui avait gentiment suggéré d'utiliser le robot ménager. Lorsqu'elle était revenue dans la cuisine dix minutes plus tard, il n'avait même pas sorti l'appareil du placard. Elle le lui avait suggéré à nouveau, mais il l'avait ignorée. Dix minutes plus tard, elle était repassée et, voyant le robot, elle avait dit : « Tu t'es enfin décidé à t'en servir ! » Rachid avait répondu : « Ne sois pas si arrogante ! Laisse-moi tranquille ! » Alors, Jewell lui avait demandé : « Est-ce que cela te dérange lorsque je te suggère de faire des choses qui pourraient te simplifier la vie ? » Rachid avait répliqué : « Occupe-toi simplement de tes affaires, moi, je m'occupe des pommes de terre. » Jewell s'était vexée et était sortie de la cuisine.

Jewell était également inquiète parce que Rachid ne se montrait pas aussi affectueux qu'elle l'aurait voulu. Par exemple, lorsqu'elle lui demandait de poser la main sur son ventre pour sentir le bébé bouger, il paraissait réticent. Elle m'expliqua :

« Ça m'agace parce que Rachid ne manifeste qu'un vague intérêt pour les photos de l'échographie. Hier soir, alors que j'étais étendue sur le canapé, le bébé a beaucoup bougé et j'ai eu très envie que mon mari le sente. Je lui ai dit : "Touche mon ventre pour le sentir bouger." Il a posé légèrement sa main dessus et l'a tout de suite retirée en déclarant : "Oh oui ! je le sens." Puis il s'est retourné pour regarder la télévision, et je sais très bien que le bébé n'a pas bougé pendant les deux secondes où il a posé sa main. Cela m'ennuie aussi que Rachid ne me prenne jamais contre lui pour sentir le bébé. D'autres hommes s'avancent vers moi dans la rue pour le faire, mais mon Rachid, lui, fuit les contacts. J'aurais dû écouter ma mère : elle m'avait prévenue que personne ne change jamais ! »

Lorsque nous nous marions, nous avons une idée romantique et passionnée de ce que sera notre femme ou notre mari. En découvrant qu'il ou elle n'est pas tout à fait comme nous l'avions espéré, nous avons le choix : soit nous tentons de le/la changer, soit nous l'acceptons tel/telle qu'il/qu'elle est. Nous avons déjà vu qu'essayer de changer quelqu'un ne marche jamais ; l'accepter tel qu'il est ressemble à un pis-aller. Peut-être pensez-vous qu'il vous est impossible d'être heureux ou épanoui si votre conjoint ne modifie pas son comportement, mais plus vous ferez d'efforts pour l'y amener, plus il se butera et résistera. Vous risquerez alors de vous retrouver tous deux frustrés et déçus.

J'ai demandé à Jewell si elle pensait avoir tendance à vouloir tout contrôler et si cela pouvait alimenter les tensions entre eux. Elle m'a répondu : « Vous avez raison, je contrôle tout. Mais j'ai remarqué que lorsque je m'efforce de lâcher la bride avec Rachid, rien n'est fait. Cela me contrarie, parce que je finis par faire presque tout moi-même. J'ai l'impression de l'habituer à penser que c'est moi qui ferai toujours tout. »

Remarquez à quel point les craintes de Jewell agissent comme une prédiction qui se réalise. Elle trouve Rachid obstiné et craint qu'il n'accomplisse pas sa part de travail, alors elle le harcèle et vérifie sans arrêt ce qu'il fait. Cela agace Rachid et lui ôte toute envie de l'aider : il ne fait donc rien à la maison et il est furieux. Mais il n'exprime pas ses sentiments, il punit Jewell en l'ignorant et en « oubliant » les tâches ménagères qu'elle continue de lui demander d'exécuter. Finalement, elle doit faire elle-même toutes ces tâches. Cela récompense son comportement passif-agressif. Jewell a en fait mis en œuvre un puissant programme de renforcement des comportements dont le résultat pratiquement certain est que Rachid ne l'aidera pas et ne prendra pas ses attentes en compte. C'est le principe même de la thérapie cognitive relationnelle : sans en être conscients, nous créons très exactement les problèmes relationnels dont nous nous plaignons. Nous accusons donc l'autre d'en être responsable et nous jouons le rôle de la victime.

Jewell estime que Rachid ne devrait pas se montrer si têtu, paresseux et peu chaleureux. Elle essaie donc désespérément de le changer, mais elle ne cesse de se heurter à un mur. Elle a un second choix possible : elle peut reconnaître qu'elle a un rôle dans le conflit qui les oppose et changer sa façon d'être. Elle aura beaucoup plus de chances d'obtenir ce qu'elle désire.

J'ai suggéré que nous commencions par nous concentrer sur un moment précis où Jewell et Rachid ont eu des problèmes. Qu'a dit Rachid et que lui a répondu Jewell ?

Jewell a décidé de reprendre le cas du robot ménager.

Elle a noté leur échange dans les étapes 1 et 2 de son journal de bord : « Ne sois pas si arrogante ! Laisse-moi tranquille ! » a lancé Rachid, et elle a répliqué : « Est-ce que cela te dérange lorsque je te suggère de faire des choses qui pourraient te simplifier la vie ? »

Passons maintenant à l'étape 3. Jetez un coup d'œil à la check-list ECR page 114 et demandez-vous si la réaction de Jewell est un exemple de bonne ou de mauvaise communication. Ce ne devrait pas être difficile à déterminer. D'abord, Jewell n'a pas montré d'empathie vis-à-vis de son mari, et elle ne l'a pas écouté non plus. Il s'est sans doute senti harcelé et agacé, mais elle ne lui a prêté aucune attention et n'a pas essayé de réfléchir à ce qu'il disait. Elle n'a pas non plus exprimé ce qu'elle éprouvait. Elle a été frustrée et blessée, mais au lieu d'en parler à Rachid, elle a laissé entendre qu'il était une sorte d'idiot puisqu'il ne comprenait pas ce qu'elle lui demandait. En fin de compte, elle n'a fait preuve ni de gentillesse ni de respect. Elle l'a plutôt critiqué en lui posant une question sur un ton sarcastique.

Cela a été un choc pour Jewell de constater qu'elle avait obtenu 0 sur 3 à la check-list ECR. Je lui ai ensuite proposé de réfléchir aux conséquences de ses réponses. Comment allait-elle toucher Rachid ? Et allait-elle améliorer ou au contraire détériorer la situation ? Réfléchissez-y de votre côté avant de poursuivre votre lecture.

Là encore, l'analyse était plutôt simple à effectuer. Jewell éprouvait de la frustration parce que Rachid l'ignorait : il ne l'aidait pas et il la repoussait lorsqu'elle tentait de se rapprocher de lui. Elle souhaitait qu'il s'exprime de façon plus naturelle, qu'il lui manifeste plus d'intérêt ainsi qu'au bébé. Mais lorsque Rachid tentait d'exprimer ses émotions, elle le critiquait, sous-entendant qu'il était têtu ; et Rachid, irrité, était encore moins motivé pour l'aider, lui faire un câlin ou partager ses sentiments avec elle. Il refusait également de faire ce qu'elle lui demandait parce que cela l'embêtait et qu'il refoulait son ressentiment.

Jewell voulait savoir pourquoi son mari était aussi paresseux, têtu et froid. Maintenant, elle connaît la réponse : c'est parce qu'elle le force à se comporter de cette manière. Comme elle le harcèle, il renonce ou « oublie » d'effectuer sa part dans les travaux ménagers. L'échange que nous avons analysé était significatif de leur relation au quotidien.

Il peut être très douloureux de découvrir que vous êtes à l'origine du problème dont vous vous plaignez. Mais si vous avez le courage d'examiner les incidences de votre propre comportement sur la personne avec laquelle vous ne vous entendez pas, cela vous aidera à l'assumer. Lorsque Jewell a compris qu'elle repoussait Rachid et qu'il jouait consciencieusement et exactement le rôle qu'elle avait préparé à l'avance pour lui, elle s'est mise à pleurer.

La vulnérabilité de Jewell peut être un atout. Si elle accepte de partager ses larmes avec Rachid et de parler de leur conflit avec gentillesse et respect, sans aucun soupçon de condamnation ou de jugement, il se sentira plus proche d'elle. Elle a besoin de l'encourager à exprimer sa colère, et elle doit l'écouter et le soutenir. Si elle veut de l'amour, elle devra en donner, au lieu de faire preuve d'autoritarisme ou d'exprimer de l'amertume. Cela signifie user et abuser de la technique du désarmement, de l'empathie verbale et pour le ressenti, du questionnement et de la gentillesse lorsqu'elle répond à Rachid. Elle devra aussi partager ses sentiments de façon affectueuse et sans porter de jugement, se servir des « Je ressens » plutôt que d'élever une barrière entre eux et agir de façon autoritaire ou critique lorsqu'elle est blessée.

Qu'aurait pu répondre Jewell lorsque Rachid lui a dit : « Ne sois pas si arrogante ! Laisse-moi tranquille » ? Relisez les cinq secrets d'une communication efficace (voir p. 145) et notez votre proposition sur une feuille avant de continuer votre lecture. N'oubliez pas d'écrire entre parenthèses, à la fin de chaque phrase, les noms des différentes techniques que vous aurez utilisées en les désignant par les abréviations de la page 145.

Étape 5. Réponse corrigée

Jewell pourrait déclarer par exemple :

« Rachid, c'est dur pour moi de t'entendre me dire que je suis arrogante parce que je sais que tu as raison et je suis convaincue que c'est agaçant (S, TD, ER). Je t'aime vraiment et je souhaite que tu me parles davantage de ce que tu ressens (G, Q). Tu es probablement très énervé contre moi (ER). En même temps, tu m'as demandé de te laisser tranquille, et je comprendrais très bien que tu n'aies pas envie de discuter avec moi maintenant (EV, ER, G). »

De façon paradoxale, au moment où Jewell reconnaît qu'elle a été arrogante, elle ne le sera plus. En admettant que son comportement est irritant pour Rachid et qu'il a toutes les raisons d'en être agacé, il est probable qu'il ne le sera plus autant. Toutefois, l'attitude de Jewell et le ton de sa voix seront essentiels. La plus légère tendance à se mettre sur la défensive ou à faire preuve d'hostilité ruinerait ses efforts. Si elle veut que Rachid s'ouvre davantage, la gentillesse et le respect sont essentiels. À la moindre critique ou au moindre sous-entendu problématique, il se refermera à nouveau.

Comment motiver quelqu'un qui est têtu et paresseux ? Examinez votre propre comportement et voyez si vous alimentez les tensions de façon inconsciente. Tant que Jewell s'est dit que Rachid était le seul responsable de la situation, elle a essayé de le changer en y consacrant son énergie, en lui disant ce qu'il devait faire et en lui rappelant constamment tout ce qu'il ne faisait pas. Mais rien ne fonctionnait : en fait, plus elle agissait, plus le conflit se renforçait.

Au lieu de mettre tout en œuvre pour « résoudre » ce problème, elle peut se concentrer sur ce que Rachid éprouve et partager ses sentiments avec lui. Ils ont en eux des émotions très fortes qu'ils ignorent bel et bien. Elles les rongent mais ils les évitent. C'est parce qu'ils n'ont aucun échange au niveau émotionnel qu'ils ne parviennent pas à résoudre leur problème. Parce qu'il n'y a pas d'intimité entre eux, simplement une lutte constante pour garder le contrôle de la situation. Lorsque Jewell et Rachid auront libéré leurs émotions et qu'ils se sentiront à nouveau proches l'un de l'autre, la plupart de leurs « vrais » problèmes disparaîtront naturellement. Ils n'auront pas besoin de s'en occuper. Et s'il en subsiste un, ce sera beaucoup plus facile pour eux de le résoudre en travaillant main dans la main, dans une relation d'amour.

Comment s'en sortir
avec un accro du contrôle

Vous connaissez des gens qui veulent tout contrôler ? Cela peut être votre patron, votre conjoint, votre sœur, votre frère, etc. Ils cherchent à tout diriger sans tenir compte de vos idées ou de vos sentiments, et si vous n'agissez pas comme ils l'entendent, ils sont très vexés.

Terry est venue me voir un jour pour me raconter qu'elle se sentait agacée par la manière dont sa sœur aînée contrôlait tout. Margot prenait soin de leur mère âgée, qui était handicapée et sombrait chaque jour davantage dans la démence. Terry était inquiète parce que Margot ne l'incluait pas du tout dans les décisions à prendre.

« Margot fait le gros du travail en mettant en place un programme de soins à domicile pour maman, m'a expliqué Terry, mais je pense que ce n'est pas une bonne idée. Margot dépense plus de 10 000 dollars par mois pour recruter des personnes qui s'occuperont de maman chez elle, cependant son état ne se maintiendra pas indéfiniment si Margot continue à dilapider l'argent de cette manière. À mon avis, maman aurait besoin d'être dans une maison de santé. »

Terry voulait savoir ce qu'elle devait faire. Je lui ai demandé de me donner une illustration précise du conflit qui l'opposait à sa sœur. Terry m'a raconté que, lors du week-end précédent, Margot et elle avaient discuté au sujet de la santé déclinante de leur mère, et que Margot lui avait déclaré : « Tu m'as beaucoup déçue parce que tu n'as pas du tout adhéré à ma décision. » Elle lui avait rétorqué : « Tu prends les décisions toute seule sans m'en parler. » J'ai suggéré à Terry de noter ces deux réponses pour les étapes 1 et 2 de son journal de bord.

Passons à l'étape 3. Diriez-vous que la réponse de Terry était un exemple de bonne ou de mauvaise communication ? A-t-elle écouté, exprimé ses sentiments de façon ouverte, fait preuve de gentillesse ou de respect ?

Terry a échoué sur ces trois points. D'abord, elle a ignoré les sentiments de son aînée. Margot a exprimé sa déception et son besoin d'un soutien plus fort. Elle a également pu se sentir seule et accablée. Terry n'a pas non plus exprimé ce qu'elle éprouvait : elle aussi se sentait frustrée et exclue, mais elle a critiqué Margot au lieu de s'exprimer. Enfin, elle n'a fait preuve ni de gentillesse ni de respect. Sa réponse a paru catégorique et critique.

Passons à l'étape 4 du journal de bord. Quelles sont les conséquences de la réponse de Terry ? Sa réponse va-t-elle améliorer les choses ou au contraire les aggraver ?

Lorsque Margot a reproché à Terry un manque de soutien de sa part et ajouté qu'elle n'avait pas l'impression qu'elles formaient une équipe, Terry n'a pas écouté ni admis l'évidence de cette remarque. Au contraire, elle a reproché à sa sœur son manque de travail en équipe. Margot et Terry semblent demander la même chose : un travail en équipe plus fort.

Mais au lieu de le reconnaître Terry critique Margot, ce qui provoquera plus de conflit et de méfiance. Margot ne proposera pas à Terry de participer à la prise des décisions si cette dernière la critique lorsqu'elle essaie de lui parler de leur mère.

Terry était convaincue que le manque de travail en équipe résultait de la tendance de Margot à vouloir tout contrôler. En comprenant soudain que le problème venait d'elle-même – elle repoussait Margot et sabotait toute possibilité de travail en équipe ou de proximité –, elle a eu un choc et reconnu qu'elle avait honte.

Nous sommes maintenant prêts à passer à l'étape 5. Comment Terry pourrait-elle répondre lorsque Margot dit : « Je suis déçue parce que tu n'as pas soutenu mes décisions ? » N'importe lequel des cinq secrets pour une communication efficace conviendra, mais la technique du désarmement et la gentillesse seront particulièrement appropriées, de même qu'une utilisation habile de l'empathie pour le ressenti et du « Je ressens ». Notez votre proposition sur une feuille avant de reprendre votre lecture, sans oublier d'indiquer les noms des techniques que vous utiliserez, entre parenthèses à la fin de chaque phrase, en vous servant des abréviations de la page 145.

Étape 5. Réponse corrigée

Voici ce que Terry a proposé lorsqu'elle a fait l'étape 5 de son journal de bord :

« C'est vraiment fou, Margot, nous avons éprouvé les mêmes choses toutes les deux (S, TD). Tu dis que tu es déçue parce que je n'ai pas soutenu tes décisions (EV, ER). Je me sens vraiment triste et je réalise que tu as porté tout le fardeau sur tes épaules (S, TD, ER). Tu te sens probablement submergée et frustrée parce que je ne t'ai pas aidée davantage (ER). Je t'aime et je veux travailler avec toi (S, G). Parle-moi de tes sentiments et de tes idées au sujet de maman (Q). »

Dans sa réponse, Terry admet donc qu'elle n'a pas soutenu Margot. C'est difficile de reconnaître que vous avez déçu une personne à qui vous tenez, mais votre tristesse peut être un tremplin vers une relation et une confiance plus fortes et solides entre vous deux.

Parfois, alors que vous pensez être fâché avec quelqu'un, ce conflit est une illusion. En fait, vous êtes tellement agacé que vous ne remarquez pas que vous ressentez tous les deux la même chose, et demandez également la même chose. Vous pouvez même vous exprimer de façon si violente que vous générez un combat plutôt qu'un dialogue. C'est facile de se retrouver pris au piège des schémas que nous utilisons : dès l'instant où vous pensez de quelqu'un qu'il veut tout contrôler, vous vous retrouvez englué dans une lutte de pouvoir, et vous aboutissez à un conflit que personne ne peut remporter.

La solution que je propose est un peu différente. Au lieu de faire des reproches, de lutter, d'avoir des exigences ou de défendre ses intérêts avec assurance, écoutez de façon intelligente, partagez vos sentiments avec gentillesse, et transmettez une authentique bienveillance et du respect. Cela conduira presque toujours à la confiance et à la collaboration.

Comment s'en sortir
avec une personne jalouse

Liz, décoratrice d'intérieur, m'a raconté que sa sœur avait toujours été jalouse d'elle. Lorsqu'elles étaient enfants, Katrina souffrait d'un problème de poids qu'elle n'avait jamais surmonté. Elle n'avait jamais pu accepter le fait que Liz soit élégante, mince et aimée de tous. Liz avait souvent proposé à sa sœur d'en parler, et elle avait désespérément recherché une meilleure relation avec elle ; mais Katrina l'avait toujours repoussée.

J'ai demandé à Liz qu'elle me donne un exemple de leur relation difficile. La veille, Liz avait parlé de leur problème à Katrina et celle-ci lui avait dit : « Nous n'avons rien en commun. » Liz avait répliqué : « J'ai très envie de me sentir proche de toi. » Elle avait tenté de serrer sa sœur dans ses bras, mais celle-ci l'avait repoussée. Blessée, Liz avait brusquement crié : « Tu es trop jalouse ! Sois réaliste ! »

Selon vous, la réponse de Liz est-elle un exemple de bonne ou de mauvaise communication ? En apparence, elle a l'air tout à fait affectueuse, mais si nous l'examinons plus attentivement avec la check-list ECR de la page 114, nous nous apercevons qu'il en va tout autrement.

Liz a-t-elle montré de l'empathie à l'égard de Katrina ? Katrina est jalouse et elle a du ressentiment contre Liz depuis qu'elles sont enfants, ne se jugeant pas du tout à sa hauteur. Elle s'est sans doute sentie seule et furieuse contre Liz, mais Liz n'a pas du tout pris en compte les sentiments de sa sœur et c'est la raison pour laquelle cette dernière l'a rejetée.

Liz n'a pas non plus exprimé ses propres sentiments de façon directe et respectueuse. Quand Katrina a constaté : « Nous n'avons rien en commun », Liz s'est sentie blessée, rejetée et triste, mais au lieu d'en parler elle a affirmé : « Je veux me rapprocher de toi. » En prononçant ces mots, toutefois, elle a menti parce qu'elle n'avait pas vraiment envie de cela à ce moment précis. Bien au contraire ! Liz a exprimé sa colère et elle a dénigré Katrina qui, à son tour, l'a rejetée. Liz a ensuite accusé sa sœur d'être jalouse et lui a enjoint d'être « réaliste ». Ce n'était certainement pas une façon d'exprimer un amour sincère, ou tout simplement du respect.

Liz a obtenu 0 sur 3 à la check-list ECR. Passons maintenant à l'étape 4. Quelles sont les conséquences de la réponse de Liz sur sa sœur ? C'est une évidence, comme l'a constaté Liz elle-même : « Katrina me verra comme une adversaire et en conclura que nous n'avons toujours rien en commun. »

Mettez-vous à la place de Liz et voyez si vous pouvez proposer une réponse plus efficace à l'affirmation de Katrina : « Nous n'avons rien en commun », en recourant aux cinq secrets d'une communication efficace. Notez votre réponse corrigée sur une feuille.

Étape 5. *Réponse corrigée*

Voici ce que Liz et moi-même suggérons :

« Katrina, c'est très douloureux de t'entendre affirmer que nous n'avons rien en commun, mais je suis d'accord avec toi (S, E, TD). Nous n'avons pas eu une relation extraordinaire toutes ces années et j'en suis tout à fait désolée (TD, S). Tu parais vraiment furieuse contre moi (ER). Je sais qu'une grosse partie du problème vient de moi, mais pendant longtemps je ne l'ai pas compris. Je continuais donc à t'en vouloir (TD). Je désire que tu le saches, je t'aime et je me sens triste que nous n'ayons jamais été proches l'une de l'autre (G, S). Tu veux bien que nous nous donnions une autre chance ? J'aimerais que tu me dises ce que tu ressens (Q). »

On peut penser qu'en déclarant : « Nous n'avons rien en commun », Katrina essayait de fermer définitivement la porte à sa sœur, mais il existe une autre manière de voir les choses. Il arrive que les gens construisent un mur autour d'eux et se montrent ombrageux pour se protéger en fait de la déception et des blessures. Liz pourrait voir la rebuffade de Katrina comme une occasion en or pour se rapprocher d'elle. Cela implique de valider les sentiments de Katrina, de l'encourager à s'ouvrir et de lui dire qu'elle l'aime. Liz devra partager ses propres sentiments de façon ouverte et en faisant également preuve de respect.

Vos hypothèses et vos convictions concernant une relation auront un effet presque instantané sur la suite des événements. Si vous vous persuadez que l'autre est votre ennemi, vous allez inévitablement entrer en guerre. Mais si vous pensez que le conflit peut être une chance de développer une meilleure entente et une plus grande affection mutuelle, votre « adversaire » vous considérera peu à peu comme un allié. C'est l'un des principes fondamentaux de la thérapie cognitive relationnelle : nous créons notre propre réalité interpersonnelle à chaque moment de la journée, mais sans nous apercevoir que nous avons autant de pouvoir.

La réconciliation avec Katrina demandera beaucoup plus qu'une simple réponse habile de la part de Liz. Si Katrina commence à s'ouvrir, il sera essentiel que Liz ne se mette pas sur la défensive. Il ne fait aucun doute que Katrina tient prête une longue liste de critiques, qu'elle se sent blessée et qu'elle doit se décharger d'une bonne dose d'injustices. Mais si Liz écoute et continue à valider les réclamations de sa sœur de façon respectueuse et affectueuse, il y a de fortes chances que celle-ci baisse la garde et voie sa cadette sous un jour bien plus positif.

Comment s'en sortir face à la critique

La critique est sans doute le problème le plus courant que l'on rencontre dans les relations, et si vous voulez apprendre à bien le maîtriser, la technique du désarmement sera l'outil essentiel pour y parvenir. En l'utilisant correctement, vous pouvez écarter presque toutes les critiques instantanément. Toutefois, cela peut se révéler difficile parce que c'est toujours douloureux lorsque quelqu'un vous reproche quelque chose. De plus, les réflexions qu'on vous adresse paraissent souvent fausses, injustes ou mesquines. Nous avons donc tendance à nous en indigner, ce qui ne fait évidemment qu'empirer la situation.

Au cours de l'un de mes ateliers, une enseignante anglaise d'université qui répondait au nom de Sylvia nous a décrit le long conflit qui l'avait opposée à sa sœur. « Je suis la seule dans notre famille à être allée à l'université et à avoir obtenu un diplôme, a-t-elle raconté. Ma relation avec Joan a toujours été houleuse. Depuis notre enfance, elle m'accusait de me sentir supérieure et de la mépriser. C'était injuste. Mais comment lui montrer qu'elle se trompait ? »

Essayer de prouver à quelqu'un qu'il se trompe sur vous peut se révéler malaisé, surtout lorsque ce quelqu'un fait montre de sentiments négatifs à votre égard depuis longtemps. Qui plus est, il ne verra pas qu'il fait une erreur avant que vous-même n'acceptiez qu'il ait raison. Il n'est pas du tout question ici de manipulation par les mots ou de ruse. Vous devez accepter que ces critiques soient parfaitement fondées. Mais ce n'est pas toujours évident, parce que souvent nous ne voulons pas voir les effets de notre comportement sur les autres.

J'ai demandé à Sylvia si elle pensait qu'il pouvait y avoir une part de vérité dans les critiques de Joan. Elle a insisté sur le fait qu'elle n'avait jamais montré de sentiment de supériorité ni adopté une attitude suffisante à l'égard de sa sœur. Je lui ai suggéré alors de me donner un exemple de ce qui s'était produit lorsqu'elles avaient essayé de parler ensemble. Sylvia m'a expliqué que la semaine précédente Joan lui avait lancé : « Tu penses que tu vaux bien mieux que toute la famille ! » et elle avait rétorqué : « Tu ne connais même pas ma vie ! »

Passons à l'étape 3. Diriez-vous que la réponse de Sylvia était un exemple de bonne ou de mauvaise communication ? Sylvia a-t-elle témoigné de l'empathie et a-t-elle compris ce que ressentait sa sœur ? A-t-elle exprimé ses propres émotions de façon ouverte, en utilisant des expressions comme « Je ressens » ? A-t-elle fait preuve d'affection ou de respect ? Relisez la check-list ECR page 114 et prenez le temps d'y réfléchir avant de continuer votre lecture.

Étape 3. Bonne communication contre mauvaise communication

Voici comment Sylvia a évalué sa réponse :

« Ma réponse est un exemple de mauvaise communication parce que je n'ai pas tenu compte des sentiments de Joan et je n'ai pas tenté de déceler une parcelle de vérité dans ses critiques. Je n'ai fait que me défendre. Je n'ai pas partagé mes propres sentiments non plus. Je me sentais blessée, triste et j'étais en colère, mais je n'en ai pas parlé à Joan. J'ai sous-entendu au contraire que c'était une idiote et qu'elle ne savait pas de quoi elle parlait. À l'évidence, il n'était pas question d'affection ni de respect. »

Passons à l'étape 4 : réfléchissez aux conséquences de la réponse de Sylvia. Qu'a pu penser Joan et quels ont été ses sentiments en entendant Sylvia s'écrier : « Tu ne connais même pas ma vie » ?

Sylvia a eu l'air de dire à Joan qu'elle se trompait, et c'est exactement ce dont s'est plainte Joan. Le commentaire de Sylvia sonnait comme une critique. Elle aurait tout aussi bien pu s'exclamer : « Tu es une idiote ! Tu ne sais pas de quoi tu parles ! » Joan sera donc encore plus convaincue que sa sœur croit valoir mieux que toute la famille réunie.

Je l'ai fait remarquer à Sylvia : sa conviction que Joan ne pouvait pas avoir raison a renforcé le reproche que lui a adressé Joan. Sylvia se sent réellement supérieure à elle, et Sylvia a transmis ce message condescendant dans la réponse qu'elle a faite à sa sœur.

La question qu'avait posée Sylvia était en fait celle-ci : « Comment puis-je montrer à ma sœur qu'elle se trompe sur moi ? » Ce fut douloureux pour Sylvia de découvrir que sa sœur ne se trompait pas à son sujet : elle avait réellement traité Joan de façon méprisante.

Maintenant, mettez-vous à la place de Sylvia et voyez si vous pouvez proposer une réponse plus efficace. Souvenez-vous, Joan a dit : « Tu penses que tu vaux mieux que toute la famille ! » Vous pouvez vous servir de n'importe quel secret de la communication efficace (page 145), mais la technique du désarmement est de loin la meilleure. Joan ne verra qu'elle se trompe au sujet de Sylvia que si celle-ci admet le bien-fondé de sa critique. Cela demandera du courage, de l'amour et de l'humilité. Notez votre réponse corrigée sur une feuille puis reprenez votre lecture.

Étape 5. Réponse corrigée

Voici la réponse à laquelle Sylvia et moi sommes parvenus :

> « Tu as raison, Joan, je pense que j'ai parfois agi avec condescendance (TD, EV). Cela m'attriste que tu dises cela, parce que je me rends compte que je t'ai déçue, et je pense que je ne t'ai jamais dit combien je t'aime (S, TD, G). Ça ne me surprendrait pas que tu te sentes aussi blessée et furieuse contre moi (ER). Parlons-en (Q). Tu peux m'en dire plus sur ce que j'ai fait ou dit qui t'a déplu (Q) ? »

Cette réponse démontre la loi des contraires dont nous avons parlé au chapitre 13. Lorsque Sylvia admet que les critiques de Joan sont fondées, celles-ci ne semblent plus valables parce que Sylvia fait alors preuve d'humilité ; elle exprime des remords et de l'amour. Ce n'est pas la manière dont communiquent les gens qui se sentent supérieurs ! Si Sylvia parle avec son cœur, la perception que sa sœur a d'elle va changer, et elles auront ainsi la chance de pouvoir reconstruire leur relation.

QUATRIÈME PARTIE

Les cinq secrets
d'une communication efficace
adaptés à votre cas

19

Bien maîtriser ces cinq secrets

Si vous voulez vous servir de ces outils dans votre vie quotidienne, voici quatre points essentiels à retenir :

1. Vous devrez étudier soigneusement ces méthodes et vous assurer qu'elles signifient quelque chose pour vous.
2. Vous devrez faire preuve d'humilité. Il n'est pas du tout facile de reconnaître que vous avez contribué au problème dont vous vous plaignez, et cela n'a rien de drôle non plus d'admettre que les critiques énoncées contre vous ne sont pas toutes fausses. Si vous maîtrisez votre ego dès le départ, ce sera beaucoup moins difficile.
3. Vous devrez avoir très envie de développer une relation plus affectueuse ou satisfaisante avec votre partenaire. Sinon, aucune de ces techniques ne vous sera utile.
4. Vous devrez faire preuve de patience, de persévérance et vous entraîner.

Lorsque j'ai commencé à apprendre ces méthodes, je me servais tous les soirs du journal de bord des relations pour analyser et modifier mes relations avec mes patients, mes collègues et les membres de ma famille. Les quatre premières étapes étaient souvent douloureuses, surtout lorsque j'examinais les incidences de mon comportement sur les autres. Lorsque je passais à l'étape 5, mes réponses corrigées étaient plutôt vaseuses au début. Mais, au bout d'un moment, je me suis amélioré.

Maîtriser les cinq secrets d'une communication efficace ressemble beaucoup à la pratique du tennis. Au départ, cela paraît plutôt délicat, et vos balles ne vont peut-être pas là où vous souhaitez qu'elles aillent. Mais si vous jouez régulièrement, vous vous améliorerez peu à peu.

Maintenant, ces techniques sont devenues une seconde nature. Je les utilise chaque jour pour mes consultations, mes cours et ma vie personnelle. Je ne prétendrai pas que je suis constant à 100 %, et il arrive que j'oublie d'y recourir. Mais je m'en sers la plupart du temps et elles fonctionnent vraiment bien. Elles ont beaucoup changé ma vie. Je suis convaincu que cela peut être la même chose pour vous.

C'est le bon moment pour compléter l'étape 5 du journal de bord sur lequel vous avez déjà travaillé (page 109). Demandez-vous ce que vous auriez pu dire à l'autre de plus efficace, en utilisant les cinq secrets d'une communication efficace. Notez votre réponse corrigée sur la page 109. Souvenez-vous d'indiquer les techniques de communication que vous utilisez, en mettant leur abréviation entre parenthèses à la fin de chaque phrase (voir la liste page 145). Identifier les techniques utilisées va accélérer votre apprentissage de manière considérable.

Il n'existe aucune formule pour vous apprendre de quelle manière et dans quelles circonstances utiliser telle ou telle technique. Parfois, vous suivrez la technique du désarmement pour commencer et vous reconnaîtrez que l'affirmation de votre partenaire est très pertinente. Vous pourrez aussi vous servir de l'empathie verbale et récapituler ce qu'il vous aura dit : il verra ainsi que vous l'avez écouté. Ou encore utiliser l'empathie pour le ressenti et prendre en compte ce que votre interlocuteur ressent. Enfin, vous pourrez aussi répondre simplement par un « Je ressens », comme par exemple : « Waouh, je suis vraiment sidéré (S). » Tout est possible en fonction de la créativité de chacun.

Si votre réponse corrigée n'a pas l'air sincère ou naturelle, elle ne servira à rien. Parfois, elle vous semblera solide au départ, mais lorsque vous la relirez quelques heures plus tard, vous découvrirez qu'elle sonne faux, que vous vous y montrez hostile, ou encore que vous étiez sur la défensive au moment où vous l'avez rédigée. Vous pouvez la corriger pour l'améliorer. Proposer de bonnes réponses demande beaucoup de pratique. Lorsque j'ai commencé à travailler sur le journal de bord des relations, j'ai dû souvent revoir mes réponses entre cinq et dix fois avant d'en trouver une qui me convenait parfaitement. Complétez l'étape 5 de votre propre journal de bord avant de continuer.

La lecture a son utilité mais pour apprendre à vous servir de ces techniques dans la vie réelle, les exercices écrits sont indispensables. Je vous recommande de travailler sur le journal de bord entre dix et quinze minutes tous les jours. Souvenez-vous que vous pouvez photocopier des copies supplémentaires dans votre cahier d'exercices. Toutefois, il n'est pas nécessaire que vous complétiez les cinq étapes en une seule fois : faites les trois ou les quatre premières aujourd'hui et la cinquième demain. Une nuit de sommeil vous aidera peut-être à voir quelque chose qui vous avait échappé de prime abord. Mais il vous faudra sans doute effectuer plusieurs essais avant de découvrir une bonne réponse pour l'étape 5. Ne vous découragez pas : en persévérant vos progrès se révéleront extraordinaires, ne l'oubliez pas.

20

Utiliser ces cinq secrets en temps réel : l'exercice des relations amicales

Une fois que vous aurez complété l'étape 5 et que votre réponse corrigée vous conviendra, demandez-vous si vous êtes capable de vous servir judicieusement des cinq secrets de la communication efficace dans la vie réelle. Si vous fonctionnez comme n'importe qui d'entre nous, vous serez d'abord tellement prisonnier de vos sentiments et de vos réflexes habituels que vous oublierez de les utiliser. Ou alors, en tentant de les mettre en pratique, vous commettrez des erreurs sans en être conscient, et n'obtiendrez pas l'effet escompté. Pour beaucoup, le plus difficile consiste à abandonner un comportement défensif face à la critique.

Ne perdez pas courage ! J'ai mis au point une technique vraiment efficace de jeu de rôle, et elle favorisera une réponse habile à tout conflit ou problème en temps réel. Je l'ai appelé « exercice relationnel », et au cours de mes séminaires à Stanford comme pendant mes ateliers, cet exercice a été plébiscité tant il s'est révélé utile.

Pour faire l'exercice, vous avez besoin d'un partenaire. De préférence, ne choisissez pas la personne avec laquelle vous êtes en conflit, mais plutôt quelqu'un qui vous aide à améliorer votre communication avec les autres : un ami, un membre de votre famille ou un collègue. Ce partenaire tirera profit de l'exercice tout autant que vous, soyez-en sûr.

Voici la marche à suivre : demandez à votre partenaire de jouer le rôle de la personne avec laquelle vous êtes fâchée (votre adversaire, donc). Il doit vous attaquer comme le ferait votre véritable adversaire. Donnez-lui une copie du journal de bord des relations en le priant de lire l'étape 1 à haute voix avec enthousiasme. Par exemple, il dira : « Tout ce qui t'intéresse, c'est ta petite personne », ou bien : « Tu es très exigeant », ou encore : « J'ai raison et c'est toi qui as tort. » Votre tâche consistera à lui répondre aussi efficacement que possible, en vous servant des cinq secrets de la communication. Assurez-vous que vous avez tous deux une copie de la liste des cinq secrets de la page 145, pour pouvoir y faire référence pendant le jeu.

Après avoir répondu à l'attaque de votre partenaire, interrompez le jeu, donc l'échange. Limitez-vous à cette attaque de votre partenaire et à la réponse que vous lui avez faite. C'est essentiel. Demandez ensuite à votre partenaire de vous donner trois retours spécifiques sur la façon dont vous avez réagi, en se servant pour ce faire de la liste de la page 256.

Votre partenaire vous attribuera d'abord une note entre A et F afin que vous ayez une vue d'ensemble de l'échange. Si vous faites l'exercice pour la première fois, il vous donnera presque à coup sûr une note en dessous de A, mais même les psychologues ont de mauvaises notes lorsqu'ils se livrent à l'expérience, et les B, C et D sont courants. La note est essentielle :

elle vous indique tout de suite votre niveau. Par exemple, si vous obtenez un B, cela signifie que vous vous en êtes plutôt bien tiré, mais que vous pouvez mieux faire.

Après avoir eu votre note, demandez à votre partenaire de commenter ce que vous avez réussi et ce que vous avez raté. Qu'est-ce qui a marché ? Qu'est-ce qui n'a pas fonctionné ? Et qu'a-t-il remarqué concernant le langage de votre corps ? Aviez-vous l'air ouvert, réceptif, intéressé ? Ou au contraire avez-vous haussé les épaules, vous êtes-vous détourné, avez-vous froncé les sourcils ?

Enfin, demandez-lui comment vous avez utilisé les cinq secrets. De même que n'importe qui, vous avez très bien pu ignorer ces techniques ou bien en laisser de côté une qui vous aurait été utile. Par exemple, votre partenaire vous fera remarquer que vous n'avez pas répété à l'identique ce qu'il a dit, ou bien que vous n'avez pas tenu compte de sa colère. Peut-être n'avez-vous pas non plus décelé la vérité dans ses paroles.

LES INSTRUCTIONS DE L'ADVERSAIRE

1. **Attaquez votre partenaire.** Lisez l'une des affirmations de l'étape 1 sur le journal de bord des relations de votre partenaire en mettant le ton. Votre partenaire y répondra aussi efficacement que possible en se servant des cinq secrets de la communication efficace. Puis cessez le jeu de rôle et passez à l'étape 2. Résistez à l'envie de critiquer ou de dialoguer.

2. **Évaluez votre partenaire.** Notez sa réponse d'une façon générale. A-t-il obtenu A, B, C ou D ? Au début, il aura probablement B, C ou même moins. Cette note sera néanmoins très précieuse parce que votre partenaire verra ainsi comment il s'est comporté.

3. **Retour d'ensemble.** Expliquez à votre partenaire ce qui a marché ou au contraire ce qui n'a pas fonctionné. A-t-il donné l'impression de simuler ou ses paroles ont-elles sonné juste ? Sa réponse conduira-t-elle à une plus grande bienveillance, à plus de confiance et d'ouverture ou à une hostilité plus marquée ? A-t-il favorisé la communication et la confiance, ou a-t-il construit un mur et vous a-t-il repoussé ? Commentez ce qu'il a dit et le langage de son corps.

Si votre note est en dessous du A, et je vous garantis que cela peut arriver, inversez les rôles. C'est maintenant vous l'adversaire et votre partenaire joue votre ancien rôle. Attaquez-le en reprenant l'affirmation qu'il a précédemment utilisée et il essaiera de trouver une réponse plus efficace. À vous d'effectuer les trois retours possibles que nous avons vus précédemment.

- Donnez à votre adversaire une note comprise entre A et F.
- Expliquez-lui dans quelle mesure sa réponse a été efficace. Qu'est-ce qui a marché et qu'est-ce qui n'a pas fonctionné ?
- Dites-lui s'il a su utiliser les cinq secrets de la communication ou si, à l'inverse, il n'y est pas arrivé.

Vous apprendrez beaucoup en tenant le rôle de l'adversaire. Par exemple, vous verrez combien cela peut être irritant de voir l'autre répondre en se tenant sur la défensive ou oublier de prendre en compte vos sentiments. Ou encore lorsque vous exprimez des émotions comme le découragement, la culpabilité ou l'inutilité des efforts, et que l'autre essaie de vous réconforter au lieu d'insister et de vous encourager à vous confier davantage. Cela peut être rassurant de voir qu'il est tout aussi difficile pour les autres de

répondre intelligemment dans les situations conflictuelles. C'est un savoir-faire que nous devons apprendre
à maîtriser.

Répétez l'exercice jusqu'à ce que vous réussissiez à
apporter une réponse optimale à presque toutes les
attaques que vous lancera votre adversaire. Vous n'y
parviendrez sans doute pas dès le début, mais votre
compréhension et votre compétence se développe-
ront de façon significative à chacun de vos exercices.
Beaucoup de mes collègues et de mes patients m'ont
raconté que ces exercices avaient changé leur vie.

Notez ce point important que beaucoup oublient :
il faut travailler sur une seule critique, à laquelle cor-
respondra une seule réponse. Et puis, ne parlez pas
trop lorsque vous faites ce jeu de rôle : quand votre
adversaire vous attaque, vous lui répondez, point. Il
fera de même dans la foulée. Si vous ignorez cette
consigne et que vous poursuiviez le dialogue, vous ne
contrôlerez plus rien et vous vous sentirez tous deux
désorientés et démoralisés. Une attaque, une réponse,
c'est tout.

Pour cet exercice, procédez comme pour l'étape 5
du journal de bord des relations, mais cette fois,
exprimez-vous par la parole plutôt que par l'écriture.
Vous découvrirez que le jeu de rôle peut être tout à
fait réaliste et impressionnant. C'est pour cela qu'il est
aussi utile.

Mettre le doigt sur votre angle mort

En vous livrant au jeu de rôle, vous vous apercevrez
peut-être que vous avez du mal avec une technique,
et de façon récurrente. Ou alors que vous oubliez

complètement de vous en servir. Par exemple, de nombreuses personnes ont au départ des problèmes avec la technique du désarmement. Elles se mettent sur la défensive et ne voient pas de vérité dans les critiques énoncées par l'adversaire. D'autres, au contraire, ont des difficultés avec l'empathie verbale ou avec l'empathie pour le ressenti. Rattrapées par leurs propres émotions, elles ne réussissent pas à se souvenir de ce que l'autre a dit, ou oublient d'inclure ce que peut ressentir l'autre. Pas mal de gens ne savent pas utiliser le questionnement. Ils s'excusent ou bien cherchent une façon de régler ce problème. D'autres encore ont du mal avec le « Je ressens » : ils refoulent leurs sentiments et finissent par donner une fausse impression. Si vous vous sentez blessé ou furieux, vous pouvez oublier aussi de faire preuve de gentillesse. Il n'y aura donc aucune bienveillance ou pas la moindre trace de compréhension dans vos réponses.

Lorsque vous êtes parvenu à identifier la technique qui vous pose problème, exercez-vous à la maîtriser en demandant au partenaire de votre exercice de vous attaquer encore et encore avec de petites phrases chocs, du style « Tu es un perdant », et en y répondant par la technique que vous maîtrisez mal. Par exemple, s'il s'agit de « Je ressens », répondez quelque chose comme « Je ressens X ou Y » – X ou Y correspondant à des sentiments que nous avons vus page 121. Gardez à la main cette liste de mots lorsque vous faites l'exercice, de façon à vous en servir facilement.

Vous pouvez, par exemple, répondre : « Je me sens blessé et critiqué. » Puis votre partenaire vous attaquera de nouveau, et vous répliquerez avec un autre « Je ressens ». À force de faire cet exercice, vous acquerrez un certain savoir-faire dans la technique qui vous paraissait difficile. Et vous verrez aussi que vous ne serez plus si anxieux et déconcerté, au milieu d'une vraie dispute, parce que la pratique vous aura immunisé jusqu'à un certain point. Vous apprendrez ainsi à rester calme au cœur de la bataille.

Lorsque vous n'obtiendrez plus que des notes élevées pour cet exercice, vous serez prêt à utiliser les cinq secrets de la communication efficace dans des situations réelles. La première fois que vous le ferez, avec de la chance, vous obtiendrez une réponse formidable de la part de l'autre – et ce sera fantastique parce que vous constaterez immédiatement combien ces techniques sont efficaces.

Si en revanche les techniques ne semblent pas fonctionner dans la réalité, ne renoncez pas. Selon toute probabilité, vous ne les avez pas utilisées correctement en amont, comme cela arrive souvent. Reprenez les bases. Remplissez le journal de bord et concentrez-vous sur le moment précis où les techniques n'ont pas marché. Notez ce que votre interlocuteur vous a dit (étape 1) et ce que vous lui avez répondu (étape 2). En exécutant les étapes 3 et 4, vous découvrirez à coup sûr pour quelle raison votre affirmation n'a pas produit les effets escomptés et pourquoi le conflit s'est envenimé. Arrivé à l'étape 5, vous pouvez apporter une réponse plus efficace.

L'apprentissage de ces techniques est difficile pour tout le monde. S'il était facile d'écouter, de partager ouvertement ses sentiments et de faire preuve de respect, le monde serait bien différent !

21

Entraînement pour les couples : une minute d'exercice montre en main

Si la personne avec laquelle vous êtes en mauvais termes est un proche, comme votre conjoint, et que vous souhaitiez tous deux améliorer la qualité de votre relation, une minute d'exercice montre en main peut vous donner un formidable élan. Cet exercice facile à mettre en place vous permettra d'améliorer presque instantanément votre savoir-faire en communication dans un environnement favorable et dépourvu de tension. Vous apprendrez à exprimer vos sentiments de manière efficace et à écouter plus intelligemment.

La principale différence entre l'exercice du jeu de rôle et cette minute d'exercice tient au fait que dans le jeu de rôle votre partenaire peut être un collègue, un ami ou un membre de votre famille qui a accepté de vous aider pour mettre les techniques en pratique, alors que dans le cadre de la minute d'exercice, il s'agit de la personne avec qui vous avez des problèmes relationnels.

Voici comment ça marche. L'un de vous deux sera celui qui parle, l'autre celui qui écoute. Le premier dit tout ce qui lui passe par la tête pendant environ trente secondes, puis le second résume ses paroles. Il doit également faire état des sentiments qu'il aura perçus, aussi exactement que possible. Ensuite, celui qui a pris la parole donne à l'autre une note comprise entre 0 % et 100 % pour estimer le degré d'exactitude du résumé. Si la note se situe en dessous de 95 %, celui qui a parlé doit indiquer ce que l'autre a raté ou mal saisi. Enfin, celui qui a écouté récapitule la partie sur laquelle il a commis des erreurs, et celui qui parle lui attribue une nouvelle note qui, logiquement, sera plus élevée. N'hésitez pas à répéter l'exercice jusqu'à ce que cette note atteigne au moins 95 %. Inversez aussi les rôles, celui qui parle devenant celui qui écoute et vice versa. Celui qui parle peut continuer sur le même thème ou au contraire en choisir un complètement différent.

N'importe qui peut se livrer à cet exercice : conjoint, concubin ou collègue, aussi bien que des parents avec leurs enfants. Il requiert simplement deux individus coopératifs, décidés à améliorer leur relation. Car si l'un des deux se montre hostile, ou se trouve dans un état d'esprit vindicatif par rapport à l'autre, ou encore s'il ne veut plus de la relation, cet exercice n'apportera probablement aucune aide.

Prenez un quart d'heure pour faire un tel exercice. Choisissez une pièce calme et assurez-vous que vous ne serez pas interrompus. Éteignez la télévision, la radio, votre chaîne stéréo et fermez la porte. Rien ne doit vous distraire.

Asseyez-vous l'un en face de l'autre, avec votre partenaire, et décidez qui prendra la parole en premier et qui écoutera. Que vous commenciez par l'un ou l'autre rôle importe peu parce que ces rôles vont s'intervertir au cours de l'exercice.

Instructions à celui qui parle

Lorsque c'est vous qui parlez, votre tâche consiste à exprimer vos pensées et vos sentiments comme à exposer les problèmes que vous avez du mal à gérer. C'est pour vous une chance de pouvoir dévoiler tout ce dont vous avez envie, mais n'oubliez pas de vous limiter à trente secondes et d'aller à l'essentiel. Trente secondes chargées en émotion seront déjà suffisamment difficiles à gérer pour votre partenaire.

Comme ce dernier vous écoute avec attention, vous n'avez pas besoin d'appuyer vos mots ni d'adopter un ton sec. Formulez vos sentiments dans un langage fort, clair et direct sans crier, exagérer ni critiquer votre partenaire. Vous direz par exemple :

« Quand je rentre du bureau, je suis fatigué et j'ai besoin d'un peu de tranquillité. Mais tu es là à me harceler, à insister pour que je me consacre un moment aux enfants. Du coup, je me sens frustré et dérangé. Je travaille dur, aussi je suis épuisé à la fin de la journée. Je pense que je mérite de pouvoir me détendre un instant, me relaxer sans avoir à écouter tes exigences.

» Autre chose me dérange. J'ai l'impression que tu essaies toujours de me contrôler et de me dire ce que je dois faire. Mais quand je te le fais remarquer, tu joues l'innocente et tu dis que tout est ma faute. Cela me met en rogne. J'aimerais que tu admettes, juste une fois, que tu n'es pas parfaite. Tu as autant de défauts que moi. »

Lorsque vous avez terminé, votre partenaire essaie de résumer exactement ce que vous avez dit et ce que vous ressentez probablement. Dans l'exemple ci-dessous, celui qui écoute peut répondre :

« Tu me dis que tu es épuisé lorsque tu rentres du bureau le soir parce que tu as travaillé dur toute la journée. Quand je te demande de passer du temps avec les enfants, tu te sens frustré parce que tu es fatigué et que tu as besoin de temps pour décompresser. Tu me trouves très exigeante et tu imagines sans doute que je ne t'apprécie pas. »

Lorsque votre partenaire a fini de résumer vos paroles, estimez la justesse de ce qu'il a dit sur une échelle de 0 à 100 %. Si le résultat se situe en dessous de 95 %, expliquez-lui ce qu'il n'a pas saisi. Dans notre exemple, le résumé de celui qui a écouté était convenable, mais il y manque plusieurs choses. Celui qui parle répondra donc, par exemple :

« Je t'attribue un résultat de 75 %. Tu as repris la quasi-totalité de mon discours, mais pas la partie dans laquelle j'ai mentionné que tu étais sur la défensive quand j'essayais de te dire que tu voulais tout contrôler. Lorsque je te critique, tu as toujours l'air sur la défensive et tu me reproches le problème. Tu agis comme si tu étais parfaite et tu n'admets jamais que cela puisse être ta faute. Cela m'ennuie. Juste une fois, j'aimerais que tu reconnaisses tes erreurs. »

Maintenant, vous êtes celui qui écoute avant de faire un résumé. Si votre taux atteint 95 % ou plus, vous êtes prêt pour un changement de rôle.

Instructions à celui qui écoute

Pendant que votre partenaire parle durant trente secondes, asseyez-vous et écoutez-le attentivement sans l'interrompre. Regardez-le dans les yeux afin qu'il perçoive votre attitude réceptive. Évitez de grimacer ou d'avoir un langage du corps négatif. Ne vous montrez pas catégorique ou sur la défensive. Ne vous affalez pas dans votre chaise et ne croisez pas vos bras devant vous dans une attitude de défi, parce que cela crée une impression d'hostilité. Ne levez pas les yeux au ciel et ne secouez pas la tête comme pour signifier : « Tu en fais trop. »

Vous n'avez à être ni en accord ni en désaccord avec votre partenaire. Efforcez-vous plutôt de comprendre exactement ce qu'il est en train de dire et de voir les choses de son point de vue. Puis demandez-vous ce qu'il peut éprouver, d'après ses paroles. Si vous le souhaitez, prenez quelques notes. Cela peut se révéler très utile parce que ce sera forcément les points essentiels et que cela vous évitera de vous torturer les méninges lorsque vous tenterez de vous rappeler ce qu'il a dit. Veillez toutefois à ne pas rester les yeux baissés sur vos notes. Regardez votre partenaire de temps en temps. Quand il aura fini de parler, résumez ses propos le plus précisément possible. Essayez de mentionner tous les points essentiels, puis évoquez ce qu'il ressent probablement.

Ne portez aucun jugement sur qui a raison et qui a tort. N'attaquez pas votre partenaire à propos des sentiments qu'il éprouve. Cherchez plutôt à comprendre son message. En résumant précisément son discours, il verra que vous l'avez écouté.

Si votre partenaire vous attribue un 95 % ou plus, il est temps d'inverser les rôles. Si vous obtenez moins, demandez-lui de vous dire ce qui a manqué ou ce qui était faux dans votre résumé. Écoutez-le attentivement puis, à nouveau, paraphrasez ses propos. Continuez ainsi jusqu'à ce que vous ayez obtenu 95 % ou plus.

Lorsque vous avez joué chacun les deux rôles au moins une fois, l'exercice est terminé. Vous pouvez soit décider d'en rester là, soit entamer une nouvelle rotation. Si tel est le cas, continuez sur le même sujet ou choisissez un autre thème. Cela n'a pas d'importance.

La première fois que vous résumerez les paroles de votre partenaire, vous obtiendrez peut-être un résultat assez faible. C'est tout à fait normal. Ne vous inquiétez pas, vous apprendrez vite : après avoir fait l'exercice plusieurs fois, les résultats sont presque toujours proches de 95 % ou plus.

Cette technique fonctionne-t-elle à tous les coups ? Non. Lorsque c'est vous qui parlez, si vos déclarations sont blessantes et cinglantes, elles ruineront les chances de succès de votre partenaire. Il sera évident que votre objectif aura été d'attaquer ou d'humilier plutôt que de partager vos sentiments de façon respectueuse.

De même, lorsque vous jouez le rôle de celui qui écoute, vous saboterez l'exercice si vous paraphrasez les affirmations de votre partenaire d'un ton sarcastique, pleurnichard ou condescendant, ce qui sera forcément interprété comme une manière de déclarer : « Va te faire voir ! Je me moque bien de ce que tu ressens. Nos problèmes viennent tous de toi. »

Ces techniques sont simplement des outils. Pour vous en servir avec succès, humilité et bonne volonté sont indispensables. Un chirurgien peut utiliser un scalpel pour sauver une vie, mais un meurtrier prendra ce même instrument pour trancher une gorge. Votre réussite dépend donc de la façon dont vous ferez usage de ces outils, et votre motivation aura un grand impact sur votre réussite : si vous ne désirez pas être proche de quelqu'un, aucune technique ne vous conduira à une plus grande intimité ou à un sentiment de confiance.

Si votre partenaire et vous souhaitez essayer l'exercice d'une minute, faites deux copies des quelques consignes afin de vous y référer au début. Mais après l'avoir réalisé une ou deux fois, vous n'aurez probablement plus besoin de les avoir près de vous.

CINQUIÈME PARTIE

Comment éviter les pièges courants

22

Au secours ! La technique des cinq secrets ne fonctionne pas !

Si vous recourez aux cinq secrets de la communication efficace avec habileté, vous échouerez rarement. Toutefois, au début, il se peut que vous trébuchiez et que la personne avec laquelle vous dialoguez soit encore plus contrariée. N'en concluez pas que les techniques ne fonctionnent pas. Ce serait comme reprocher à votre raquette de tennis d'être de mauvaise qualité lorsque vous heurtez le filet avec la balle. En fait, vous n'avez sans doute pas su les utiliser.

J'ai animé des milliers de sessions thérapeutiques avec des hommes et des femmes qui souffraient de problèmes relationnels, et des milliers de psychologues ont participé à mes ateliers aux États-Unis et au Canada. Ces expériences m'ont montré que les gens commettent presque toujours un certain nombre d'erreurs prévisibles lorsqu'ils apprennent à maîtriser les cinq secrets. Et les individus que j'ai entraînés ont fait au départ les mêmes erreurs. Mais si vous êtes conscient des pièges suivants, vous vous épargnerez quelques angoisses.

Les erreurs fréquentes
dans la technique du désarmement

Certaines personnes comprennent complètement de travers le fonctionnement des cinq secrets. Prenons l'exemple de Milfred, qui m'a dit avoir expérimenté sans succès la technique du désarmement avec son mari Brad. Elle a ajouté qu'elle n'en a pas été surprise parce qu'il était tout simplement impossible de s'entendre avec lui.

Milfred m'a raconté qu'à la suite d'une de nos séances elle était rentrée à leur domicile et avait préparé à Brad son plat favori pour lui faire une surprise à son retour du bureau. Elle avait travaillé pendant des heures devant ses fourneaux, puis disposé des bougies sur la table du dîner, mis une robe sexy, tamisé la lumière et allumé les bougies juste avant l'arrivée de son mari.

À la vue de ces préparatifs, Brad avait eu l'air déconcerté. Il avait demandé à Milfred quelle occasion spéciale valait un tel repas. Elle avait répondu : « J'ai pensé que tu méritais une récompense après ta journée de travail. »

Ils étaient passés à table, et Milfred avait demandé à Brad si le dîner lui plaisait. Il avait dit que oui. Elle avait insisté : « Est-ce qu'il y a quelque chose qui ne va pas ? » Il aimait tout, a-t-il répondu, mais à son avis le porc était un peu sec. Blessée, Milfred avait sèchement répliqué : « Eh bien, si tu n'aimes pas le porc, tu peux aller te faire voir ! »

Je lui ai expliqué que je comprenais pourquoi la technique du désarmement n'avait pas été aussi efficace qu'elle l'aurait souhaité. Si les intentions de

Milfred étaient bonnes, elle n'avait pas réellement compris la technique. Pour elle, il s'agissait d'être gentille avec la personne qui lui posait un problème relationnel. Mais s'il est tout à fait louable de se montrer attentionné ou d'avoir des gestes affectueux envers quelqu'un à qui on tient, la technique du désarmement est tout autre. Pour désarmer une critique, il faut chercher la part de vérité contenue dans le discours qui vous est adressé, même si celui-ci vous semble irrationnel ou injuste.

Autres problèmes posés par la technique du désarmement :

1. *Ne pas réussir à dénicher la vérité dans ce que dit l'autre.* C'est extrêmement courant. Vos propres idées sont souvent si différentes ou votre propre vision de la situation obscurcit tellement votre esprit que vous êtes incapable de considérer les choses sous un autre angle. Parfois, la critique semble si menaçante ou déplorable que vous éprouvez un besoin urgent de vous défendre. Mais si vous cédez à la tentation, vous convaincrez presque toujours l'autre que ses critiques sont fondées, et la discussion n'en deviendra que plus houleuse.

2. *Montrer son accord d'une façon condescendante.* C'est tout aussi courant et très agaçant. Par exemple, quand quelqu'un vous critique, vous pouvez dire : « Oui, j'imagine tout à fait ce que vous pouvez ressentir » ou encore : « Oui, je vois bien ce que vous voulez dire. » Autant de manières subtiles d'affirmer : « Vous vous trompez ! »

3. *Manifester son accord de façon superficielle,* sans vraiment avoir compris ce que veut dire l'autre. En agissant ainsi, vous l'envoyez balader, et vous

ressemblez à un vendeur cherchant à embobiner un client pour lui vendre quelque chose.

4. *Le « oui, mais… »* du genre : « Je vois ce que vous entendez par là, mais… » Le mot *mais* montre toujours que vous vous défendez. En règle générale, évitez-le.

L'empathie pour le ressenti
et autres erreurs courantes

Vous vous en souvenez, l'empathie verbale implique que vous paraphrasiez ce qu'a dit l'autre, et l'empathie pour le ressenti, que vous saisissiez ce qu'il ressent d'après ses propos. Bien que cela semble plutôt simple, vous pouvez rencontrer plusieurs difficultés :

1. *Utiliser l'empathie verbale et pour le ressenti de façon stéréotypée ou dédaigneuse.* Par exemple, en usant en boucle de rengaines comme : « Tu sembles vouloir dire que… » Si quelqu'un déclare : « J'en ai assez », et que vous répondiez : « Tu sembles vouloir dire que tu en as assez », il risque de répliquer : « C'est bien ce que j'ai dit, imbécile ! » Et si vous continuez par : « Si je ne me trompe pas, tu viens de me dire que je suis un imbécile », cela rendra fou votre interlocuteur.

2. *Répéter comme un perroquet ce que l'autre a dit sans partager vos sentiments.* Il sentira que vous n'êtes pas sincère et s'agacera, comme le mari d'une de mes patientes qui disait : « Arrête ce cirque avec moi ! »

3. *Rater la cible.* Beaucoup de personnes sont tellement anxieuses et sur la défensive quand elles

préparent leurs réponses qu'elles ne parviennent pas à répéter ce que leur interlocuteur a dit. C'est surtout courant lorsque celui-ci se montre contrarié ou critique vis-à-vis de vous : vous essayez de répéter ses commentaires, mais vous les déformez et ratez complètement votre objectif.

4. *Avoir peur du conflit et des émotions.* L'erreur la plus courante, en termes d'empathie pour le ressenti, vient du fait que les gens ne savent pas utiliser les mots exprimant les sentiments (voir la liste page 121) pour évoquer ce qu'éprouve l'autre. La colère est l'émotion que l'on oublie le plus souvent, surtout si on est concerné. Beaucoup de personnes semblent craindre de reconnaître les sentiments négatifs, elles les considèrent donc à un niveau purement intellectuel. C'est ce que j'appelle la « phobie du conflit », et nous en parlerons plus en détail au chapitre 24. On peut également la désigner comme « phobie des émotions », « peur des émotions négatives », ou encore comme « perfectionnisme émotionnel ». Cela consiste à croire que nous devons toujours être heureux et de bonne humeur.

5. *Critiquer au lieu de prendre conscience de ce qu'éprouve l'autre.* Vous direz par exemple : « Tu es vraiment trop difficile ! » ou bien : « Tu n'as pas du tout le droit de ressentir ça ! » Ou vous reconnaîtrez ce qu'il ressent, mais en le jugeant ou en vous montrant hostile : « Tu sembles furieux. » Cela forcera pratiquement votre interlocuteur à nier sa colère parce que votre réflexion sonnera comme une critique ou une accusation.

6. *Dire aux autres comment ils se sentent plutôt que leur faire des suggestions.* Par exemple, affirmer :

« Évidemment, tu te sens X, Y ou Z » – X, Y et Z étant des sentiments qui figurent dans notre liste page 121 – produira l'effet inverse de celui escompté, parce que l'autre éprouve peut-être autre chose, ou il va avoir l'impression que vous lui dictez ce qu'il doit ressentir. Il est beaucoup plus efficace de poser des questions sur un ton amical, en suggérant par exemple : « J'imagine que tu dois éprouver X, Y ou Z, mais je n'en suis pas certain. Tu peux m'en parler ? »

Les erreurs souvent faites
au niveau du questionnement

L'objectif du questionnement, c'est de faire parler les autres en leur démontrant votre intérêt par votre gentillesse. Là encore, cela semble d'une simplicité enfantine, mais plusieurs erreurs sont fréquemment commises :

1. *Chercher à résoudre le problème.* Quand on est critiqué, on est parfois tenté de demander comment on peut régler le problème ou mieux faire. Par exemple, en disant : « Qu'aimeriez-vous que je fasse ? » ou bien : « Comment pourrions-nous solutionner cette question ? » La proposition semble partir d'une bonne intention, mais elle peut constituer une grosse erreur. Lorsque les gens sont contrariés, ils n'ont généralement pas envie que l'on se mêle de régler ce qui ne va pas. La plupart du temps, ils préfèrent que vous écoutiez et que vous essayiez de comprendre ce qu'ils ressentent. Nous parlerons davantage de ce piège dans le chapitre 23.

2. *Poser des questions toutes faites.* Rappelez-vous par exemple la formule rituelle des thérapeutes : « Bon, que pouvez-vous me dire d'autre ? »

3. *Formuler des questions sur un ton sarcastique ou avec un désir de confrontation.* Demander par exemple : « Qu'attendiez-vous de moi ? » n'est pas une interrogation sincère, mais une façon déguisée de vous défendre.

4. *S'excuser.* Assurer : « Je suis désolé », n'est souvent qu'une manière subtile de faire taire l'autre, parce que vous ne voulez pas savoir ce qu'il éprouve, pourquoi il est blessé ou furieux. Nous y reviendrons plus longuement au chapitre 25.

Les erreurs courantes commises dans l'utilisation du « Je ressens »

Nous sommes presque tous d'accord sur ce point : avoir confiance en soi et partager ses sentiments de façon directe et naturelle est éminemment important. Toutefois, plusieurs erreurs et malentendus sont susceptibles de ruiner vos efforts dans ce sens :

1. *Critiquer au lieu de partager ses sentiments.* Nombreux sont ceux qui hésitent à parler d'eux en avouant : « Je ressens ». Ils choisissent plutôt de critiquer l'autre, par exemple en déclarant : « J'ai l'impression que tu es contre moi », ou bien : « Pourquoi ne reconnais-tu pas que tu te trompes ? » ou encore : « Il me semble que tu n'écoutes pas du tout. » Loin de dévoiler vos propres sentiments, vous décrivez là le comportement de l'autre, et vous le critiquez.

2. *Parler sans cesse de soi pour tenter d'impressionner l'autre.* Les individus timides commettent presque toujours cette erreur, et on en trouve fréquemment des exemples lors de rendez-vous professionnels, de recherches d'emploi ou d'inscriptions dans des écoles. La plupart des gens veulent en effet que vous les écoutiez et que vous vous intéressiez à eux.

3. *Montrer une agressivité active ou passive.* Au lieu de partager leurs sentiments, certains s'en prennent violemment à l'autre, l'insultent ou le critiquent. Une attitude très tentante quand on est en colère ou frustré. Mais même si l'on en retire un sentiment de force ou de satisfaction, ce n'est pas très efficace parce que la personne incriminée va dévaluer votre pensée et vous considérer comme un cinglé ou comme un mauvais joueur.

D'autres souffrent du problème opposé : ils traitent l'autre de façon glaciale et refusent de parler lorsqu'ils vont mal. Ils le punissent donc par leur silence. Quels que soient leurs efforts pour cacher leur hostilité, leur refus de parler constitue une forme d'agressivité. Nous parlerons plus précisément de l'agressivité active et passive dans le chapitre 24.

4. *Avoir la phobie de la communication.* C'est sans doute le problème que je rencontre le plus souvent lorsque j'apprends aux gens à utiliser le « Je ressens ». Certaines personnes ont peur de partager ce qu'elles éprouvent parce qu'elles sont convaincues qu'elles ne devraient pas ressentir telle ou telle émotion, ou parce qu'elles ne veulent pas se rendre vulnérables.

Une femme m'a raconté un jour que sa mère lui avait conseillé de ne jamais dévoiler ses sentiments parce

276

que les gens pourraient s'en servir contre elle. Elle était séduisante, pétillante et n'avait aucun problème pour plaire aux hommes. C'était aussi une excellente femme d'affaires qui était à la tête d'une grande entreprise de bâtiment. Mais en fait elle était extrêmement seule parce qu'elle ne partageait aucune de ses émotions avec ses compagnons.

C'est ce que j'appelle la phobie de la communication. Les gens qui développent cette mentalité sont persuadés que quelque chose de terrible va se produire s'ils exposent leurs sentiments. Ou ils pensent qu'ils auront l'air idiot et que les autres les mépriseront, ce qui les rendra vulnérables. Leur problème fondamental est en fait leur manque de confiance en eux. Ils ne se fient pas à leurs propres sentiments et ne croient pas une seconde les autres capables de les aimer et de les accepter tels qu'ils sont.

Vous serez peut-être surpris d'apprendre que la plupart des thérapeutes rencontrent ce problème. Ils dissimulent presque toujours leurs sentiments et recourent souvent à des expressions convenues lorsqu'il y a de la tension pendant les séances de thérapie. Par exemple, ils lanceront : « Expliquez-vous » ou : « Merci d'avoir partagé cela », une formule très artificielle. Ou ils ne feront que reprendre les propos du patient, comme un miroir renvoie une image, sans le moindre commentaire. J'ai été entraîné à répondre ainsi pendant mon internat en psychiatrie, et mes patients trouvaient cela très pénible. Ils se plaignaient fortement de ce que je ne disais jamais rien qui puisse les aider. Mes superviseurs, qui étaient psychanalystes, estimaient que je faisais du bon travail, mais j'avais l'impression d'être dans *Alice au pays des merveilles*. Je me demandais comment je pouvais espérer voir grandir et devenir plus sincères et naturels mes patients alors que je me conduisais comme un véritable poseur.

Un neurologue, le Dr Weiss, m'a avoué un jour qu'il était inquiet au sujet de sa relation avec son fils Ralph. Celui-ci était étudiant en biologie et préparait son doctorat, mais il vivait toujours chez ses parents pour faire des économies. Le Dr Weiss adorait son fils, mais considérait qu'ils n'avaient jamais été vraiment proches l'un de l'autre. Lorsqu'ils étaient ensemble, ils échangeaient sur des sujets sans réel intérêt, comme le sport. Ralph n'exprimait jamais ses sentiments, n'évoquait jamais ses relations avec les femmes ou ses rêves.

Le Dr Weiss avait ajouté qu'il se sentait seul et avait envie de rapports plus riches avec son fils. Un de ses collègues avait récemment eu une attaque et son meilleur ami était soudain décédé, à la suite d'une crise cardiaque. Il venait d'avoir cinquante-huit ans et craignait de mourir sans avoir jamais vraiment connu son fils.

Je lui ai expliqué qu'avoir des relations proches avec quelqu'un dépendait de la volonté de chacun de laisser aller ses émotions. Cela signifiait dire à l'autre ce que l'on éprouvait et lui demander en retour comment il se sentait. Le Dr Weiss en est convenu et m'a demandé ce qu'il pourrait dire à son fils. J'ai répondu que c'était tout à fait simple : la prochaine fois qu'il lui parlerait, il tenterait d'évoquer ses sentiments en déclarant par exemple à Ralph qu'il l'aimait, mais qu'il se sentait seul parfois parce qu'ils ne parlaient pas souvent de ce qui les concernait tous les deux. Il pourrait lui dire aussi qu'il avait vraiment envie de mieux le connaître et de savoir comment allait sa vie.

Le Dr Weiss a semblé abasourdi. Il m'a répondu qu'il lui était absolument impossible d'avouer à Ralph qu'il se sentait seul. Cela lui paraîtrait étrange ou indigne d'un homme, et son fils penserait que son père était un cinglé. Il pouvait y avoir un peu de vérité dans ses inquiétudes, surtout si le Dr Weiss ne s'exprimait pas avec habileté, mais en fait ses craintes allaient bien au-delà : il était convaincu que même s'il réussissait parfaitement à exprimer ses sentiments ce serait de toute façon déplacé.

Il arrive que ce que vous craigniez le plus soit le chemin conduisant à la construction de votre moi, mais vous ne pouvez l'emprunter sans accepter de vous confronter à cette peur. Peut-être est-il difficile pour le Dr Weiss de s'ouvrir et de partager ses sentiments car il a suivi la même voie toute sa vie. Lorsque vous essayez de communiquer de façon différente, vous risquez d'avoir quelques difficultés au départ. Par exemple, si vous exprimez vos sentiments en vous dévalorisant, l'autre se sentira peut-être désolé pour vous. Si vous vous emballez et parlez de façon trop agressive, cela finira par provoquer une dispute…

Les exercices de jeu de rôle que nous avons vus dans les chapitres 20 et 21 peuvent vous aider à éviter ces pièges. Votre partenaire vous donnera un retour immédiat sur votre comportement et vous suggérera comment mieux exprimer vos sentiments. Vous aurez moins peur de vous montrer vulnérable. Avec la pratique, exprimer vos sentiments ne vous semblera plus aussi gênant ou effrayant. Vous constaterez aussi que votre partenaire n'est pas parfait, lui non plus, ce qui vous procurera un certain soulagement. Et, bien sûr, vous apprendrez à partager vos émotions avec habileté, en temps réel.

Le Dr Weiss a fait l'exercice avec moi dans mon cabinet. Il l'a refait chez lui avec sa femme avant de rassembler son courage pour approcher son fils. Il était mal à l'aise parce qu'il n'avait vraiment pas l'habitude de se livrer de sa sorte. Mais sa maladresse s'est révélée un atout, parce qu'il est apparu sincère et s'est ensuite comporté de façon gentille et affectueuse avec son fils. Au cours de leur discussion, il a été surpris d'apprendre que Ralph aussi se sentait seul et qu'il s'inquiétait pour son avenir professionnel. Bien qu'il ait eu de bons résultats, il doutait de lui car il ignorait s'il était suffisamment doué pour exercer dans la recherche. Il doutait aussi de ses capacités à enseigner : peu à l'aise pour parler en public, il avait tendance à se bloquer lorsqu'il devait présenter les résultats de ses recherches en cours. Il a avoué qu'il n'avait jamais partagé ses sentiments avec son père parce qu'il avait l'impression de ne pas avoir le droit de se montrer anxieux ou peu sûr de lui. Il avait également peur que son père soit déçu et le juge fou. Le Dr Weiss a été stupéfié de constater à quel point sa relation avec son fils s'est ensuite approfondie – après qu'il a eu trouvé le courage d'affronter ses peurs et de se confier.

Les fréquentes erreurs commises
en faisant preuve de gentillesse

Lorsque vous êtes en mauvais termes avec quelqu'un, un peu de gentillesse peut contribuer à améliorer la relation parce que tous les êtres humains ont un énorme besoin d'être aimé ou admiré. Toutefois, faire preuve de gentillesse s'accompagne souvent d'erreurs à éviter :

1. *Faire trop de compliments à l'autre.* Si vous tombez dans ce travers, vous donnerez l'impression

d'avoir besoin de beaucoup d'attention, d'être prêt à tout ou encore de vous sentir inférieur. Si vos compliments semblent exagérés, l'autre ne tiendra pas forcément compte de vos commentaires et en conclura que vous n'êtes pas franc et que vous essayez de le manipuler.

2. *Cacher vos sentiments.* Si vous n'êtes pas sincère et naturel lorsque vous complimentez l'autre, vos tentatives pour vous montrer gentil tomberont à plat. Par exemple, si vous êtes mal à l'aise ou troublé mais ne le reconnaissez pas, vos compliments pourront paraître hypocrites ou ressembler à du jargon de psy.

3. *Faire l'éloge de quelqu'un de façon superficielle ou hypocrite.* Certaines personnes font preuve de gentillesse pour éviter d'affronter un conflit et de la colère. J'ai illustré ce problème, lors d'un atelier à Seattle, par une démonstration de jeu de rôle. J'ai demandé à un thérapeute de jouer un patient difficile et en colère, et à un autre thérapeute d'essayer de lui répondre en utilisant les cinq secrets de la communication efficace. Le « patient » a accusé le thérapeute d'être un simulateur. Le thérapeute a répondu : « Je suis vraiment content que vous disiez cela. C'est courageux de votre part d'être aussi honnête. Cela a dû être difficile de me l'avouer. » Cette remarque a agacé l'homme qui faisait le « patient » parce qu'elle lui a paru condescendante et qu'elle n'était pas honnête non plus. Le thérapeute n'a certainement pas été « content » d'être ainsi critiqué, et ça n'a pas été difficile pour son « patient » de le critiquer. En fait, il a bien aimé agir ainsi !

23

Trouver la solution des problèmes

Vouloir aider l'autre ou résoudre le problème à tout prix sont deux attitudes que l'on rencontre fréquemment alors qu'il s'agit de savoir écouter. Nous pensons en général qu'aider et résoudre les problèmes qui se posent sont des réactions très positives. Nous voulons épauler les personnes auxquelles nous tenons et surmonter les difficultés qui surviennent dans nos relations. Mais il arrive qu'aider soit la chose la plus inutile au monde.

Lorsque aider fait mal à l'autre

Lorsque j'étais à Philadelphie, j'ai supervisé Jake, un étudiant en psychologie clinique qui ne parvenait pas à témoigner de l'empathie à ses patients. Il traitait Sunny, une jeune femme qui se sentait déprimée et seule. Sunny attribuait de mauvaises notes à Jake à la fin de chaque séance de thérapie. Cela dérangeait Jake car il faisait beaucoup d'efforts et était convaincu de réaliser un bon travail avec elle. En visionnant une vidéo d'une de leurs séances, j'ai tenté de découvrir où se situait le problème.

Sur la vidéo, Sunny était contrariée et furieuse contre elle-même. Elle expliquait qu'elle se sentait seule parce qu'elle avait toujours simulé dans ses relations avec les autres : elle craignait d'être rejetée si elle se montrait sincère et honnête. Elle disait aussi qu'elle mentait souvent sur elle-même, exagérant ce qu'elle avait réussi et dressant d'elle un portrait différent de ce qu'elle était réellement. Mais les gens de son entourage mettaient parfois au jour son stratagème et finissaient par la rejeter, ce qu'elle cherchait tant à éviter !

J'ai remarqué quelque chose dans cette vidéo : chaque fois que Sunny commençait à décrire ce qu'elle ressentait, Jake tentait de la réconforter. Il lui disait par exemple : « Oh, nous essayons tous parfois de simuler dans nos relations sociales » ou : « Vous ne devriez pas penser cela parce que vous êtes quelqu'un de bien et que vous avez beaucoup à offrir aux autres. »

Malheureusement, les encouragements de Jake refermaient Sunny sur elle-même et l'empêchaient d'exprimer ses sentiments. De plus, il ne faisait pas preuve d'honnêteté en agissant ainsi : en réalité, il se sentait frustré à cause de Sunny étant donné que la thérapie ne progressait pas, mais il dissimulait sa déception sous un air joyeux et optimiste. Or le problème sur lequel il travaillait avec Sunny était précisément celui de la sincérité et de l'ouverture aux autres…

En général, les tentatives pour résoudre un problème ou aider quelqu'un qui ne va pas bien sont vouées à l'échec parce que cela peut être vécu comme une attitude condescendante et agaçante. Sunny avait besoin de quelqu'un qui l'écoute, l'encourage à s'ouvrir aux autres et confirme ses sentiments sans tenter pour autant de la réconforter. Mais changer ce comportement compulsif qui consiste à vouloir secourir une personne en détresse nécessite parfois davantage qu'un simple entraînement et de la pratique. Vous devrez peut-être abandonner votre propre besoin de résoudre un problème ou d'aider l'autre.

Imaginez que Sunny soit votre amie et qu'elle essaie de se confier à vous. Elle vous dit : « Tu sais, je simule presque toujours dans mes relations avec les autres. Quelquefois, je raconte même de petits mensonges sur moi-même parce que je crois que les gens me rejetteront s'ils découvrent ce que je ressens vraiment. Mais de toute façon c'est ce qu'ils finissent par faire. » Que pourriez-vous lui répondre ?

Notez vos idées sur une feuille avant de poursuivre votre lecture, en indiquant par leurs abréviations (voir page 145), entre parenthèses à la fin de chaque phrase, les techniques que vous avez utilisées.

Réponse

Un simple commentaire comme celui-ci est susceptible d'être efficace :

> « Sunny, ce que tu me racontes semble vraiment douloureux (ER). Tu dis que tu simules souvent et que tu mens sur toi-même pour tenter d'impressionner les gens, mais qu'au final tu es rejetée par eux (EV). Cela doit être très frustrant et tu te sens seule (ER). J'imagine que cela doit être embarrassant ou humiliant à vivre (ER). C'est triste que tu luttes ainsi dans tes relations avec les autres, parce que je pense que tu as vraiment beaucoup à offrir (ER, G). Qu'est-ce que tu éprouves ? (Q). »

Remarquez que ce faisant vous partagez vos sentiments et vous encouragez Sunny à se confier, plutôt
que d'essayer de résoudre son problème ou de l'aider.
Paradoxalement, cela va l'aider : être à l'écoute est
souvent la chose la plus utile que vous puissiez faire.

Résoudre le problème : un piège

Vouloir résoudre le problème est, on l'a dit, fréquent
dans nos relations intimes. Lorsque vous ne vous
entendez pas bien avec quelqu'un, vous pouvez avoir
envie de régler ce problème, alors que vous devriez
écouter et partager vos sentiments. Un choix qui se
révèle parfois une grosse erreur.

J'ai reçu récemment un appel de Janet, une ancienne
patiente que je n'avais pas vue depuis presque vingt-
cinq ans. J'avais l'impression que cela faisait à peine
une ou deux semaines que je lui avais parlé. J'avais été si
inspiré par le travail que nous avions réalisé ensemble
que j'avais écrit un chapitre sur elle dans mon premier
livre, *Feeling Good: The New Mood Therapy*. Depuis,
la vie de Janet avait été formidable : elle avait élevé
son enfant et était devenue un auteur de renommée
internationale et une oratrice motivée.

J'ai rencontré Janet pour la première fois peu de
temps après avoir ouvert mon cabinet à Philadelphie. Je
la soignais pour une dépression. Son mari l'avait quittée
pour avoir une aventure avec sa secrétaire, et Janet était
furieuse et accablée. Mais elle avait rapidement réussi à
sortir de cet état, et rencontré un pasteur divorcé de
quarante-deux ans, Peter. J'avais encouragé Janet à
l'inviter, et ils étaient tombés éperdument amoureux

l'un de l'autre. Janet avait demandé le divorce et épousé Peter quelques mois plus tard.

Lorsqu'ils étaient fiancés, Janet avait déclaré à Peter : « Je ne voudrai jamais d'enfants. Je m'intéresse avant tout à ma carrière et je serai une merveilleuse belle-mère. » C'était parfait pour Peter parce qu'il avait déjà élevé cinq enfants de son premier mariage et n'en souhaitait plus. Il avait affirmé que son désir de paternité avait été comblé.

Mais, sept ans plus tard, Janet s'était réveillée un matin en disant : « Je dois avoir un enfant et je dois en avoir un tout de suite. » Elle m'a raconté : « Peter m'a regardée comme si j'étais folle. Nous avons essayé de négocier et j'ai utilisé toutes les manœuvres possibles, mais nous ne parvenions pas à tomber d'accord. Le problème était crucial pour nous deux. À l'époque, Peter avait cinquante ans et cela ne l'intéressait pas du tout d'être à nouveau père. Mais moi je ne pensais plus qu'à ça. »

J'ai proposé à Janet et Peter quelques séances de thérapie de couple, et je leur ai demandé d'évoquer le sujet. J'ai constaté qu'ils essayaient désespérément de résoudre le problème, mais qu'ils étaient confrontés à un mur. Il n'y avait pas de solution et aucun compromis possible, car ils souffraient tous deux de sentiments négatifs qu'ils n'exprimaient pas ou dont ils n'avaient pas conscience.

Après leur avoir précisé qu'ils ne devaient pas forcément trancher ce jour-là, je leur ai rappelé qu'ils jouissaient d'une relation forte, pleine d'amour. Je les ai encouragés à laisser leur différend de côté et à se concentrer plutôt sur l'écoute, le soutien mutuel. Ils devaient s'efforcer de se mettre à la place de l'autre en utilisant les cinq secrets de la communication efficace, et réaborder la question qui les opposait seulement quand ils s'y sentiraient prêts l'un et l'autre.

Janet a dit que mettre ce problème de côté avait été pour elle la chose la plus difficile à faire. Mais pour Peter, ç'a été un soulagement car il était sous pression. Pendant plusieurs semaines, ils se sont exercés à la minute d'exercice que nous avons vue dans le chapitre 21.

Et puis, un miracle s'est produit. Deux semaines plus tard, Peter a déclaré à Janet en se réveillant : « Occupons-nous de ce problème maintenant. » Il a ajouté qu'il se rappelait le compromis qu'elle avait fait quand il avait voulu réaliser son rêve d'acheter une ferme et de vivre à la campagne. Le choix de le suivre avait été dur pour elle parce qu'elle avait son travail à Philadelphie et que le trajet pour s'y rendre était long. Il a conclu : « Janet, tu as beaucoup soutenu mon rêve. Alors, comment pourrais-je ne pas soutenir le tien ? »

Dawn, leur fille, est née dix mois plus tard. Peter a affirmé que c'était le plus beau cadeau qu'il ait jamais reçu. Il était très heureux depuis le moment de sa naissance et sa fille et lui étaient devenus les meilleurs amis du monde.

Voici le commentaire de Janet :

« Dawn adore la ferme. Quand elle était enfant, elle a beaucoup travaillé dehors avec son père. Sa naissance a été l'événement le plus significatif de ma vie. Rien ne peut égaler sa venue au monde. Mais cela ne serait jamais arrivé si nous n'avions pas cessé de vouloir résoudre le problème.

» Après, Peter et moi avons souvent utilisé cette technique de laisser de côté tel ou tel problème.

Cela a eu un résultat inestimable dans notre relation – comme dans mon travail et dans mes relations avec mes amis, d'ailleurs. Cette idée a trouvé une résonance en moi dès le jour où vous l'avez énoncée. »

Il est impossible d'utiliser cette technique en vase clos, ne l'oubliez pas. Vous devez cesser de chercher à résoudre le problème qui se pose, mais continuer d'écouter, de partager ce que vous ressentez et de soutenir l'autre.

Janet a ajouté :

« C'était incroyable. J'ai fini par obtenir exactement ce que je désirais. Et depuis, grâce à cette technique que nous pratiquons en famille, nous avons vraiment de bonnes relations. Je me sens si reconnaissante de ce que nous avons. Ma relation avec Peter est très profonde. Il s'assure toujours que tout va bien et même après autant d'années, nous ne supportons toujours pas d'être séparés. Nous voulons être ensemble tout le temps.

» Ce que nous avons investi l'un et l'autre dans notre relation, après avoir l'un et l'autre divorcé et vécu des choses complètement différentes – je suis une petite princesse juive qui a épousé un ancien pasteur –, a fait toute la différence. Vos techniques nous ont plus apporté que ce que les mots peuvent dire. À chacune des promenades que nous faisons ensemble, à chaque verre de vin que nous partageons devant un feu de cheminée, je me dis que si tout devait se terminer aujourd'hui, nous aurions été les personnes les plus chanceuses du monde. »

24

Adopter la politique de l'autruche :
la peur du conflit et de la colère

Comme nous vivons dans une société plutôt violente et agressive, il peut sembler étonnant que tant
de personnes redoutent le conflit. Mais si vous enfouis-
sez votre tête dans le sable, lorsque vous avez des problèmes relationnels avec quelqu'un, en espérant que les
sentiments négatifs disparaîtront tout seuls, c'est bien
par peur de la colère ou du conflit.

Vous vous souvenez que lorsque vous utilisez
l'empathie verbale et pour le ressenti, vous paraphrasez ce que dit l'autre et vous tenez compte de
ce qu'il ressent, en vous fondant uniquement sur ce
qu'il vient de déclarer. Si vous procédez avec habileté,
cela réduira la tension entre vous. Il y a toutefois un
sentiment que personne ne prend en général en
compte, c'est la colère. La plupart des gens se dispu-
teront et se défendront aussitôt, mais ils ne reconnaîtront presque jamais que l'autre peut se sentir blessé
ou furieux.

Je ne sais pas vraiment pour quelle raison. Peut-être
craignons-nous, en reconnaissant la colère de l'autre
que, le conflit ne dégénère. Évidemment, c'est le plus

souvent l'inverse qui se produit : lorsque vous ignorez la colère de votre interlocuteur, la tension monte en flèche. Il place la barre plus haut parce qu'il veut que vous sachiez ce qu'il ressent.

On trouve cette difficulté à reconnaître la colère jusque chez les psychologues, même s'ils consacrent leur temps à aider les autres à gérer les conflits. Il y a plusieurs années de cela, j'ai donné une conférence devant un groupe de thérapeutes au centre de thérapie cognitive de l'école de médecine de l'université de Pennsylvanie. J'ai décrit quelques-unes des erreurs les plus couramment commises par les thérapeutes lorsqu'ils devaient gérer des patients difficiles et méfiants. J'ai évoqué ce problème fréquent mais peu connu : la plupart des thérapeutes ayant peur du conflit, ils ne reconnaîtront presque jamais le sentiment de colère chez un patient même quand ce dernier est à l'évidence furieux. C'est une grosse erreur, parce que le patient se sent alors ignoré et, du coup, sa fureur augmente.

J'ai demandé à deux volontaires d'en faire la démonstration par un jeu de rôle. L'un des deux devait jouer le rôle d'un patient furieux et l'autre celui du thérapeute, le travail de celui-ci consistant à écouter et à reconnaître la colère de son patient.

William, un psychologue membre du personnel, a accepté de faire le thérapeute ; Pam, une de ses collègues, le « patient » en colère. J'ai demandé à Pam de traiter William de la manière le plus humiliante et le plus impitoyable possible ; et à William de s'asseoir et d'écouter pendant que Pam le critiquait. Ensuite, il tenterait de lui répondre aussi efficacement que possible en utilisant son savoir-faire de thérapeute.

J'ai insisté sur le fait que Pam serait sans doute vraiment furibonde et qu'il était donc très important pour William de reconnaître cette colère. Par exemple, il pourrait dire : « Pam, tu as l'air vraiment furieuse contre moi. Ce que tu dis est très important, j'aimerais que tu me parles davantage de ce que tu ressens. » J'ai prévenu William qu'il ne parviendrait sans doute pas à admettre sa colère, malgré tous ses efforts, parce que presque tous les thérapeutes ont peur de ce sentiment. Mais je lui ai demandé de faire son possible pour me prouver le contraire. Je lui ai rappelé aussi qu'il devait en particulier prononcer le mot colère lorsqu'il répondrait.

J'ai expliqué que j'avais déjà fait cette démonstration des centaines de fois dans des ateliers, de New York à Los Angeles, et qu'aucun psychologue n'avait jamais pu reconnaître la colère d'un patient. Me tournant vers William, je lui ai dit : « Une formidable opportunité s'offre à toi. Tu peux être le premier psychologue aux États-Unis à utiliser le mot colère. Entre dans l'histoire, aujourd'hui ! Mais je suis sûr que tu n'arriveras pas à le faire ! » William a accepté de relever le défi.

L'échange a commencé, et Pam a joué à la perfection le rôle du patient difficile. Elle a descendu William en flammes : elle l'a traité de charlatan et de macho, et a annoncé qu'elle allait arrêter la thérapie parce que son prétendu traitement était une totale perte de temps et d'argent. Son mariage battait de l'aile à cause des mauvais conseils qu'il lui donnait. N'étant pas marié lui-même, il n'était pas en mesure de l'aider à résoudre ses problèmes. Elle a précisé qu'elle se sentait encore plus mal que lorsqu'elle avait commencé sa thérapie ; en fait, son état empirait à chacun de ses rendez-vous avec lui.

Tandis qu'elle parlait, William était devenu tout rouge et il ressemblait à une biche aux abois surprise par les phares d'une voiture. Quant à moi, j'étais bien content de ne pas être à sa place ! Quand Pam s'est tue, le silence était tel que l'on aurait entendu une mouche voler. Tout le monde avait les yeux fixés sur William, attendant de voir ce qu'il allait bien pouvoir répondre.

Au bout d'un moment, enfin, il s'est penché en avant et a déclaré d'un ton très condescendant : « Merci d'avoir partagé cela, Pam. Vous devez être une femme très seule. » Après un nouveau silence tendu, tout le monde s'est mis à rire.

J'ai demandé à William : « Tu as terminé ? » L'air embarrassé, il a hoché la tête. Je lui ai alors lancé : « Y a-t-il une émotion qu'aucun thérapeute aux États-Unis n'a jamais été capable de reconnaître ? » et il s'est frappé le front du plat de la main, se rendant soudain compte qu'il avait commis l'erreur prédite. Il n'était pas parvenu à reconnaître la colère de Pam, avait utilisé un jargon de psy – « Merci d'avoir partagé cela, Pam » –, et il l'avait traitée de « femme seule », ce qui était une critique.

Pourquoi tout cela était-il arrivé ? Parce que, même s'il ne s'agissait que d'un simple jeu de rôle, les féroces attaques de Pam avaient déboussolé William au point de lui faire oublier ce qu'on attendait de lui. Cela peut nous arriver à tous. Heureusement, William avait le sens de l'humour, et il a déclaré ensuite qu'il avait beaucoup appris de cet exercice. Cela l'avait aidé à prendre conscience de sa peur du conflit, dans le cadre de son travail tout autant que dans sa vie personnelle. En faisant preuve de détermination, vous pouvez apprendre à surmonter ces réflexes de défense, mais cela requiert de la pratique car il semble bien que le désir d'éviter les conflits soit vraiment ancré en chacun de nous.

Évidemment, si vous reconnaissez la colère de l'autre de façon maladroite, le conflit ne fera que s'aggraver, et vous en déduirez que c'est idiot de procéder ainsi. Imaginez par exemple que votre amie Melody, contrariée, s'écrie : « Merde ! Tu ne m'écoutes pas ! J'en ai ras le bol ! » Si vous lui répondez d'une voix condescendante ou critique : « Tu as l'air vraiment en colère ! », votre façon de reconnaître cette colère ne sera pas très efficace. Elle apparaîtra comme une critique, aussi Melody se mettra-t-elle peut-être sur la défensive et rétorquera-t-elle, furieuse, que, justement, elle n'est pas en colère. Mais peut-être aussi s'exclamera-t-elle : « Oui, je suis en colère ! » et vous en conclurez que ce n'était pas du tout une bonne idée de parler de sa colère.

Il serait certainement plus judicieux de formuler les choses sur un ton consensuel :

> « C'est difficile pour moi de t'entendre me dire que je n'ai pas su t'écouter, mais je pense que tu as raison, et ça ne me surprend pas du tout que tu en aies ras le bol et que tu te sentes frustrée (S, TD, ER). Tu peux m'expliquer ce que je n'ai pas compris (Q) ? Je désire réellement comprendre ce que tu éprouves (Q). »

De cette manière, vous reconnaissez la colère de Melody et vous lui témoignez du respect. Elle ne se sentira donc pas jugée, et ne cherchera pas à nier ses émotions, mais plutôt à s'ouvrir. Paradoxalement, elle sera sans doute moins en colère contre vous parce que vous l'aurez écoutée.

Passons à la pratique. Imaginons par exemple que vous n'ayez pas fait par écrit les exercices de cet ouvrage – même si c'est tout le contraire, j'en suis convaincu. Je vais jouer le rôle de David, un auteur très ennuyeux, et vous lancer sur un ton péremptoire :

« Je n'ai pas cessé de vous encourager à effectuer les exercices de mon livre par écrit, mais vous avez continué votre lecture sans le faire. Je vous avais pourtant prévenu que c'était le seul moyen d'apprendre à utiliser ces techniques dans la vie réelle. Vous n'avez pas écouté ? Ou bien vous avez estimé que ce que je vous disais n'était pas important ? »

Quelle va être votre réponse ? Rédigez-la sur une feuille, en recourant aux cinq secrets d'une communication efficace, et en particulier à l'empathie pour le ressenti. N'oubliez pas de noter entre parenthèses à la fin de chaque phrase les abréviations des techniques qui vous auront servi (voir page 145).

Une bonne solution

Voici une approche susceptible d'être efficace :

« David, je me sens un peu embarrassé (S). J'adore votre livre, mais je dois admettre que j'ai sauté les exercices écrits (G, S, TD). Vous semblez frustré, et sans doute aussi un peu en colère vis-à-vis de moi (ER). Je sais que vous avez beaucoup d'expérience et je ne doute pas que ces exercices soient importants (G, TD). Est-ce que la plupart de vos lecteurs les font (Q) ? Ou y en a-t-il beaucoup qui les omettent (Q) ? Cela doit être agaçant (S). »

Dans cet exemple, vous reconnaissez vos sentiments et vous exprimez de l'admiration pour David. S'il a été atteint dans son narcissisme, cette utilisation adéquate de la gentillesse et de la technique du désarmement contribuera à réduire la tension entre vous. Étant donné que vous reconnaissez sa frustration et sa colère, que vous pointez ces sentiments négatifs avec gentillesse, ce sera beaucoup plus difficile pour lui de continuer à vous rabaisser.

Concentrez-vous maintenant sur ce que vous venez de rédiger. Avez-vous pris en compte la colère de David ? Avez-vous partagé vos propres sentiments de façon directe, mais en faisant preuve de tact ? Y avait-il une part de vérité dans les critiques formulées par David ? Avez-vous témoigné de l'admiration ou du respect pour lui pendant votre dispute ?

Si votre réponse n'a pas été efficace, vous aurez sans doute besoin d'effectuer quelques exercices écrits supplémentaires. Notez plusieurs remarques mesquines ou des critiques que pourraient vous adresser des amis, des membres de votre famille ou des collègues, et des réponses faisant appel aux cinq secrets de la communication efficace. Assurez-vous de prendre en compte la colère de l'autre. Ensuite, demandez à un ami de se livrer au jeu de rôle avec vous. Dites-lui de vous lire les diverses critiques formulées, et essayez de prendre sa colère en compte de façon amicale et avec tact. Vous le constaterez, on parvient en général à faire preuve d'empathie après seulement quelques minutes de pratique.

La peur de la colère

Nous avons vu qu'il est parfois difficile de reconnaître la colère de l'autre, mais l'exprimer n'est pas tellement aisé non plus, entre autres parce que nous avons tendance à considérer la colère et l'amour comme s'excluant mutuellement. Une de mes patientes m'a raconté que, lorsqu'elle était enfant, ses parents lui avaient assuré que si on aimait quelqu'un, on ne se disputait jamais avec lui. L'inverse signifiait donc que vous ne l'aimiez pas vraiment. Pareille affirmation offre, certes, une image idyllique du mariage, mais elle n'a pas grand-chose à voir avec la vie de tous les jours.

Selon Carl Jung, nous avons tous en nous une part d'ombre, de même qu'une face positive et pleine d'amour ; et l'équilibre de notre santé mentale implique la fusion de ces deux impulsions opposées. Cependant, comme nous avons du mal à admettre que nous avons en nous des intentions égoïstes et hostiles, nous conservons cette part d'ombre tout au fond de notre conscience. Ainsi, nous pouvons nous sentir parfaitement innocents, et ne pas éprouver de culpabilité lorsque nous sommes fâchés avec quelqu'un.

Mais évidemment, notre part d'ombre a toujours la possibilité de se montrer, que ce soit directement ou indirectement. De fait, plus cela vous coûte d'essayer de cacher ou de taire votre colère, plus ce sentiment devient fort.

Je souhaite ici être tout à fait clair : les sentiments négatifs sont parfaitement normaux et vous ne parviendrez pas à ne pas en éprouver, quoi que vous fassiez. Nous sommes tous agacés et frustrés, à des moments donnés de notre vie, et cela ne sert à rien de tenter de dissimuler ou de supprimer de tels sentiments. Tôt ou tard, la colère éclate. Le seul et unique choix que vous ayez porte sur la façon de l'exprimer car trois options se présentent à vous :

• *L'agression active.* Vous attaquez l'autre en proférant des menaces ou en recourant à la violence physique contre lui, en l'injuriant ou en l'accablant de critiques, ou encore en déclenchant des disputes au sujet de la « vérité ». C'est la manière la plus courante d'exprimer la colère, et cela console aussi d'attaquer l'autre. Les thérapeutes parlent de l'« expression » de votre colère. Si vous cédez à cette envie-là, le conflit deviendra inévitable.

• *L'agression passive.* Sous des airs innocents vous exprimez votre colère de façon indirecte, par le sarcasme ou les piques. Ou alors vous composez avec l'autre de façon amicale, mais colportez des rumeurs sur lui et le débinez dans son dos, ou encore vous le punissez par votre mépris silencieux.

• *Le partage de sa colère.* Vous partagez vos sentiments négatifs de façon naturelle, en faisant preuve de respect afin de préserver l'amour-propre et la dignité de l'autre. C'est l'option la moins populaire, mais de loin la plus efficace...

Pour partager la colère, la synchronisation est essentielle. Vous devez d'abord savoir utiliser les trois techniques de l'écoute. Les gens ont besoin de se faire entendre avant d'avoir envie de vous écouter. Cela signifie trouver les éléments de vérité dans leur discours (technique du désarmement), reconnaître ce qu'ils pensent et éprouvent (empathie verbale et pour le ressenti), et les inviter à vous en dire davantage (questionnement).

Montrer une considération positive peut se révéler extrêmement utile quand on se sent blessé, furieux ou frustré. Essayez de ne rien formuler qui ressemblerait à une critique ou serait susceptible de faire perdre la face à l'autre, de l'humilier et de le mettre sur la défensive.

Imaginez que vous ayez un bon ami, Tony. Vous êtes furieux contre lui car il a fait sur vous un commentaire cinglant et complètement inattendu qui vous a blessé. Comment lui exprimeriez-vous vos sentiments tout en faisant preuve de gentillesse et en témoignant du respect ? Voici une approche possible :

> « Tony, tu as toujours été l'un de mes meilleurs amis mais je suis vraiment bouleversé et frustré (G, S). Ta réflexion était très dure et je me sens dénigré. (ER, S). Est-ce que tu es furieux contre moi pour une raison particulière (Q) ? »

Notez bien que vous parlez là de vos sentiments de façon ouverte et directe, sans menacer Tony ni le critiquer.

Quoique cela demande de se discipliner, il est toujours possible de formuler ses sentiments avec tact, sans recourir à un discours incendiaire ou menaçant. Nous ressentons tous le besoin d'envoyer des coups ou de nous défendre lorsque nous sommes furieux, et c'est très compréhensible. Ce besoin est probablement génétique. Depuis que l'homme existe sur Terre, ce sont les individus les plus agressifs qui ont eu les meilleures chances de se reproduire, parce qu'ils étaient les plus forts et les plus à même de survivre. Le pouvoir et l'agressivité séduisent également dans les relations sexuelles. On ne peut pas plus nous reprocher de vouloir rendre les coups que condamner un lion pour son désir de traquer et tuer sa proie.

Cependant, nous avons la possibilité de renoncer à l'urgence de faire mal. Si vous projetez de l'hostilité, vous n'éviterez pas la bagarre. En revanche, si vous résistez à ce besoin et partagez votre colère de façon respectueuse, si vous communiquez votre désir de développer une meilleure relation avec la personne avec laquelle vous êtes fâché, celle-ci sera beaucoup plus tentée de vous écouter et de vous témoigner du respect.

Attention, même si vous exprimez vos sentiments avec habileté, l'autre pourra bien sûr se mettre sur la défensive et s'en prendre à vous. Les êtres humains sont souvent fragiles et faciles à blesser. Alors, si votre interlocuteur se montre bouleversé quand vous exprimez vos sentiments, revenez immédiatement en arrière et mettez-vous en position d'écoute. Lorsqu'il se sera détendu et se sentira accepté, vous tenterez à nouveau de formuler ce que vous éprouvez, là encore en faisant preuve de tact.

25

Les excuses « Est-ce que je ne peux tout simplement pas dire "Je suis désolé" ? »

L'une des questions que j'entends le plus souvent pendant mes ateliers est : « Est-ce que je ne peux tout simplement pas dire : "Je suis désolé" ? » Les excuses ne sont pas par nature bonnes ou mauvaises, mais la plupart du temps elles faussent l'écoute attentive. Voici pourquoi : lorsque quelqu'un est fâché contre vous, vous pensez sans doute que tout ce qu'il désire, c'est vous entendre vous excuser. Vous écoutez donc ses récriminations puis vous affirmez : « Je suis vraiment désolé », imaginant avoir ainsi réglé le problème. En réalité, vous avez juste fait taire votre interlocuteur parce que vous n'aviez pas envie de l'entendre vous exposer ce qu'il ressentait. Bien que le fait de s'excuser puisse être significatif, c'est également une façon maladroite d'éviter une relation plus personnelle, nous allons le voir dans l'exemple suivant.

Donald et Victoria étaient venus me demander de l'aide, car leur couple connaissait des difficultés. Plusieurs mois après la naissance de leur second enfant, Donald avait dû partir s'installer à Seattle pour son travail. Victoria était restée dans leur maison à Tucson, le climat sec de l'Arizona convenant mieux à leur fils aîné qui souffrait d'asthme. Peu de temps après le départ de Donald, Victoria avait découvert qu'elle était enceinte. Comme elle ne voulait pas d'un autre enfant, elle avait décidé d'avorter sans en parler à Donald. Mais en apprenant la nouvelle après coup, ce dernier avait été anéanti. Il avait toujours désiré avoir plusieurs enfants et n'était pas favorable à l'avortement. Il s'était senti plein d'amertume et trahi, du fait que Victoria ne l'avait informé de rien. Toutefois, au lieu de partager leurs sentiments, ils avaient fait comme s'il ne s'était rien passé et la vie avait continué.

Peu de temps après son retour en Arizona, Donald avait eu une aventure avec une femme qui vivait près de chez eux. Il avait déménagé et partagé sa vie avec elle pendant trois mois. Victoria, humiliée, avait trouvé des excuses pour ses enfants chaque soir, prétextant que papa devait travailler tard et ne pouvait de ce fait dîner avec eux à la maison. L'aventure de Donald s'étant terminée, il était revenu vivre avec Victoria. Là encore, ils n'avaient pas parlé de ce qu'ils éprouvaient, et la tension entre eux avait donc subsisté. Ils avaient cependant décidé d'entreprendre une thérapie, au bout de quelques années, afin de voir s'ils pouvaient réparer les dommages, et développer une relation plus heureuse et fondée sur un sentiment de confiance réciproque.

Au lieu d'échanger lorsqu'ils étaient contrariés, Donald et Victoria exprimaient leurs sentiments en faisant du mal à l'autre. Lui, blessé et furieux qu'elle ait avorté sans lui en parler, s'était vengé en ayant une aventure. De même, l'avortement secret de Victoria avait peut-être été une revanche pour quelque chose que Donald lui avait fait et qui l'avait atteinte. Ils vivaient ainsi dans un climat d'amabilité superficielle, fuyant le conflit et les représailles ouvertes depuis leur première rencontre.

Je leur ai suggéré de faire l'exercice d'une minute montre en main, et leur en ai expliqué le principe, en encourageant Victoria à dire à Donald ce qu'elle avait ressenti lorsqu'il avait eu son aventure. Donald devait s'asseoir et écouter tranquillement Victoria, pour pouvoir ensuite résumer ses paroles. Ensuite, nous inverserions les rôles, et il exprimerait ses sentiments pendant que Victoria l'écouterait. Ils auraient ainsi tous deux la chance de partager leurs émotions réciproques d'une façon plus ouverte et directe.

L'exercice leur a semblé tout à fait pertinent. Victoria a expliqué à Donald qu'elle s'était sentie honteuse, blessée et furieuse lorsqu'il avait eu son aventure. Elle avait du mal aujourd'hui à lui refaire confiance parce qu'elle ignorait s'il ne la tromperait pas à nouveau. Les trois mois qu'avait duré son aventure avaient été pour elle les plus difficiles de sa vie ; elle ne parvenait pas à les oublier et demeurait pleine de ressentiment. Elle avait du mal à éprouver de l'amour et du respect pour Donald, et n'avait pas davantage envie de faire l'amour avec lui parce que, à ses yeux, il l'avait utilisée et humiliée.

J'ai encouragé Donald à résumer ce que Victoria venait de dire et à tenir compte de ses sentiments. Au lieu de quoi, il a déclaré qu'il était désolé pour son aventure, mais qu'à son avis il était temps pour sa femme d'arrêter d'être ainsi rivée au passé, s'ils voulaient tous les deux aller de l'avant. Il en avait assez de devoir s'excuser encore et encore, et ses éternelles plaintes et critiques le fatiguaient.

C'était la dernière chose que Victoria avait besoin d'entendre. Donald aurait dû admettre qu'il l'avait blessée, reconnaître qu'elle se sentait furieuse et trahie, et montrer de la compassion et du remords. Lorsqu'il avait débité ses excuses et dit à Victoria d'aller de l'avant, il visait en fait à lui transmettre ce message : « Tais-toi et cesse de te plaindre. J'en ai marre de t'écouter. Je ne veux pas savoir ce que tu ressens. En fait, je m'en moque complètement. »

Les excuses superficielles de Donald avaient frustré Victoria et n'avaient fait que renforcer son ressentiment. Parfois, l'excuse n'est qu'une forme de censure : vous vous excusez comme si vous demandiez à l'autre de se taire, parce que vous ne voulez rien savoir de sa colère ni de sa blessure. Mais évidemment, déclarer : « Je suis désolé », n'est pas toujours négatif : ça l'est seulement quand vous vous excusez alors que vous devriez écouter et admettre ce que ressent l'autre.

Lorsque Victoria a dit : « Ces trois mois ont été les plus difficiles de ma vie. Ton aventure m'obsède toujours. Je ne peux pas m'empêcher d'y penser », Donald aurait pu répondre :

« Victoria, j'ai vraiment mal en me rendant compte combien je t'ai blessée (TD, ER). Ce que j'ai fait était tout simplement égoïste et scandaleux, et tu as parfaitement le droit d'être furieuse contre moi (TD, ER). Je peux à peine imaginer combien tu as dû te sentir humiliée, seule et malheureuse (ER). Je m'excuse sincèrement de t'avoir blessée et j'ignore si tu parviendras jamais à me pardonner (G, TD). Sache en tout cas que je me sens également atteint, et que je peux à peine me supporter parce que je t'aime profondément (S, ER). Mais qu'est-ce que tu as ressenti précisément à ce moment-là, et comment te sens-tu aujourd'hui (Q) ? »

De telles excuses auraient été efficaces, tout simplement parce que Donald n'aurait pas essayé de faire taire Victoria. Il aurait fait preuve d'humilité, exprimé son amour et du remords, et donné à sa femme l'occasion de s'exprimer.

Revenons maintenant à la question posée par ce chapitre : est-ce que je ne peux tout simplement pas dire : « Je suis désolé » ? La réponse est : cela dépend. Si vos excuses sont juste une façon d'éviter s'entendre décrire la blessure de l'autre et sa colère, alors ce n'est qu'une autre manière de vous dérober et d'éviter la relation plus intime. Mais si vous encouragez par là l'autre à partager ses blessures et que vous exprimiez aussi les vôtres, vos excuses peuvent être l'expression de votre humilité et de votre amour.

26

La soumission : « Je dois te faire plaisir »

Les convictions personnelles rendent parfois difficile l'utilisation efficace des cinq secrets de la communication efficace. Par exemple, si vous êtes attaché à la vérité coûte que coûte, vous pourrez très bien ressentir un énorme besoin de prouver que la personne avec laquelle vous vous disputez a tort, au lieu de l'écouter, de valider ses critiques et de lui témoigner du respect. Ou bien, si vous tenez absolument à offrir votre aide, vous éprouverez le besoin impérieux de secourir des amis ou des membres de votre famille en difficulté plutôt que de simplement les écouter, prendre note de ce qu'ils ressentent et les encourager à vous expliquer ce qui les dérange.

Le plus étonnant, concernant les convictions qui vont à l'encontre du but recherché, c'est que, bien qu'elles tendent à être irréalistes, elles fonctionnent comme des prédictions autoréalisantes. Elles revêtent donc une apparence de réalité alors qu'en fait elles sont erronées. Imaginons par exemple que vous soyez méfiant par nature, à tendance paranoïaque : vous avez peur que les gens auxquels vous tenez se montrent déloyaux vis-à-vis de vous et vous exploitent. Cette mentalité trahit un profond manque de respect de soi : vous croyez que les autres sont incapables de vous aimer et de vous respecter tel que vous êtes, et que leur seul intérêt consiste à vous blesser ou à vous trahir. Vous trouvez donc toujours des intentions malveillantes dans ce qu'ils disent et font.

Cette mentalité va frustrer et déranger les autres pour plusieurs raisons. D'abord, ils se sentiront blessés et furieux parce que vous ne cessez d'imaginer qu'ils désirent vous faire du mal. Ensuite, ils n'arriveront pas à se sentir proches de vous puisque vous vous méfiez constamment de tout. Ils éprouveront donc des sentiments négatifs à votre encontre, et parleront de vous derrière votre dos en disant combien vous êtes difficile à vivre. D'une certaine manière, vous les obligez à vous mépriser – le résultat même que vous redoutez depuis le début.

Évidemment, vous n'en êtes pas conscient. Vous êtes convaincu d'avoir fait une immense découverte sur la nature humaine. Dans un certain sens, nous cherchons toujours le reflet de nos propres attitudes et de nos attentes sur le visage et dans le comportement des gens avec qui nous sommes en relation. Nous ne cessons de créer notre propre réalité, mais sans nous en apercevoir. Cependant, si vous l'ignorez, si vous n'êtes pas conscient de l'impact de vos attitudes et de vos attentes sur les autres, les mêmes schémas se répéteront encore et encore.

Comment identifier les convictions
qui vont à l'encontre de l'objectif recherché

La technique de la flèche descendante peut vous aider à localiser précisément ces attitudes et attentes qui risquent de saboter vos relations avec les gens. Voilà comment elle fonctionne : pensez à un moment particulier où vous vous êtes disputé avec quelqu'un, et demandez-vous ce que vous pensiez et ressentiez alors, et ce que vous vous disiez. Notez-le sur une feuille.

Sélectionnez n'importe quelle pensée et dessinez dessous une flèche descendante. Cette flèche est une forme d'abréviation, un pense-bête pour que vous vous posiez des questions telles que : si cette réflexion était fondée, qu'est-ce qu'elle signifierait pour moi ? Pourquoi me dérangerait-elle ?

Puis une nouvelle pensée négative va vous traverser l'esprit. Notez-la et dessinez également une flèche au-dessous. Posez-vous le même genre de questions à son sujet. Répétez le schéma jusqu'à ce que vous ayez généré une liste de pensées négatives. Relisez-la et posez-vous ces trois questions concernant les relations que vous entretenez avec les autres :

1. Qu'est-ce que ces pensées m'apprennent sur moi-même ? Quel est mon rôle dans cette relation ?

2. Qu'est-ce que ces pensées m'apprennent sur l'autre ? Quel est son rôle dans cette relation ?

3. Qu'est-ce que ces pensées m'apprennent sur notre relation ? Quel est le lien entre les deux rôles ? Quelles règles suivons-nous ?

Les réponses à ces questions vous éclaireront peut-être.

Denise, une étudiante de 3ᵉ cycle en psychologie âgée de vingt-huit ans, m'a demandé un jour de l'aider à régler ses problèmes de codépendance. Un bien grand mot ! En fait, c'est juste un terme à la mode qui signifie différentes choses selon les individus. Je lui ai demandé de me donner un exemple. Avait-elle en tête un moment précis où elle devait lutter contre la codépendance ? Quand était-ce ? Que se passait-il ? Avec qui était-elle ? Que pensait-elle et que ressentait-elle ?

Denise m'a expliqué qu'elle était souvent dépri-mée l'hiver. Elle cherchait donc généralement une relation romantique qui lui permette de tenir émo-tionnellement jusqu'à l'arrivée du printemps. À cette saison, elle se trouvait mieux, mais commençait alors à se sentir piégée par sa relation et avait envie d'y mettre fin. Elle m'a expliqué qu'elle terminait son doctorat en anthropologie à l'université de Pennsyl-vanie, et qu'elle devait faire des allers-retours depuis Harrisburg où elle vivait avec son amie Lisa. Résul-tat : comme elle consacrait presque soixante heures par semaine à ses recherches, ses cours et ses dépla-cements, elle était épuisée lorsque le week-end arrivait.

Au début de la semaine, Denise avait reçu un appel de Lisa. Tout excitée, celle-ci lui avait expliqué le plan pour leur prochain week-end ensemble. Elle propo-sait à Denise de se rendre le samedi matin à Pitts-burgh pour rendre visite à ses parents. Le samedi soir, elles iraient à une soirée là-bas. Le dimanche matin, elles verraient à Lancaster des amis et iraient à un

festival de musique folk. Enfin, le soir, elles retourne-
raient à Harrisburg. Denise s'était sentie épuisée et
accablée face à un tel programme. Elle avait simplement envie de se détendre et de traînailler. Toutefois, elle n'avait pas osé le dire mais pas parce
qu'elle se sentait anxieuse, coupable, frustrée, pleine
de rancœur ou piégée, a-t-elle précisé.

Cet épisode où Denise s'était sentie inquiète nous
permettait de comprendre ce qu'elle entendait par
« codépendance ». Elle était en fait contrariée que
Lisa se montre aussi exigeante, mais éprouvait de la
culpabilité parce qu'elle estimait devoir l'aider et faire
ce qu'elle attendait d'elle.

J'ai demandé à Denise ce qu'elle avait éprouvé à
ce moment précis. Laquelle des pensées négatives
suivantes lui avait traversé l'esprit et était la plus
dérangeante ?

1. Lisa ne me comprend pas.
2. Elle a le droit d'attendre du soutien de ma part.
3. Je ne peux ni respirer ni bouger. C'est une situation inextricable.
4. Je suis égoïste.

Après les avoir notées, Denise a précisé que c'était
la quatrième, « Je suis égoïste », qui la gênait le plus.
Je lui ai demandé de dessiner une flèche descendante
sous cette pensée et de répondre à la question suivante : « Si c'était vrai, qu'est-ce que cela voudrait
dire de vous ? Pourquoi cela serait-il dérangeant pour
vous ? »

Denise a répondu : « Cela signifierait que je ne
donne rien aux autres. » Je lui ai fait écrire sa réponse
et j'ai répété ma question. Voici ce que nous avons
obtenu :

4. Je suis égoïste.

« Si c'était vrai, qu'est-ce que cela voudrait dire de vous ? Pourquoi cela serait-il dérangeant pour vous ? »

↓

5. Cela voudrait dire que je ne donne rien aux autres.

« Si c'était vrai, qu'est-ce que cela voudrait dire de vous ? Pourquoi cela serait-il dérangeant pour vous ? »

↓

6. Cela voudrait dire que je n'ai rien à offrir aux autres.

« Imaginons que vous n'ayez vraiment rien à donner. Qu'est-ce que cela signifierait pour vous ? »

↓

7. Personne ne m'aimerait.

« Et… ? Imaginons que personne ne vous aime parce que vous n'avez rien à donner. Pourquoi est-ce que cela serait si dérangeant ? Que se passerait-il alors ? »

↓

8. Je serais toute seule.

« Et après ? Que se passerait-il si vous étiez toute seule ? »

↓

9. Cela voudrait dire que je suis un être humain raté.

Revenons maintenant sur les pensées négatives que nous avons listées, et posez-vous les trois questions suivantes sur les relations que Denise entretient avec Lisa :

- Que pense Denise du rôle qu'elle joue dans sa relation avec Lisa ?
- Que pense-t-elle du rôle de Lisa dans leur relation ?
- Quelle est selon elle la nature même d'une relation d'amitié ? Ou, pour le formuler différemment, qu'est-ce qui relie le rôle de Denise à celui de Lisa ?

Concentrons-nous sur la première interrogation : quel est le rôle de Denise dans leur relation ? Prenez quelques minutes pour réfléchir avant de continuer votre lecture.

Le rôle de Denise

Denise semble convaincue qu'elle a besoin de l'affection de son amie pour se sentir heureuse et digne d'intérêt. Et aussi qu'elle doit mériter l'affection de son amie en lui donnant encore et encore. C'est ce que j'appelle la soumission. Les individus soumis croient qu'il leur faut rendre leurs amis heureux, quitte à faire l'impasse sur leurs propres besoins et sentiments, et même si cela les rend eux-mêmes malheureux.

Denise a été extrêmement surprise par cette vision des choses. En dépit de son intelligence et de son intérêt pour la psychologie, elle ne s'était jamais rendu compte que son estime de soi était à ce point liée à l'idée de devoir donner sans cesse davantage pour mériter l'affection de son amie. Si elle avait conscience d'avoir construit son estime de soi sur son intelligence et ses réalisations, elle n'avait pas compris qu'elle croyait devoir mériter le respect d'elle-même en

311

offrant constamment aux autres. J'ai demandé à Denise ce que cela impliquait pour l'image qu'elle avait d'elle-même. Elle a réfléchi puis a avancé : « Je dois être persuadée que je ne vaux rien. »

Examinons le rôle de Lisa dans cette relation. Si Denise joue la personne qui ne vaut rien et qui doit mériter l'affection de son amie en donnant toujours plus, comment voit-elle le rôle de celle-ci ? Réfléchissez-y quelques minutes avant de reprendre votre lecture.

Le rôle de Lisa

Voici ce qu'en dit Denise : « Je dois penser que Lisa demande beaucoup. Et croire qu'elle me rejettera si je ne satisfais pas chacun de ses caprices. Cela donne l'impression que Lisa est très égocentrique et qu'il me faut toujours lui faire plaisir. »

Posez-vous les questions suivantes : si le rôle de Denise est de donner constamment et celui de Lisa de prendre toujours, comment Denise voit-elle une relation d'amitié ? À quel jeu jouent-elles ? Quelle est la règle qui régit les deux rôles ? Réfléchissez à ce point pendant un moment.

Le point de vue de Denise sur les relations d'amitié

À ces questions, Denise a répondu : « Je vois sûrement l'amitié comme une sorte d'esclavage. »

Nous saisissons mieux à présent pourquoi Denise est toujours prise au piège dans les relations d'amitié et pourquoi, tôt ou tard, elle désire les rompre. Elle ne considère pas ces relations comme un soutien ou une joie, parce qu'elle se voit comme quelqu'un d'inférieur, sans valeur et en permanence contraint de mériter l'amour d'un ami en satisfaisant le moindre de ses caprices.

Denise a déclaré qu'il s'agissait là d'une véritable révélation. Elle a ajouté qu'elle éprouvait un énorme soulagement et ne pensait pas avoir besoin de séances supplémentaires. Ce fut donc notre seul rendez-vous. Toutefois, j'ai eu la chance de discuter avec elle un an plus tard, lorsqu'elle m'a appelé pour me remercier et me donner des nouvelles. Le travail que nous avions fait avec la technique de la flèche descendante avait eu beaucoup d'influence sur elle, m'a-t-elle expliqué. Après notre séance, elle avait décidé de rompre avec Lisa, et développé par la suite une relation beaucoup plus équilibrée et enrichissante avec une nouvelle amie. Elle ne s'était plus sentie piégée et n'éprouvait plus l'envie de rompre. Bien que la compréhension seule des choses suffise rarement, l'éclairage qu'elle avait obtenu sur ces relations d'amitié lui avait donné le courage nécessaire pour aller de l'avant dans sa vie.

Êtes-vous de ceux qui veulent faire plaisir ?

Il n'y a rien de mal à rechercher l'approbation, à travailler dur pour faire du bon travail ou à accorder beaucoup de valeur aux relations affectueuses et chaleureuses avec les autres. Rien de répréhensible non plus à vouloir faire plaisir à ceux auxquels nous tenons. En fait, ces valeurs sont sans doute inscrites dans nos gènes. Cela pose problème uniquement quand nous nous accrochons trop à elles, ou que nous construisons notre estime de nous-mêmes sur de telles bases.

Imaginons par exemple que je sois terrifié par la désapprobation et que je me sente découragé lorsque je suis critiqué. À partir de là, si vous me faites remarquer quelque chose dans mon livre qui vous paraît inacceptable, je me mettrai sur la défensive et commencerai à me disputer avec vous parce que mon estime de moi sera en jeu. Vous serez agacé parce que je n'écoute pas, et notre relation deviendra désagréable et s'achèvera en confrontation. J'en tirerai la conclusion que la désapprobation est vraiment terrible et horrible. Quoique ma peur de la critique aille à l'encontre du but recherché et soit tout à fait irrationnelle, je serai convaincu que mes peurs sont pertinentes et bien réelles. C'est une des raisons pour lesquelles il peut être difficile de modifier de tels schémas établis.

Ce qui complique parfois aussi la tâche, ce sont les convictions qui vont à l'encontre du but recherché. Comme elles ont tendance à bien fonctionner à court terme, nous sommes pieds et poings liés à elles. Admettons que vous ayez des idées de soumission et de dépendance comme Denise. Vous cherchez constamment à satisfaire les besoins et les sentiments des autres. Pendant un temps, cela fonctionne parfaitement car les autres apprécient que vous fassiez toujours des choses pour eux et tentiez de les rendre heureux. Vous ne faites pas de vagues dans vos relations parce que vous avez peur du rejet. Mais sur le long terme, vous allez peut-être considérer que tout le monde se sert de vous, et que personne n'essaie de satisfaire vos propres besoins ou de vous rendre heureux. Vous finirez par vous sentir utilisé, plus bon à rien ou piégé, à l'instar de Denise.

Un jour, vous déciderez qu'il est temps de changer : vous avez besoin de vous montrer plus assuré et de défendre vos intérêts. Vous choisirez alors le schéma opposé, en vous exprimant d'une façon plus exigeante ou offensive. Vous cesserez de vous en vouloir pour les problèmes que vous rencontrez dans vos relations, et en rejetterez la responsabilité sur votre partenaire. Mais cela ne marchera pas bien non plus, parce que ce genre de procédé aliène les gens et favorise les disputes. Vous abandonnerez de ce fait et reviendrez à votre bon vieux schéma : gommer vos sentiments et tenter de faire plaisir à tout le monde.

L'entraînement à la confiance en soi est-il la solution ?

J'ai eu moi-même un premier aperçu de cette question à l'époque où j'ai commencé à exercer. L'une de mes patientes m'a parlé d'un livre pratique très populaire sur la confiance en soi qui lui avait été fort utile. Le titre était *When I Say No, I Feel Guilty* (Lorsque je dis non, je me sens coupable) de Manuel J. Smith. Je suis allé l'acheter à la librairie du quartier, parce que je connaissais ma tendance à être trop gentil, et que je jugeais utile de gagner un peu de confiance en moi. J'ai feuilleté le livre à plusieurs reprises, pendant mes trajets pour me rendre au travail.

L'une des méthodes recommandées par l'auteur était intitulée : « La technique du disque rayé ». L'idée est simple : lorsque vous vous disputez avec quelqu'un qui refuse de considérer votre point de vue, tout ce que vous devez faire c'est lui déclarer que vous êtes d'accord avec lui d'une manière générale, puis le répéter encore et encore comme un disque rayé. Vous pouvez par exemple partir de : « J'entends bien ce que vous dites, mais… » ou de : « Un bon point pour vous, mais… » Vous le redirez jusqu'à ce que votre interlocuteur finisse par être d'accord avec vous ou cède à vos exigences. J'ai pensé : « C'est génial. Si ça marche, cela vaudra son pesant d'or ! »

J'ai eu l'occasion de mettre cette technique à l'épreuve. J'ai un jour acheté une nouvelle paire d'essuie-glaces pour notre vieille Fiat à la station-service du quartier, mais lorsque j'ai essayé de la fixer sur la voiture, le lendemain, j'ai découvert que l'on m'avait vendu un modèle qui ne convenait pas. Je suis donc retourné à la station-service, et j'ai expliqué à l'employé ce qui s'était passé, en ajoutant que je souhaitais procéder à un échange.

L'employé m'a répondu que seul le responsable de la station-service était autorisé à le faire. Je devais donc repasser le lendemain matin lorsqu'il serait là. Utilisant la technique du disque rayé, je lui ai répliqué : « Vous me dites que le responsable ne sera pas là avant demain matin, mais je veux que vous me fassiez l'échange tout de suite parce que vous m'avez vendu un modèle qui ne convient pas. Il peut pleuvoir cet après-midi et j'ai besoin de la voiture. »

Voici ce que notre discussion a donné :

L'EMPLOYÉ : Je vous ai dit que je ne peux pas faire l'échange moi-même et que le responsable n'est pas là. Je suis occupé avec les clients ; il faudra que vous reveniez le matin, lorsque le responsable est là.

DAVID : Vous me dites que vous êtes occupé avec les clients, et que le responsable ne sera pas là avant demain matin ; mais je veux faire l'échange tout de suite parce qu'il peut très bien pleuvoir cet après-midi.

L'EMPLOYÉ : Je vous ai déjà dit que je ne suis pas autorisé à faire l'échange. Vous devrez repasser le matin.

DAVID : Vous avez raison, vous m'avez déjà dit que vous n'êtes pas autorisé à faire les échanges et que je devrai repasser le matin, mais j'ai besoin des essuie-glaces tout de suite. Je ne vais pas attendre jusqu'à demain matin. C'est une erreur qui vient de vous, aussi je veux que vous me fassiez l'échange tout de suite.

L'EMPLOYÉ : Vous n'avez rien compris ? Je vous répète que je suis occupé et que le responsable est seul habilité à faire l'échange ! Repassez demain matin, je ne peux rien faire pour vous !

DAVID : Vous me dites que je n'ai rien compris, que vous êtes occupé, et que je dois repasser demain matin. Mais j'insiste pour que vous me changiez les essuie-glaces tout de suite. J'ai payé pour de nouveaux essuie-glaces, j'y ai donc droit.

À ce stade de la discussion, le vendeur a paru dégoûté et s'est dirigé vers un client qui venait d'arriver à la pompe. Je l'ai suivi et j'ai lancé : « Je vois bien que vous m'ignorez et que vous allez vous occuper de cet autre client, mais je ne partirai pas tant que vous ne m'aurez pas donné les nouveaux essuie-glaces. »

Il s'est arrêté, retourné, et m'a jeté un regard menaçant. Je me suis rendu compte tout à coup qu'il était beaucoup plus grand que moi. Il a grogné : « Si vous continuez, je vais vous coller un bon coup de clé anglaise sur les rotules ! Fichez le camp d'ici ! »

Je ne me rappelais pas la technique à utiliser quand on est menacé avec une clé anglaise. Je lui ai donc répondu : « Bon, vous me dites que vous êtes prêt à me coller un coup de clé anglaise. Je pense que je reviendrai demain matin, lorsque le responsable sera là. Quelle bonne idée ! »

C'est ainsi qu'a pris fin ma brève histoire d'amour avec l'entraînement pour gagner la confiance en soi.

Il n'est pas difficile de voir pourquoi la technique du disque rayé n'a pas marché. Si vous utilisez la check-list ECR de la page 114, vous comprendrez tout de suite. Je n'ai pas écouté ni pris en compte les éléments de vérité énoncés par l'employé de la station-service. Je n'ai pas davantage exprimé mes sentiments avec habileté et je ne lui ai pas témoigné de respect. Je me suis montré au contraire exigeant, égocentrique et niais.

Ce faisant, je suis tombé d'un excès dans l'autre : j'ai abandonné l'attitude de la soumission pour devenir exigeant. C'est une erreur courante : quand les gens tentent de changer, ils vont et viennent d'un schéma à un autre, négatifs tous les deux. Par exemple, vous naviguerez constamment entre la critique et les reproches, qui seront destinés tout autant à vous qu'à votre partenaire. Ou vous abandonnerez et en déduirez que rien ne marchera jamais. En règle générale, il est impossible de régler un problème relationnel en devenant l'inverse de ce que l'on est.

La thérapie cognitive relationnelle présente une dimension complètement différente. Souvenez-vous des trois éléments qui constituent une bonne communication : l'empathie, la confiance en soi et le respect. Voici l'essentiel de ce que signifie pareille approche :

- vos besoins et vos sentiments sont importants ;
- mes besoins et mes sentiments sont importants ;
- nous avons tous deux besoin d'être traités avec
  dignité et respect.

27

La résistance revisitée :

« Pourquoi devrais-je tout faire ? »

Certains individus ont du mal à utiliser les cinq secrets de la communication efficace parce qu'ils ne les comprennent pas très bien, ou que leurs convictions sont trop bien enracinées. Il existe toutefois une autre raison, plus profonde : ils ont du mal à apprendre ces techniques parce qu'ils n'ont pas envie de s'en servir. Ils considèrent qu'ils ne devraient pas avoir à écouter, à partager ouvertement leurs sentiments ou à faire preuve de bienveillance et de respect.

Voici ce que j'entends régulièrement :

- Pourquoi devrais-je faire tout le travail ? Ce n'est pas juste ! Quand ma femme va-t-elle accomplir sa part ?
- Pourquoi faut-il que je reçoive tous les reproches ? C'est la faute de mon mari !
- Pourquoi devrais-je trouver que ce qu'elle me dit est vrai ? Elle a tort et c'est un fait !
- Je ne vais pas partager mes sentiments, j'aurais l'air d'une mauviette ! Je n'aime pas m'exhiber comme ça.

- Si j'étais d'accord avec lui, j'aurais l'air faible. Je ne vais certainement pas être un paillasson et le laisser me marcher dessus !
- Elle ne changera jamais ! J'ai déjà tout essayé et rien ne marche.
- C'est un pauvre type ! Je n'ai rien de bien à dire à son sujet. Pourquoi faudrait-il que je lui témoigne du respect ?
- Elle n'a pas du tout le droit de ressentir ça !

Ces réactions peuvent être très vives. Parfois, vous ne désirez qu'une chose : que cette personne si agaçante à vos yeux sache qu'elle est nulle. Si vous êtes entraîné dans un combat que vous êtes déterminé à remporter, vous montrer combien vos pensées sont déformées et illogiques, ou combien votre savoir-faire en communication est inefficace, ne servira à rien. Vous ne voulez pas l'entendre. Et si les reproches ou les critiques que vous adressez à votre interlocuteur vous obsèdent, je ne réussirai sans doute pas à vous vanter les mérites de la relation amicale : vous avez en tête un objectif différent. Même si vous désirez vivre une relation plus affectueuse, une petite voix en vous serine : « Pourquoi devrais-je tout faire alors que tout est sa faute ? »

Je comprends très bien pareils sentiments. Il m'arrive de devoir me battre contre moi-même pour utiliser ces cinq secrets. Vous n'êtes évidemment pas obligé d'y recourir, et vous n'avez pas à travailler dur ou à assumer toute la responsabilité d'une relation pour qu'elle soit meilleure. En fin de compte, vous devriez vous poser la question que j'ai énoncée au début de mon livre : qu'est-ce que je veux réellement ? Gagner la bataille ou avoir une relation plus affectueuse, amicale, avec la personne avec qui je suis en conflit ?

Vous vous souvenez de Raina ? Nous avons parlé d'elle dans le chapitre 13. Elle avait beaucoup de mal à trouver une part de vérité dans les critiques impitoyables que lui adressait son mari. Des années plus tard, j'ai eu la chance de pouvoir lui demander comment cela s'était passé pour elle ensuite. Voici ce qu'elle m'a répondu :

« Quand nous avons débuté notre travail ensemble, j'entendais toujours cette petite voix me dire que je ne devais pas faire tout le travail pour que mon couple aille mieux. Je n'oublierai jamais ce moment qui m'a beaucoup impressionnée… Ça s'était bien passé pour Milt et moi après, puis nous sommes retombés dans nos vieux schémas et nous avons repris nos disputes. Milt affirmait : "Il n'y a rien qui aille mal chez moi. Ton problème, ce sont toutes tes questions, et ton comportement. Tu devrais retourner voir David Burns."

» Je vous ai appelé en pleurant pour prendre un nouveau rendez-vous. Lorsque je vous ai vu, je me sentais un peu mieux, et vous avez suggéré que nous fassions un jeu de rôle. J'ai joué le rôle de Milt et vous le mien, en me montrant une façon différente de répondre. Au milieu de la séance, j'ai dit : "Je ne sais pas pourquoi je fais cela. Cela nécessite deux personnes. Milt a un rôle à jouer aussi. Je suis la seule à travailler. Ça n'est pas juste !"

» Vous avez répondu : "Vous avez absolument raison, Raina. Vous n'avez pas à le faire du tout. Vous pouvez continuer comme d'habitude. Les choses changeront peut-être ou elles empireront. Vous pouvez aussi vous sentir plus stressée et malheureuse, mais quoi qu'il en soit vous avez raison : vous n'avez pas à tout faire seule."

» J'ai dit : "Continuons !" Nous avons repris le jeu de rôle, et c'est là que j'ai appris la chose la plus importante qui soit : il n'y a que vous-même qui puissiez changer, vous n'avez de contrôle que sur vous. Impossible de faire changer quelqu'un ou de lui faire faire ce que vous voulez. La seule chose que vous puissiez faire, c'est vous transformer vous-même.

» Mais un miracle peut survenir lorsque vous commencez à modifier votre propre comportement. Vous devenez un catalyseur pour l'autre, et tout à coup les choses s'améliorent. Cela vous donne le sentiment d'avoir un immense pouvoir et l'impression que vous êtes capable de gérer les sentiments de colère ou les blessures. Vous pouvez vous mettre à voir le problème avec le regard de l'autre et à entendre ce qu'il a à dire. Et quand vous agissez ainsi, il montre soudain un intérêt pour vos propres sentiments et point de vue.

» Il y a autre chose qui m'aide beaucoup aussi : que les sentiments soient bons ou mauvais importe peu. Si vous désirez tourner la situation à votre avantage et vous sentir proche de l'homme que vous aimez, vous devez ignorer votre propre vérité pendant quelques minutes et considérer son point de vue à lui. C'est là que la magie opère. »

SIXIÈME PARTIE

Les techniques avancées

28

Changer l'objectif : y a-t-il un éléphant dans cette pièce ?

Dans les trois chapitres qui suivent, je vais vous parler de trois techniques de communication avancée qui s'articulent de la façon suivante : le changement d'objectif, le recadrage positif et l'empathie à choix multiples. Le changement d'objectif est utile lorsque l'atmosphère est tendue ou hostile, et que votre partenaire et vous-même êtes en conflit ouvert. Le recadrage positif peut vous aider à transformer presque toutes les relations agressives en un échange chaleureux, établi sur le sentiment de confiance. Vous utiliserez l'empathie à choix multiples pour essayer de parler à un ami ou à un membre de votre famille qui refuse de vous adresser la parole, ou encore à quelqu'un qui ne sait pas très bien comment exprimer ce qu'il ressent.

Quand vous avez des problèmes relationnels avec quelqu'un, il y a presque toujours de la tension entre vous. Vous pouvez soit l'ignorer soit prétendre qu'il n'y en a pas. Comme si un éléphant se trouvait dans la pièce et que tout le monde le contournait, mine de rien. Si vous changez l'objectif, vous désignez l'éléphant et vous dites : « Vous voyez ce que je vois ? »

Vous portez le conflit à la conscience de tous sans cesse de faire preuve de gentillesse, de façon à pouvoir en parler plutôt que de vouloir à tout prix déterminer qui a raison et qui a tort. Si vous utilisez correctement cette technique, vous mettrez rapidement fin à presque tout type de relation délicate ou inconfortable.

Voici l'exemple de Mel, chargé de jouer un match de tennis en double pour son équipe locale et à qui on venait d'assigner un nouveau partenaire, Fred. Mel m'a raconté qu'il ne s'était pas senti à l'aise parce que Fred avait à l'évidence un meilleur niveau que lui, que pendant le premier set il n'avait pas desserré les dents et qu'il semblait grincheux. Mel ne pensait pas être responsable de cette attitude, car il avait vu Fred jouer à une autre occasion et celui-ci s'était comporté de façon identique. Cependant, Mel n'en avait pas moins été agacé et ils avaient perdu le premier set six jeux à quatre. Mel m'a expliqué que la tension lui avait fait faire beaucoup de fautes directes.

Il a alors décidé de changer l'objectif. Avant le nouveau set, il a interpellé son partenaire : « Fred, je me doute que je t'ai gêné pendant ce match. J'aimerais vraiment jouer aussi bien que toi. » Fred a répondu : « Oh, ça n'a rien à voir avec toi. Je suis désolé. Il m'arrive parfois de me montrer ferme et bougon. » La glace a été rompue et ils se sont tous deux détendus. Ils ont gagné le deuxième set, six jeux à deux, et remporté le tournoi.

Mel a ainsi évoqué clairement la tension, mais avec gentillesse, sans mettre son nouveau partenaire sur la défensive. Lorsque vous reconnaissez qu'il existe une tension, au lieu de prétendre le contraire, cela la fait disparaître.

Changer l'objectif a donc son utilité quand votre partenaire et vous-même n'évoquez pas vos sentiments respectifs, ou ne prêtez pas attention à ce que l'autre dit. Cela se révélera aussi indispensable lorsque :

- les disputes ne mènent nulle part ;
- les deux protagonistes s'ennuient ;
- la concurrence est rude entre eux, au détriment du travail en équipe ;
- on se sent utilisé.

Mettons en pratique le changement d'objectif

Marla, étudiante de 3e cycle en chimie, m'a parlé du conflit qui l'opposait à son amie Elaine. Un soir, alors qu'elles bavardaient, Elaine a ouvert une bonne bouteille de vin qu'elle venait d'acheter et leur en a versé un verre. Après que Marla l'a eu goûté, Elaine a demandé : « Le vin te plaît ? » Marla s'est sentie un peu mal à l'aise parce qu'elle le trouvait âpre, mais, sachant qu'Elaine s'y connaissait en vin, elle ne voulait pas la blesser. Alors elle a répondu : « Oui, oui », sans vraiment s'engager.

Elaine, contrariée, a insisté : « Tu aimes ce vin, oui ou non ? »

Très angoissée, Marla a hésité avant de répéter simplement : « Oui, oui. » La situation a empiré : Elaine s'est fâchée. Elle a vidé le reste de la bouteille dans l'évier et la soirée a été gâchée. Marla m'a demandé ce qu'elle aurait pu dire pour arranger les choses.

Examinons cette relation. Quand Elaine, contrariée, a lancé : « Tu aimes ce vin, oui ou non ? » Marla a répondu : « Oui, oui. » Selon vous, cette réponse est-elle un exemple de bonne ou de mauvaise communication ?

C'est clairement un exemple de mauvaise communication et ce, pour trois raisons. D'abord, Marla n'a témoigné aucune empathie vis-à-vis de son amie. Elaine semblait ennuyée, et elle voulait avoir l'avis de Marla sur le vin. Peut-être avait-elle payé cher cette bouteille et était-elle déçue que celle-ci ne corresponde pas à ses attentes. Ou alors elle était contrariée parce que Marla restait évasive. Ensuite, Marla n'a pas prêté attention aux sentiments de son amie. Enfin, elle n'a pas évoqué ce qu'elle éprouvait. Elle était déconcertée, et également angoissée : Elaine l'avait mise en difficulté en la sommant de dire si le vin lui plaisait. Mais elle s'était contentée de répéter : « Oui, oui. » Cela n'avait rien de respectueux, puisqu'elle se montrait évasive alors qu'Elaine lui demandait son opinion.

Voyons maintenant les conséquences de sa réponse. Pourquoi Elaine a-t-elle été si contrariée en entendant : « Oui, oui » pour la seconde fois ? Voici comment Marla a analysé la situation dans son journal de bord des relations :

Étape 4. Conséquences

« Elaine pense sans doute que je suis malhonnête ou impossible à satisfaire parce que je n'ai pas fourni de réponse franche. Elle a donc placé la barre plus haut pour obtenir une autre réponse de ma part. Comme je n'ai pas fait de remarque sur la tension entre nous, elle s'est sentie libre d'exprimer sa colère. Mon manque de précision et mon inertie ont provoqué son hostilité. Elle avait probablement changé ses habitudes pour acheter cette bouteille de vin, et je manifestais de l'indifférence par rapport aux efforts qu'elle avait déployés pour me faire plaisir. »

Marla a essayé d'éviter le conflit en raison de son angoisse et de sa timidité. De façon paradoxale, ses manières évasives ont entraîné des exigences de plus en plus élevées chez Elaine pour obtenir d'elle une réaction. Mais si Elaine était sans doute blessée et déçue, elle n'a pas plus que Marla exprimé ses sentiments. Toutes deux les vivaient. C'était l'occasion rêvée pour changer d'objectif.

Mettez-vous à la place de Marla et cherchez une réponse plus efficiente en utilisant n'importe lequel des cinq secrets de la communication efficace, mais en vous assurant de bien inclure le changement d'objectif. Lorsque vous vous servez de cette technique, vous vous concentrez sur la tension qui règne dans la pièce où vous vous trouvez et vous expliquez comment fonctionne votre relation plutôt que la teneur de la dispute. Mais en réalité vous lisez entre les lignes. Vous vous arrêtez et parlez du genre de danse à laquelle vous vous livrez avec votre partenaire. Interrogez-vous sur ce que vous ressentez tous deux. Partagez gentiment vos réflexions avec l'autre et demandez-lui comment il perçoit la relation. Notez votre réponse sur une feuille avant de continuer votre lecture.

Voici ce que Marla a proposé :

« Elaine, je me sens dans une position difficile et je pense que tu es déçue, surtout parce que tu t'étais montrée attentionnée et que tu avais choisi cette bouteille de vin pour nous deux. À mon avis, le vin était un peu âpre, mais je ne suis pas du tout une experte en vin comme toi, et j'aimerais vraiment connaître ton opinion dessus. »

Dans la première phrase, Marla parle franchement du conflit en commentant la tension avec gentillesse, sans chercher la confrontation. Elle se concentre sur ce conflit et sur ce qu'elles ressentent toutes deux plutôt que sur le fait de savoir si le vin était mauvais. Cela implique une combinaison de formules « Je ressens » et d'empathie pour le ressenti. De plus, Marla souligne auprès d'Elaine qu'elle a apprécié sa prévenance et qu'elle admire sa connaissance en vin. Elle termine par une question : Elaine aura donc l'occasion de pouvoir s'exprimer aussi.

Changer d'objectif est une technique convaincante et qui peut sembler simple, mais elle est en réalité difficile à maîtriser. Lorsque nous avons des problèmes relationnels, nous sommes nombreux à tenter d'ignorer l'hostilité en espérant qu'elle disparaîtra toute seule. Mais les sentiments négatifs ne se volatilisent pas sur un simple claquement de doigts. La dispute perdure et les protagonistes continuent consciencieusement de jouer leurs rôles habituels. Marla était la fille docile et innocente ; Elaine, la personne dominante qui réprimande. Ces rôles sont ceux que nous désignons quand nous évoquons la « personnalité » des gens qui nous entourent. Pour autant, votre identité n'est pas caractérisée à jamais par une série d'attributs intangibles et vous n'êtes pas obligé de jouer encore et toujours le même rôle jusqu'à ce que mort s'ensuive.

Lorsque vous changez d'objectif, vous attirez l'attention sur le fait que votre partenaire et vous-même vous sentez mal à l'aise ou frustrés, et que la tension existe bel et bien. Vous interrompez la dispute ou la compétition pour mettre au contraire l'accent sur les émotions qui sont là, à fleur de peau. Si vous le faites de façon amicale et en témoignant du respect à l'autre afin qu'il ne se sente ni jugé ni critiqué, il vous sera beaucoup plus facile d'échanger avec lui en vous mettant de son côté. Au moment même où vous parlerez du jeu qui se joue, ce jeu aura tendance à se terminer.

Le changement d'objectif s'est révélé extrêmement utile dans ma vie personnelle comme dans mon travail. Ainsi, j'ai soigné une psychologue qui répondait au nom de Ruthanne. Elle avait des difficultés à gérer son anxiété par rapport à un examen. Elle préparait son diplôme, mais était si nerveuse qu'elle ne parvenait pas à se concentrer. Lorsqu'elle essayait d'étudier ou de réviser, elle se bombardait de messages négatifs complètement illogiques tels que : « Je sais bien que je vais être recalée à l'examen », ou : « Ils vont me poser des questions sur ce que je ne sais pas et aucune sur ce que j'ai appris », ou encore : « C'est injuste ! » Ces réflexions n'avaient aucun sens, car Ruthanne était une étudiante remarquable et elle n'avait jamais raté un examen de sa vie. Elle n'en alimentait pas moins l'anxiété qui la minait.

Cependant, chaque fois que j'encourageais Ruthanne à avoir des réflexions plus positives et réalistes, elle s'opposait à moi avec acharnement. Elle me lançait un « Oui, mais… » et affirmait que je ne comprenais rien. Nous nous engagions alors dans un débat complètement improductif sur la question de savoir si ses pensées négatives avaient un fondement. Enfin, j'ai décidé de changer l'objectif et dit : « Ruthanne, je me sens gêné parce que nous finissons souvent par nous quereller pendant les séances. Vous l'avez remarqué aussi ? Vous êtes une fille vraiment intelligente – en fait, vous êtes l'une de mes patientes favorites pour discuter parce que vous avez l'esprit très vif. Mais je préférerais travailler dans votre camp, afin de vous aider à surmonter votre anxiété au sujet de l'examen. Est-ce que vous seriez d'accord ? »

Remarquez que je ne me suis pas plaint et que je n'ai pas adressé de reproches à Ruthanne au sujet de cette impasse dans laquelle nous nous trouvions. J'ai simplement constaté : « Voici ce qui semble se passer, comment le percevez-vous ? » Ruthanne a avoué que nos discussions étaient pesantes pour elle aussi. J'ai suggéré que nous nous fassions signe dès que nous remarquerions que nous retombions dans le même piège. Si nous levions la main, cela voudrait dire : « Attention, nous nous disputons encore. Revenons à nos moutons et travaillons ensemble. » Nous avons utilisé cette technique plusieurs fois avec succès.

Nous avons également exploré la raison pour laquelle Ruthanne avait montré de la résistance face à mes efforts pour l'aider. En dépit de sa grande anxiété, elle avait peur de se laisser aller. Elle craignait d'en éprouver une telle joie qu'elle cesserait d'étudier et raterait son examen. Elle a admis toutefois que son anxiété l'avait empêchée de travailler au cours des cinq dernières semaines.

Une fois qu'elle a eu réalisé tout cela, Ruthanne a changé et nous avons travaillé ensemble pour défier ces pensées irrationnelles qui la rendaient si angoissée. Elle s'est sentie plus sûre d'elle et a avoué qu'elle appréciait beaucoup de réviser ses cours. Six semaines plus tard, elle a réussi son examen. La solution à notre problème n'était pas tant de savoir qui avait raison et qui avait tort, mais plutôt de prendre conscience du conflit existant, en toute amitié, afin que ni l'un ni l'autre ne se sente insulté ou honteux.

29

Le recadrage positif : ouvrons la porte aux relations d'amitié et à leur réussite

Lorsque vous êtes en mauvais termes avec quelqu'un, vous allez sans doute le voir d'un mauvais œil et lui prêter des intentions négatives. Vous penserez qu'il est égoïste, nonchalant ou encore mesquin. Il va sans dire que cette attitude influera sur votre relation, et que vos prédictions se réaliseront. Par exemple, nous l'avons vu, si vous reprochez à votre mari d'être têtu, il va se buter et refuser vos suggestions – donc se comporter exactement comme ce dont vous l'accusez. En recourant au recadrage positif, vous vous efforcez de comprendre les raisons de l'autre, ainsi que son comportement, de façon plus positive. Autrement dit, vous insufflez du positif dans votre relation.

Au lieu de juger votre femme déraisonnable, vous penserez qu'elle a de fortes convictions et veut que vous les compreniez ; ou bien qu'elle vous aime sans aucun doute mais qu'elle se sent attaquée et vexée. Ce changement de perspective peut favoriser votre communication avec elle. En manifestant du respect à son égard, son attitude s'assouplira et elle sera moins sur la défensive.

J'ai récemment présenté au Canada, pour la première fois, un nouvel atelier de travail sur la dépression et le respect de soi. Je me sentais un peu nerveux, mais j'espérais que le public lui réserverait un bon accueil. Le premier jour, un psychologue dans le public s'est fait l'avocat du diable. Après que j'ai eu souligné un point important, il a levé la main et m'a mis à l'épreuve : « Mais que pensez-vous de… ? » ou : « Et vous ne parlez pas de… ? » Ses questions m'ont paru très tranchantes. Ayant appris que discuter avec quelqu'un dans le public pouvait être une erreur, j'ai préféré utiliser les techniques du désarmement et de la gentillesse pour lui répondre. J'ai cherché la part de vérité contenue dans ses paroles et lui ai fait comprendre que ses interrogations étaient intéressantes. Cela a bien fonctionné puisque ses interventions sont devenues de moins en moins abruptes.

À l'issue de l'atelier, alors que tout le monde s'apprêtait à quitter la salle, il s'est approché de moi et excusé d'avoir été aussi agressif. « Vous n'avez pas besoin de vous excuser, ai-je répliqué. Vous avez bien participé, et soulevé des questions très importantes. Je ne doute pas une seconde que beaucoup de personnes dans l'assistance avaient les mêmes inquiétudes que vous, mais qu'elles avaient peur de lever la main et de prendre la parole. Il faut pourtant examiner ces questions, car sinon autant abandonner nos recherches et nous adonner à un culte. Je vous remercie vraiment de votre présence et j'espère que vous continuerez demain dans le même esprit. Vous avez beaucoup contribué à dynamiser cet atelier, et vous l'avez rendu plus intéressant pour tout le monde, y compris pour moi. »

Il a paru aussi surpris que content, et il est sorti de l'auditorium le visage rayonnant. Le lendemain, il n'a pas émis la moindre critique. Cependant, il m'a envoyé un e-mail, quelques jours plus tard : « Docteur Burns, vous êtes un professeur passionnant ! Les techniques que vous nous avez présentées ont déjà radicalement transformé mon travail avec mes patients. »

Pourquoi est-il devenu mon allié ? Parce que j'ai utilisé le recadrage positif. J'aurais pu me contenter de le voir comme quelqu'un de narcissique juste préoccupé de chercher la petite bête et de rivaliser avec moi. Au lieu de quoi, j'ai mis ses questions en évidence et insisté sur leur importance. J'ai précisé aussi que je partageais par moments ses inquiétudes. Nous mettre sur un pied d'égalité a transformé une relation potentiellement contradictoire en une collaboration très enrichissante.

Vous voyez sans doute le recadrage positif comme une combinaison de la technique du désarmement et de la gentillesse, mais c'est bien plus : vous transmettez l'idée que le conflit est en réalité quelque chose de positif, que personne ne doit se sentir honteux ou avoir peur de ce qui arrive, et qu'à la fin c'est ce conflit qui vous rapprochera. Vous insistez sur le fait que quelque chose de bien est en train de se produire et que la mésentente va générer du positif.

Le recadrage positif n'est donc pas tant une technique qu'une façon de considérer un conflit. Vous pouvez envisager n'importe quel désaccord comme l'occasion de vous engager dans un combat ou d'approfondir vos rapports avec la personne qui vous pose un problème relationnel. Cela demande cependant de la créativité, de la bienveillance et de la pratique.

Lorsque vous utilisez le recadrage positif, essayez de penser de façon positive aux motivations de l'autre et à son comportement. Par exemple, si votre fils vous lance quelque chose qui heurte votre sensibilité, prenez sa remarque comme l'expression d'une blessure, d'une solitude ou d'une frustration cachée, et dites-vous qu'après tout, s'il ne vous aimait pas réellement, il ne se sentirait pas aussi bouleversé.

Dans le même ordre d'idées, efforcez-vous de prendre un commentaire critique de votre femme comme une chance de pouvoir mieux comprendre ce qu'elle pense et ressent. Cela vous évitera de considérer ses interventions comme un prélude de l'Apocalypse ou de croire qu'elle cherche à vous démolir. Si l'un de vos collègues vous paraît dogmatique, dites-vous qu'il tente par tous les moyens de vous faire approuver son point de vue.

Le recadrage positif doit être sincère, sinon il ne servira à rien. Si vous avez l'air de simuler ou si vous vous contentez de reprendre des formules toutes faites, ça ne marchera pas. Vos commentaires devront aussi être réalistes. Rappelez-vous le psychologue qui n'a cessé de me mettre à l'épreuve pendant mon atelier. Est-ce que cela m'a été vraiment utile, ou n'ai-je fait en le rassurant que lui jeter de la poudre aux yeux ?

À la vérité, je pense que nous avons besoin de nous interroger davantage, en psychologie et en psychiatrie. Il y a des milliers d'écoles de thérapie en concurrence et toutes prétendent détenir la réponse, mais elles ne peuvent pas toutes avoir raison ! Lorsque j'ai déclaré au psychologue que son scepticisme était important, j'en étais vraiment convaincu. Et, de même, je ne mentais pas en qualifiant ses questions et ses doutes d'opportuns. C'est pour cela que ma réponse a été efficace.

Si vous parvenez à mettre votre ego de côté, considérer le comportement désagréable ou critique de l'autre de manière plus positive et sous un jour plus flatteur s'en trouvera facilité. Mais cette démarche n'a rien d'évident : on se sent facilement blessé ou menacé par ce qui se passe autour de soi, et on a donc tous tendance à se mettre sur la défensive. En recourant au recadrage positif, vous résistez à l'envie de partir en guerre. Vous essayez au contraire d'envisager le conflit dans une perspective plus positive. Si vous partagez ce point de vue avec l'autre et que vous lui témoigniez du respect, les résultats pourront être spectaculaires.

Le recadrage positif
dans le milieu professionnel

La technique du recadrage positif n'est pas réservée aux thérapeutes et elle peut se révéler très utile face à n'importe qui, dans la vie personnelle comme dans le milieu professionnel.

J'ai eu pour patiente une biologiste, Babette, qui faisait de la recherche sur les drogues dans un laboratoire de Los Angeles. Elle se sentait malheureuse parce que son patron avait des sautes d'humeur désagréables et imprévisibles. Pendant environ un mois, il était aussi doux qu'un agneau, faisant l'éloge de tout le personnel du laboratoire et émettant des suggestions créatives pour favoriser ses recherches. Puis il devenait critique et grossier pendant à peu près le même laps de temps, avant de redevenir gentil avec tout le monde. Durant ses périodes de mauvaise humeur, Babette rentrait souvent chez elle en pleurs, humiliée par ses commentaires agressifs. Elle ne savait plus à quel saint se vouer ni comment réagir.

J'ai demandé à Babette si elle avait un animal chez elle. Elle m'a répondu que oui : elle possédait un berger allemand car elle adorait les bêtes. Et saurait-elle comment affronter un chien féroce, si elle en rencontrait un en se promenant, ai-je voulu savoir ensuite.

Elle m'a assuré que c'était très simple : il suffisait de rester un moment sans bouger, avant de s'éloigner lentement. Elle a ajouté que parfois cela aidait de dire des choses gentilles au chien, en adoptant une voix douce et un ton admiratif. Elle avait testé avec succès cette tactique quelques semaines auparavant, alors qu'elle courait. Le chien qui était venu gronder près d'elle s'était calmé tout de suite. Il avait commencé à remuer la queue et à lui lécher la main comme si elle avait été une amie de longue date.

« Bien, ai-je répondu, c'est exactement de cette façon que vous devez gérer un patron qui grogne. Vous devez le traiter comme un chien méchant. »

Je lui ai expliqué que la gentillesse et la technique du désarmement étaient sans doute les outils les plus utiles qui soient en pareilles circonstances. Nous les avons donc mis en pratique. L'un de nous allait jouer le rôle du patron et l'autre celui de Babette. En tenant le rôle de Babette, j'ai utilisé la technique du désarmement et la gentillesse. Nous avons plusieurs fois inversé les rôles, et Babette a vite compris le mode d'emploi. À la fin de la séance, elle maîtrisait parfaitement ces techniques et était impatiente d'essayer cette nouvelle approche face à son patron.

Le jour suivant, Babette s'est rendue dans le bureau de ce dernier pour avoir son avis sur une ébauche d'article qu'elle lui avait soumise, le texte devant être au final écrit en duo. Elle lui a demandé s'il avait eu le temps de le parcourir et ce qu'il en pensait. Il lui a répondu qu'il avait jeté son texte parce que c'était le pire qu'il ait jamais lu.

C'était bien sûr la dernière chose que Babette avait envie d'entendre : ses recherches pour cet article représentaient déjà des mois de travail éreintant. Mais elle s'est souvenue qu'elle devait traiter son patron comme un chien montrant les dents. Elle lui a donc répondu :

« Gordon, je ne suis pas surprise que vous ayez trouvé mon papier mauvais. Pour être honnête, j'ai eu exactement la même impression en le rédigeant. J'avais le sentiment de me répéter. Je suis toujours stupéfiée par vos articles : ils sont tellement clairs. C'est en fait l'une des raisons pour lesquelles j'ai voulu travailler avec vous, et j'ai été vraiment heureuse lorsque vous m'avez proposé un poste l'automne dernier. Les résultats de notre recherche pourraient se révéler très importants, et si l'article était bien écrit il aurait sûrement un impact considérable.

» Peut-être mon texte est-il impossible à amender. Mais si vous aviez des suggestions à me faire pour que je puisse l'améliorer, j'en serais heureuse. Je souhaite apprendre le plus possible de vous. »

Le visage de son patron s'est éclairé comme si le soleil était sorti de derrière les nuages sans crier gare. Il a retiré de la corbeille le texte et l'a relu rapidement avant de murmurer qu'en fait c'était du bon travail. Enfin, il a fait plusieurs suggestions pour préciser certains points, sans cesser de vanter ses mérites.

Babette a proposé l'article à une revue réputée et il a été accepté sans conditions. Par la suite, elle l'a soumis à l'Académie des sciences de New York et a reçu un prix prestigieux pour les recherches qu'elle avait menées.

C'est un exemple parfait de recadrage positif. Babette est partie d'une situation conflictuelle pour envisager une perspective plus positive et elle a communiqué cette vision des choses à son patron. Au lieu de se considérer comme une victime sans défense face à un adversaire puissant et hostile, elle a vu le conflit comme une chance de développer une relation plus enrichissante avec son patron. Son attitude amicale et optimiste étant contagieuse, elle a eu un effet positif immédiat sur lui.

Vous avez le droit de penser que les commentaires de Babette étaient faux, et qu'elle n'a pas été honnête parce que, en réalité, elle avait envie de tordre le cou à son patron. C'était peut-être le cas, et la plupart d'entre nous auraient cette réaction. Mais, quoi qu'il en soit, ses déclarations n'étaient pas entièrement malhonnêtes ; en effet, elle admirait vraiment ce patron pour ses réalisations scientifiques et son talent d'écrivain. Qui plus est, son premier jet n'était effectivement pas très bon.

Vous pouvez aussi estimer que Babette n'avait pas besoin de lui « lécher les bottes », et vous aurez encore raison. Mais lorsqu'elle a fait preuve d'admiration et de respect pour Gordon, il a soudain changé. Il se sentait probablement frustré et incompris, comme cela nous arrive à tous, à un moment ou à un autre. La réponse gentille de Babette à son commentaire agressif a transformé leur relation et lui en a donné le contrôle.

Que se serait-il passé si Babette avait préféré se battre ? Il y aurait eu une lutte de pouvoir très désagréable. Gordon se serait montré encore plus agressif. Il ne l'aurait pas du tout aidée et elle aurait également pu perdre son emploi.

Un peu de gentillesse a donc suffi pour transformer leur relation. Mettons cela en pratique. Imaginons que votre adolescent de fils soit désagréable et vous lance : « Tu essaies toujours de diriger ma vie ! Tu veux toujours tout régenter. Pourquoi n'arrêtes-tu pas de me dire ce que je dois faire ? » Comment lui répondriez-vous, en utilisant le recadrage positif ? Notez votre réponse sur une feuille avant de continuer votre lecture. Si vous utilisez plusieurs secrets de la communication efficace, indiquez-le à la fin de vos phrases en mettant leurs abréviations entre parenthèses.

Réponse

Il n'y a évidemment pas qu'une seule bonne réponse, et la mienne sera sans doute très différente de la vôtre. Les phrases en italique indiquent le recadrage positif :

> « Je suis contrarié par ce que tu viens de dire, je pense en effet que j'ai trop voulu tout contrôler (S, TD). Tu as absolument raison (TD). *Tu grandis et tu mérites plus d'indépendance (TD). C'est une bonne chose et je suis fier que tu réagisses ainsi (TD, G). Je suis content que tu aies pensé pouvoir me dire ce que tu ressentais, même si c'est difficile pour moi (S).* C'est embarrassant d'admettre que j'ai trop cherché à garder le contrôle, et je sens bien que tu es frustré et furieux contre moi (S, ER). Tu peux

me dire de quelle façon j'ai tenté de diriger ta vie (IN) ? *C'est vraiment important (G).* »

Votre fils vient de vous critiquer. Il attend une bagarre, mais vous recadrez la situation comme une occasion d'échanger pour développer une meilleure compréhension entre vous. Beaucoup de parents se mettraient sur la défensive et affirmeraient qu'ils ne désirent pas tout contrôler. Mais si vous répondez de cette façon, votre fils sera d'autant plus convaincu du contraire, et le conflit dégénérera, comme il l'avait escompté.

En vous servant du recadrage positif, vous allez dans la direction opposée. Vous considérez le conflit comme un moyen d'améliorer votre relation avec votre fils. Comment vous y prenez-vous ? Vous dites à votre fils que ce qu'il éprouve est important pour vous et que vous l'aimez. Au lieu de construire un mur entre vous et de lui affirmer qu'il a tort, vous acceptez ce qu'il ressent, constatez que son point de vue n'est pas faux du tout et vous lui témoignez du respect. Vous l'invitez à se confier et à participer à une relation davantage fondée sur l'échange, plus aboutie et affectueuse. Tout cela n'évoque évidemment en rien l'attitude de quelqu'un qui veut tout contrôler.

30

L'empathie à choix multiples :
comment parler à quelqu'un qui refuse
de vous adresser la parole ?

L'empathie à choix multiples est particulièrement utile lorsque la personne avec laquelle vous essayez de communiquer a du mal à exprimer ce qu'elle ressent. Elle vous permet de suggérer à cette personne différentes possibilités et de trouver celle qui correspond le mieux à vos besoins, de façon très concrète.

Comment êtes-vous supposé réagir quand votre interlocuteur refuse de vous parler ? Les adolescents contrariés vous lancent un regard furieux, croisent les bras en signe de défi et lancent juste avec colère que tout va bien. Les adultes adoptent parfois aussi ce genre d'attitude : vous avez sans doute un ami ou un membre de votre famille qui fait la moue, vous ignore et vous taira la raison de sa mauvaise humeur. Si vous encouragez l'autre à s'exprimer, il résistera davantage encore. Aucun argument ne semble vraiment efficace en pareil cas.

Alors, au lieu de vous sentir frustré ou de vous retrouver piégé dans une lutte de pouvoir, efforcez-vous de vous mettre à la place de l'autre et demandez-vous pour quelle raison il garde le silence. Parmi les possibilités :

- il se sent embarrassé ou honteux au sujet d'un événement qui s'est produit ;
- il est furieux contre vous et vous punit en ne vous adressant pas la parole ;
- il a peur de heurter vos sentiments ;
- il craint les disputes ou les désaccords, et pense que le problème disparaîtra s'il l'ignore.

L'autre appréhende peut-être aussi, s'il se confie à vous, que :

- vous vous sentiez furieux ;
- vous vous mettiez sur la défensive et lui disiez : « Vous n'avez pas du tout le droit d'éprouver tel ou tel sentiment » ou : « Vous ne devriez pas ressentir cela » ;
- vous commenciez à discuter et à insister sur le fait que c'est lui qui a tort ;
- vous ne tentiez de l'aider ou de résoudre le problème alors qu'il a simplement besoin que vous l'écoutiez et validiez ce qu'il ressent.

Mais une autre raison domine largement et représente une pilule souvent difficile à avaler : l'autre ne vous parle pas parce qu'il est convaincu que ce ne sera pas gratifiant. Il a le sentiment, d'après ce qui a pu arriver par le passé, qu'il sera puni, jugé ou encore blessé.

Beaucoup d'entre nous ont tendance à reprocher à l'autre de ne pas exprimer ses émotions. Par exemple, vous penserez que votre mari a des problèmes pour vous parler parce que les hommes ne savent pas très bien exprimer leurs sentiments, ou encore parce qu'il est immature. Même si c'est partiellement vrai, le problème ne se résoudra pas en raisonnant de cette manière.

Utilisez plutôt l'empathie à choix multiples et réfléchissez à ce que vous avez pu faire qui a bloqué votre mari et l'empêche de discuter. Demandez-vous ainsi : « Est-ce que j'ai eu l'air de le juger alors qu'il s'efforçait de me dire ce qu'il ressentait ? Est-ce que j'ai tendance à trop vouloir tout contrôler ? Est-ce que je me suis mise sur la défensive, ou montrée condescendante quand il a essayé de parler ? » Si vous lui posez la question avec gentillesse, il aura davantage envie de communiquer car vous ne lui ferez plus de reproches.

Voici un autre exemple de la loi des contraires. Nous avons déjà évoqué le fait que si vous acceptez sincèrement une critique complètement injuste la personne qui vous l'a adressée découvrira soudain que ce qu'elle a dit est faux. Dans le même ordre d'idées, quand quelqu'un refuse de vous parler, il vous critique aussi à travers son silence, qui vous punit pour votre attitude. Toutefois, si vous reconnaissez que vous avez rendu les choses trop difficiles pour qu'il puisse vous faire confiance, il vous accordera soudain cette confiance. Dès l'instant où vous admettez que l'autre a une bonne raison pour ne pas vous adresser la parole, il exprime presque toujours ce qu'il ressent.

L'empathie à choix multiples
mise en application

Christine est venue me voir au sujet de sa fille, Audrey, âgée de quatorze ans. Celle-ci était bouleversée, mais lorsque sa mère lui demandait ce qui n'allait pas, elle croisait les bras dans un geste de défi et hurlait : « Je n'ai rien à dire ! » Demandez-vous donc : « Pourquoi une adolescente qui est inquiète ne veut-elle pas parler à sa mère ? »

Évidemment, nous n'aurons aucune certitude tant qu'Audrey gardera le silence, mais plusieurs hypothèses sont envisageables. Peut-être Audrey est-elle furieuse contre sa mère, mais craint d'avoir des problèmes si elle exprime ce qu'elle ressent. Ou alors elle est honteuse ou embarrassée au sujet de quelque chose qui s'est produit : par exemple, elle a raté son devoir d'anglais et sait que sa mère se fâchera si elle le lui avoue. Sa réticence à parler peut également découler du fait que ses dernières tentatives pour parler à sa mère ont été des échecs nuisants : elle a été jugée, critiquée et culpabilisée.

Si nous gardons ces hypothèses à l'esprit, comment Christine peut-elle réagir lorsque Audrey hurle : « Je n'ai rien à dire » ? Notez votre réponse sur une feuille et ne poursuivez pas votre lecture tant que vous n'avez pas réfléchi sur ce point.

Réponse

Il n'y a pas qu'une seule réponse possible, mais l'approche que voici pourrait être efficace :

« Audrey, tu m'affirmes que tu n'as rien à dire. Mais, en même temps, je vois bien que tu as les bras croisés et que tu me jettes des regards furieux. Il s'est peut-être passé quelque chose dont tu as du mal à parler. Je suis inquiète à l'idée d'avoir pu te blesser d'une façon quelconque.

» J'essaie aussi de comprendre pour quelle raison tu refuses de me parler. Je me demande si c'est parce que je n'ai pas réussi à te faire sentir que tu pouvais te fier à moi lorsque tu as essayé de te confier par le passé. Tu as peut-être peur que je ne t'écoute pas ou que je me fâche contre toi… Qu'est-ce que tu penses de tout ça ? »

Dans cette réponse, Christine commente l'impasse dans laquelle mère et fille se trouvent. Elle reconnaît la tension qui existe entre elles et essaie de comprendre pour quelle raison sa fille ne veut pas lui adresser la parole. Son intervention est gentille et affectueuse, elle n'a rien de provocateur.

Christine désarme Audrey avec habileté et accepte d'être rendue responsable de sa répugnance à parler. Mais pourquoi devrait-elle assumer pareil reproche pour la conduite puérile de sa fille ? Après tout, Audrey boude et se comporte comme une adolescente immature…

C'est une tendance naturelle que de s'engager dans une lutte de pouvoir avec quelqu'un qui refuse de nous parler. La plupart d'entre nous, se sentant frustrés, font pression sur l'autre pour qu'il leur dise ce qui ne va pas. Lorsqu'il refuse, ils le condamnent discrètement et sous-entendent qu'il devrait être plus ouvert. Il se referme alors encore davantage.

Lorsque vous utilisez l'empathie à choix multiples, vous prenez les choses dans le sens inverse. Vous désarmez l'autre et vous acceptez qu'il ait peut-être une bonne raison de ne pas s'adresser à vous. Paradoxalement, il commencera souvent à le faire en recevant ce message, parce qu'il constatera qu'il peut vous faire confiance. Évidemment, votre attitude et le ton de votre voix seront tout aussi importants que les mots que vous prononcerez. Si vous faites preuve de curiosité et de respect, ce sera beaucoup plus facile pour l'autre de s'ouvrir à vous.

Cependant, s'il refuse toujours de s'exprimer, résistez à l'envie de faire pression sur lui, de le critiquer ou de vous montrer exigeant. Au contraire, témoignez-lui de la bienveillance, du respect ; faites preuve de patience et de sollicitude. Assurez-le que tout le monde a le droit de s'isoler de temps en temps, mais que vous tenez à lui et que vous espérez lui parler plus tard, une fois que la tension sera retombée et que le moment sera opportun. Ou déclarez-lui que vous referez le point avec lui dans un ou deux jours pour voir s'il est plus enclin à se confier. Cela réduira la tension et augmentera les chances qu'il partage plus tard ses sentiments avec vous.

ANNEXES : Vos outils

Dans les pages qui suivent, vous allez trouver les exemplaires de quelques-uns des tests, formulaires et tableaux que nous avons vus dans ce livre. Vous pouvez les photocopier pour votre usage personnel lorsque vous lisez le livre et faites les exercices[1].

Certains formulaires vous seront particulièrement utiles si vous les photocopiez recto verso. Ainsi, lorsque vous travaillerez sur le journal de bord des relations, il vous suffira de retourner la page pour trouver au verso la check-list ECR et la liste des erreurs courantes en communication. L'étape 3 du journal de bord (Bonne communication contre mauvaise communication) en sera beaucoup facilité. Quand vous travaillerez sur les cinq secrets d'une communication efficace, vous aurez la liste des mots qui expriment le ressenti au verso, ce qui vous arrangera pour l'étape 5 du journal de bord ainsi que pour les différents exercices à effectuer.

Recto	Page	Verso	Page
Journal de bord des relations	p. 109	La check-list ECR et les erreurs courantes de communication	p. 114
Les cinq secrets d'une communication efficace	p. 145	Les mots du ressenti	p. 121
Exercice une minute montre en main : quelques consignes	p. 359-360	Les mots du ressenti	p. 121

---

1. Les thérapeutes qui souhaitent obtenir une licence afin d'utiliser ces outils et autres traitements dans leur travail peuvent se rendre sur mon site www.feelinggood.com pour obtenir plus d'informations sur les outils du thérapeute.

TEST DE SATISFACTION *Instructions :* Cochez la case qui correspond à votre choix. Chaque question doit être correctement cochée.	0 – Très déçu	1 – Un peu déçu	2 – Légèrement déçu	3 – Neutre	4 – À peine satisfait	5 – Moyennement satisfait	6 – Très satisfait
1. Communication et ouverture							
2. Résolution des conflits et disputes							
3. Niveau d'affection							
4. Amitié et intimité							
5. Votre rôle dans la relation vous convient-il ?							
6. Le rôle de votre partenaire dans la relation vous convient-il ?							
7. Niveau de satisfaction générale dans la relation							

Date : _____ TOTAL ➜

LES CINQ SECRETS D'UNE COMMUNICATION EFFICACE

Savoir écouter

1. La technique du désarmement (TD). Vous trouvez un peu de vérité dans ce que l'autre vous dit, même si cela semble complètement déraisonnable ou injuste.

2. L'empathie. Vous vous mettez à la place de l'autre et vous tentez de voir les choses de son point de vue.
- L'empathie verbale (EV) : vous paraphrasez les paroles de l'autre.
- L'empathie pour le ressenti (ER) : vous prenez conscience des sentiments probablement ressentis par l'autre, d'après ce qu'il a dit.

3. Le questionnement (Q). Vous posez des questions avec douceur pour savoir ce que l'autre peut penser et ressentir.

S'exprimer

4. « Je ressens » (S). Vous utilisez des expressions personnelles, par exemple : « Je me sens furieux », plutôt que des critiques telles que : « Tu as tort » ou encore : « Tu me rends furieux. »

5. La gentillesse (G). Vous trouvez quelque chose de simplement positif à dire à l'autre, même au plus fort de la dispute. Vous exprimez du respect, même si vous êtes en colère contre lui.

TABLEAU D'ANALYSE DE LA RESPONSABILITÉ	
Rejeter la faute sur l'autre	
Avantages	**Inconvénients**

Total

Étape 1. Elle/Il dit. Notez précisément les paroles de l'autre personne. Soyez concis :

_____
_____
_____
_____

Étape 2. J'ai répondu. Notez exactement ce que vous avez répondu. Soyez concis :

_____
_____
_____
_____

Étape 3. Une bonne communication/Une mauvaise communication. Votre réponse était-elle un exemple de bonne ou de mauvaise communication ? Pourquoi ? Servez-vous de la liste des erreurs courantes en communication page 114 pour analyser ce que vous avez inscrit dans l'étape 2.

_____
_____
_____
_____

Étape 4. Conséquences. Est-ce que votre réponse à l'étape 2 a amélioré ou aggravé la situation ? Pourquoi ?

_____
_____
_____
_____

Étape 5. Réponse corrigée. Revoyez votre réponse à l'étape 2, utilisez les cinq secrets d'une communication efficace (page 145). N'oubliez pas de noter quelles techniques vous utilisez entre parenthèses après chaque phrase. Si votre réponse corrigée demeure inefficace, essayez de nouveau.

_____
_____
_____
_____

LA CHECK-LIST ECR

Consignes : Relisez ce que vous avez noté pour l'étape 2 du journal de bord. Tracez une croix pour indiquer s'il s'agissait d'un exemple de bonne ou de mauvaise communication.

	Bonne communication	✓	Mauvaise communication	✓
E = empathie	1. Vous êtes conscient des sentiments de l'autre et vous considérez certains de ses propos comme fondés.		1. Vous n'avez aucune considération pour les sentiments de l'autre ou vous niez toute vérité dans ses propos.	
C = confiance en soi	2. Vous exprimez vos sentiments de façon naturelle, directe et avec tact. « Je ressens… »		2. Vous vous mettez sur la défensive ou attaquez l'autre.	
R = respect	3. Vous témoignez attention et respect même si vous vous sentez frustré ou mécontent.		3. Vous rabaissez l'autre ou le traitez avec condescendance ou froideur.	

LES ERREURS COURANTES DE COMMUNICATION

Consignes : Relisez ce que vous avez noté pour l'étape 2 du journal de bord des relations. Combien d'erreurs de communication avez-vous pu commettre dans la liste ci-dessous ?

1. **L'envie d'avoir toujours raison.** Vous affirmez que vous êtes dans le vrai et que c'est l'autre qui a tort.

2. **Le rejet de la responsabilité.** Vous sous-entendez que le problème vient de l'autre.

3. **La défensive.** Vous argumentez et refusez d'admettre tout défaut.

4. **La victime innocente.** Vous déclarez que vous êtes la victime innocente de l'autre.

5. **Le dénigrement.** Vous utilisez un langage dur ou blessant et vous tentez de rabaisser l'autre.

6. **L'étiquetage.** Vous décrétez que l'autre est un pauvre type, voire pire.

7. **Le sarcasme.** Votre attitude, vos paroles et le ton de votre voix sont condescendants.

8. **La contre-attaque.** Vous répondez à la critique par une critique.

9. **Le bouc émissaire.** Vous sous-entendez que l'autre n'est pas à la hauteur.

10. **La diversion.** Vous changez de sujet ou vous dressez la liste de vos doléances.

11. **L'autodénigrement.** Vous agissez comme si vous étiez quelqu'un d'horrible pour que l'autre ne puisse pas vous critiquer.

12. **Le sans-espoir.** Vous assurez que vous avez tout essayé mais que rien ne marche.

13. **L'exigence.** Vous vous plaignez de ce que l'autre devrait être comme vous le voulez, vous.

14. **Le déni.** Vous refusez d'admettre votre rôle dans le conflit, ou vous affirmez que tout va bien alors qu'en fait vous êtes furieux ou contrarié.

15. **L'aide.** Au lieu d'écouter, vous donnez des conseils ou apportez de l'« aide ».

16. **La résolution du problème.** Vous ignorez ce que ressent l'autre et vous vous efforcez de résoudre le problème qui l'ennuie.

17. **L'agression passive.** Vous ne dites rien, vous boudez ou claquez la porte.

18. **La lecture de pensées.** Vous attendez de l'autre qu'il sache ce que vous éprouvez sans qu'il soit nécessaire de le lui expliquer.

LES MOTS DU RESSENTI

Le ressenti	Les mots qui expriment ce ressenti		
La colère	furibond	excédé	emmerdé
	plein de ressentiment	agacé	révolté
	contrarié	furieux	enragé
	courroucé	importuné	acerbe
L'anxiété	inquiet	tendu	effrayé
	craintif	crispé	troublé
	alarmé	préoccupé	effarouché
	nerveux	paniqué	
L'ennui	indifférent	démotivé	
L'embarras	gauche	gêné	troublé
	humilié	mortifié	intimidé
	maladroit		
La frustration	coincé	contrarié	abattu
	exaspéré		
La culpabilité	honteux	coupable	malheureux
Le désespoir	découragé	pessimiste	désespéré
La dévalorisation	inadapté	sans valeur	imparfait
	inutile	peu désirable	incompétent
	médiocre	déficient	
La jalousie	envieux		
La solitude	abandonné	solitaire	rejeté
	non désiré	mal aimé	
La paranoïa	méfiant	soupçonneux	
La tristesse	cafardeux	misérable	désespéré
	déprimé	déçu	découragé
	blessé	perdu	
	démoralisé	malheureux	
Le stress	accablé	usé	tendu
	pressuré	surmené	crevé
La fatigue	exténué	fatigué	accablé
	vidé	las	léthargique
	épuisé	éreinté	lessivé
La vulnérabilité	faible	fragile	exposé

EXERCICE UNE MINUTE MONTRE EN MAIN :
QUELQUES CONSIGNES

Décidez d'abord qui va être celui qui parle et celui qui écoute, puis renversez les rôles.

Consignes pour celui qui parle

Exprimez vos sentiments sur n'importe quel sujet pendant environ trente secondes. Lorsque vous avez terminé, votre partenaire va résumer ce que vous avez dit et ce que vous ressentez. Notez l'exactitude de son résumé entre 0 % (ne correspond pas du tout) et 100 % (parfait). Si le résultat de votre partenaire est de 95 % voire plus, inversez les rôles. Si le résultat est inférieur à 95 %, dites à votre partenaire ce qu'il a omis de rapporter ou ce qu'il a mal résumé. Il reprendra cette partie et vous lui donnerez une nouvelle note. Continuez jusqu'à ce que le résultat global soit de 95 % ou plus.

Consignes pour celui qui écoute

Ne dites rien pendant que votre partenaire parle, mais écoutez aussi attentivement que possible. Concentrez-vous sur ses paroles. Si vous le souhaitez, notez les points principaux. Soyez calme et respectueux, utilisez un langage du corps adéquat : évitez de froncer les sourcils, de hocher la tête ou de croiser les bras.

Lorsque votre partenaire a terminé, résumez ses propos aussi exactement que possible, en vous référant à vos notes si vous le désirez. Votre travail ne consiste pas à être d'accord ou non avec ce que votre partenaire a dit. Au contraire, imaginez que vous êtes un greffier et que votre objectif est de faire un résumé exact de ses paroles. Paraphrasez-les et présentez ce qu'il doit ressentir en prenant en compte ses déclarations. Par exemple, il peut se sentir furieux, frustré, seul ou incompris. S'il vous donne un résultat en dessous de 95 %, demandez-lui d'expliquer ce que vous avez mal résumé. Retravaillez vos notes sur cette partie spécifique et demandez-lui une nouvelle note. Continuez jusqu'à ce que vous obteniez 95 % ou plus.

Le ton de votre résumé sera aussi important que son contenu. Essayez d'être respectueux, même si votre partenaire était en colère ou s'est montré critique à votre égard. Si votre résumé semble sarcastique ou qu'il rabaisse l'autre, ce dernier se sentira vexé.

Remerciements

Je remercie tout particulièrement ma fille, Signe Burns, qui a été mon éditrice pour cet ouvrage. Elle s'est énormément investie dans ce projet, et travailler avec elle a été tout simplement merveilleux !

Plusieurs autres éditeurs m'ont bien sûr apporté aussi une aide considérable. Je voudrais citer entre autres Amy Hertz, Marc Haeringer et Sarah Manges. Je leur en suis profondément reconnaissant. Enfin, un grand merci à Rebecca Cole, mon éditrice chez Broadway Books qui a également réalisé un travail fantastique !

TABLE

CINQUIÈME PARTIE

Comment éviter les pièges courants

SIXIÈME PARTIE

Les techniques avancées

Composé par Nord Compo Multimédia
7, rue de Fives, 59650 Villeneuve-d'Ascq